配色デザイン見本帳

配色の基礎と
考え方が学べる
ガイドブック

伊達千代 著

Color Scheme Sample Book
for Designing

Introduction
はじめに

「色」は、わたしたちの生活にありふれた身近な存在でありながら、はっきりとした正解のない難しさも持ち合わせています。このため、よい配色をするためには「センスが必要」と思われがち。では、配色のセンスって何なのでしょうか？

配色に必要なのは、そのモノに求められている色やイメージを読み解く洞察力と、理論的に色を選び出すための知識。この2つだけです。センスがいいと言われる人は、きっと無意識のうちにこれらの能力を身につけてしまっているのでしょう。でもこの2つのポイントを意識して色をとらえるようになれば、誰でも配色を楽しみ、人をも楽しませることができるようになります。

本書は、色で悩む人が自信を持って色選びができるよう、誰もが豊かな色の世界を楽しむことができることを目的に作成しました。基本的な知識から色の持つ効果、そして色のイメージがどのようにでき上がるのかを、図や作例をふんだんに取り入れ論理的にわかりやすく解説することに留意しています。最初から順を追って土台から知識を貯えるのもよいですが、思いついたときにパラパラとめくるだけでも色の世界の魅力が楽しめる本です。

グラフィックやWebなどのデザインに関わる仕事だけでなく、プレゼンテーションのための資料作りや趣味の作品の発表など、たくさんの魅力的な「色」の世界が生み出せますよう。本書がその一助となれば幸いです。

——— 2014年9月　伊達千代

INDEX

Chap. 01
_色の基本知識

01	色のしくみ	010
02	色の三属性	012
03	RGBとCMYK	014
04	色とイメージ	016
05	色の特性	018
	Column01　色を正しく見る工夫	020

はじめに	003
本書の使い方	008

Chap. 02
_配色の基本

01	暖色の配色	022
02	寒色の配色	024
03	同一色相配色	026
04	無彩色配色	028
05	グラデーション配色	030
06	色相配色	032
07	トーン配色	034
08	明度対比	036
09	彩度対比	038
10	アクセントカラー	040
11	補色配色	042
12	ナチュラルハーモニー	044
13	コンプレックスハーモニー	046
	Column02　色と面積比	048

INDEX

Chap. 03
_配色の実践

01	レトロな昭和モダン配色	050
02	ヨーロッパのファブリックカラー	052
03	手のぬくもりを感じる紙と布	054
04	スイーツのような甘い配色	056
05	キッチュなプラスチックカラー	058
06	グラマラスなコントラスト配色	060
07	奔放で優美な大正ロマン風配色	062
08	かさね色目の季節感ある配色	064
09	陶器のような深みのある配色	066
10	アジアンモダンな配色	068
11	スパイシー&ガーリーな配色	070
12	花色のほっこり配色	072
13	メタリックな光を感じる配色	074
14	フルーツのような元気が出る配色	076
15	パールのような光沢の配色	078
16	ノスタルジックな絵本の世界	080
17	ポップで軽やかな配色	082
18	羊毛フェルトのやわらか配色	084
19	エコロジーを感じさせる配色	086
20	工作機械を思わせるアナログ感	088
21	アジアのパワーあふれる配色	090
22	テクノポップ・フューチャーポップ	092
23	影を感じる黒の使い方	094
24	華やかな光の色のイメージ	096
25	優等生なトラディショナル配色	098
26	ピュアなふんわりイメージ	100
27	アメコミタッチの明朗な配色	102
28	神秘的な光の色	104
29	サイバーイメージの配色	106

	掲載作品出典一覧	158

30	北欧イメージの配色	108
31	大きな色面のインパクト配色	110
32	サイケデリックな配色	112
33	上品で濃密な配色	114
34	懐かしさを感じる褪色感	116
35	コクのあるローキー配色	118
36	無彩色の魅せる配色	120
37	アニメーション的彩色	122
38	フォーマル感のある配色	124
39	透明感のある配色	126
40	土や木のたくましい色	128
41	清潔感のある配色	130
42	不透明感のある配色	132
43	統一感のある多色使い	134
44	スポーティな配色	136
45	春のイメージの配色	138
46	夏のイメージの配色	140
47	秋のイメージの配色	142
48	冬のイメージの配色	144
49	ハイクラス感のある白	146
50	元気の出るパワフルカラー	148
51	ミニマルな配色イメージ	150
52	キーカラーを使った配色	152
53	インテリジェントな寒色の配色	154
54	サブカルチャーイメージの配色	156

HOW TO USE THIS BOOK

本書の使い方

解説している配色のセオリーやイメージに合わせ、本書のページの多くには
「配色チャート」と「配色見本」とが組み合わせてあります。
また掲載してある配色・デザインの作品については、巻末にクレジットが記載してあります。

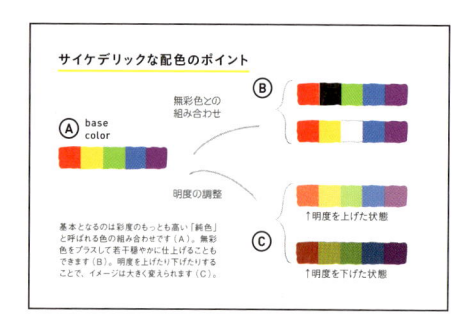

配色チャート

そのイメージの配色を作り出すために、どのように
考えて色を組み合わせて行けばいいかを表すのが
配色チャートです。ベースカラーから導き出される
配色や、組み合わせられた色の一部を変化させて
バリエーションを作る方法をひと目でわかるように
図にしています。

配色見本

各項目のセオリーに沿った、あるいはイメージに合っ
た配色のサンプルです。すぐにデザインに活用でき
るようにCMYKおよびRGBの数値が入っています。
※配色見本は印刷であり、CMYKのインキによっ
て色を表しています。パソコンのモニタなどRGB表
示のデバイスで見た場合、見本のRGB値を入力し
ても印刷物の見本と微妙に色が違って見えること
がありますのでご了承ください。CMYKからRGB
値への変換には、sRGBのカラースペースを使用し
ています。

Chap.

01

色の
基本知識

「色」を考えようとするときに欠かせないのが、色についての正しい知識です。中でも色を表す言葉は、色のイメージを具体的につかみ、他の人と共有し、整えて行く作業の中でもっとも重要なポイントとなります。

CHAPTER 1 | 色の基本知識 | 01

色のしくみ

身の回りにあふれている「色」。「色」は、どのようにして人の目に「色」としてとらえられているのでしょうか。
配色を考える前に、まずは色のしくみについて知っておきましょう。

色は電磁波の一種

美術や装飾目的のための色の研究は、古代ギリシャから行われていました。現在のように多くの学問分野で研究されるようになったのは、17世紀の**アイザック・ニュートン**の「光学（Opticks）」執筆以降でしょう。現在では、色は電磁波の一種であることがわかっています。電磁波の波長のごく一部、380nm～780nmの部分が可視範囲の光、つまり「可視光線」であり（図1）、光が目に届くことによって人は「色」を感じます。可視範囲の電磁波の中でも、より波長の短いものが青系統の色、波長の長いものが赤系統の色、そしてその中間にグラデーション状にさまざまな色が生じるわけです（図2）。

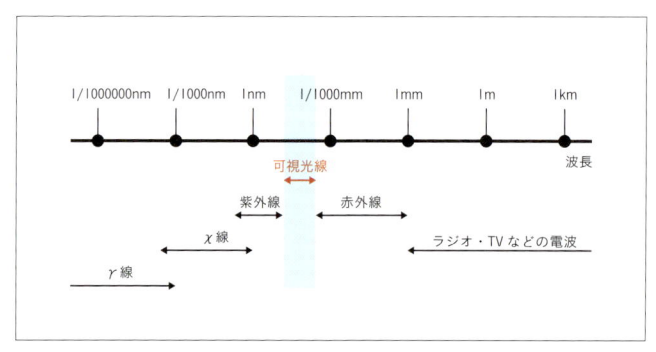

（図1）電磁波には波長の長さによって、さまざまな特性を持っています。この中の目に「光」として見える部分が「可視光線」と呼ばれます。

色の見え方

人の目が「色」をとらえるには、3つの方法があります。光そのものの色を見る「**光源色**」（図3）。「色材」と呼ばれる色を感じさせる物質（例えばセロファンや色ガラスなど）に光を透過させて見る「透過色」（図4）、光を色材に当ててその反射した状態を見る「反射色」（図5）です。光源色は主にその発光体の性質によって決まります。例えば蛍光灯と太陽光、白熱灯とLEDといったそれぞれ

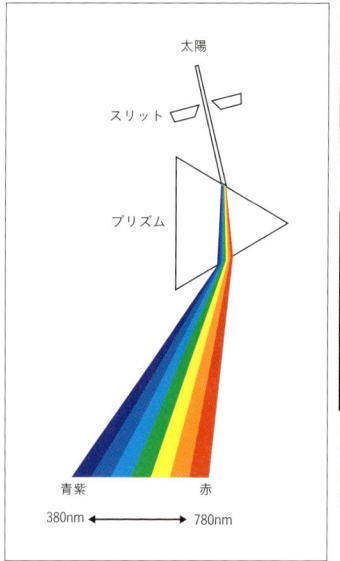

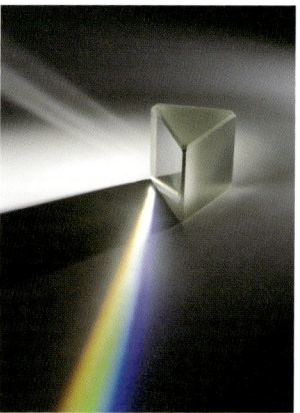

（図2）可視光線の中の波長の違いによって「色」が生じます。これを「スペクトル」と呼びます。小学校でのプリズムを用いた実験を覚えている方も多いでしょう。

ニュートン

万有引力の法則でよく知られている、イングランドの自然哲学者にして数学者アイザック・ニュートン。代表著書のひとつと言われる『光学（Opticks）』が刊行されたのは1704年、ニュートン61歳のときでした。

光源色

反射によって色を感知する場合には、その元となる光源の色が重要になってきます。スーパーの鮮魚売り場ではより青い光で新鮮さを表現し、総菜売り場では黄色っぽい照明を使って温かさを演出します。新鮮なお刺身も黄色っぽい光をあててしまうと、古びた印象になってしまいます。

*1　錐体細胞

すいたいさいぼう。赤錐体、緑錐体、青錐体の三種類があり、それぞれ特定の範囲の波長に反応することで色を知覚（3色型知覚）する。人間以外のほ乳類の多くは2種類の錐体しか持たない（2色型色覚）。

*2　桿体細胞

かんたいさいぼう。わずかな光にも強く反応をするが、長い時間光刺激が続くことで桿体細胞の感度は低下し、光の刺激に「順応」する。急に暗いトンネルに入ると何も見えなくなるといった現象は「暗順応（逆の場合は明順応）」と呼ばれる。

の光源が持つ「色」です。透過色は舞台のスポットライトにさまざまな色のセロファンをつけて色を表現する方法をイメージするとわかりやすいでしょう。印刷物やプロダクト製品の色は反射色に分類されます。

光と目の働き

人の目に入った光は、角膜や水晶体を通って「網膜」に到達します。網膜上には色を識別するための「**錐体細胞**」*1と、明暗の差を感じるための「**桿体細胞**」*2とがあります（図6）。錐体、桿体で受け取った光の情報は視神経を通って脳に届き、「色」として知覚されます。錐体細胞は片目におよそ650万個存在し、これは大まかに650万画素のデジカメと同等の性能です。一方桿体細胞は、片目あたり約1億2000万個とより高性能になっており、色の差以上に明暗差をより厳密に見ることができるようになっています（図7）。視神経は約120万もの神経繊維で構成されています。つまり人間が瞬間的に脳に伝達できる映像は、120万画素。しかもそれを連続した映像として脳内に結像するという驚異的な能力を持っているのです。

（図3）光源色は、光そのものの色です。洋服の色が屋外と室内で違って見えたり、スーパーの野菜売り場でよりフレッシュに野菜が見えるのは、光源色が異なるからです。

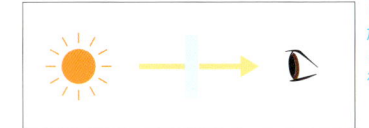

（図4）透過色は、光源に何らかの着色を施したものです。パソコンの液晶ディスプレイも、「液晶セル」と呼ばれる部分に背後から光を当てて色を表現しています。

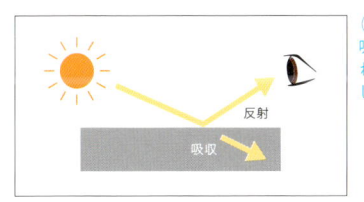

（図5）光が何らかの物質にぶつかると、吸収される波長と反射される波長とに分かれます。反射した波長が、我々の目が感じる「色」となります。

（図7）人の目は一定の明るさがなければ「色」を感じることができません。これは色を判別するための錐体細胞の感度があまり高くないからです。これに対し、桿体細胞の感度は高いため、暗がりの中でもモノの形を判別することは可能です。

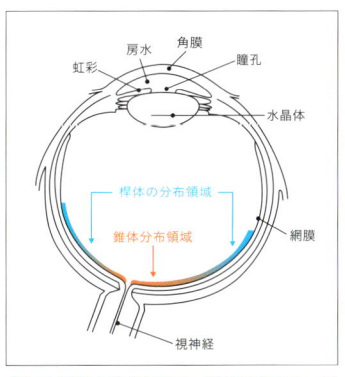

（図6）眼球の構造図です。錐体細胞には、長い波長である赤の感度が高い「L錐体」、中程度の波長の感度が高い「M錐体」、低波長である青の感度の高い「S錐体」とがあります。

>>> CASE STUDY

この世の中にはさまざまな美しい色にあふれています。このような色を感じることができるのは、光とわずかな波長の違う電磁波、そして人間の目と脳の仕組みがあればこそです。

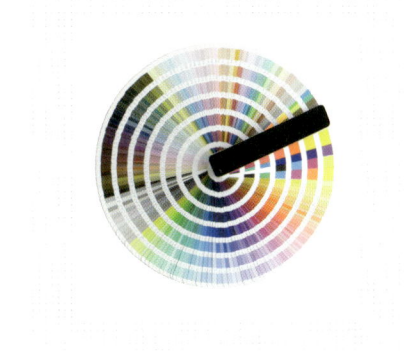

デザインの作業にはこのような色見本を使用します。人間の目は700万色以上を見分けることができると言われています。またその色を組み合わせて使用することで、配色のバリエーションは無限と言ってもよい広がりを生み出すのです。

CHAPTER 1 色の基本知識 02

色の三属性

色を理論的にとらえるには、色を表す言葉を正確に知っておく必要があります。
標準的な表色系として、ここでは「色相」「彩度」「明度」の3つの属性で表す方法を紹介します。

マンセル・カラーシステム

「色」は、とても曖昧なものです。見る人によって、見る場所によって、**色材**[*1]によって色は変化します。そんなとらえどころのない色を、体系的に正確に表そうとするのが「**表色系**」と呼ばれるシステムです。表色系にはいくつかの種類がありますが、基本として覚えておきたいのが、アメリカのアルバート・マンセルが考案した「マンセル表色系(マンセル・カラーシステム)」。マンセル表色系では、色を「色相」「彩度」「明度」の3つの属性で表します。この3つの属性をひとつの図に示したものが「マンセルの色立体」です(図1)。色相環の中心に軸を想定し、上下方向で明度を、横方向で彩度を表します。彩度の範囲はその色相によって異なるため、立体はきれいな筒状にはならずでこぼこのあるいびつな形になります。

色相(Hue)

「色相」とは、色合いの違いのことです。赤や青、黄色といった色合いの違いは電磁波の波長の長さの違いが生み出しています。色相を順序だてて環状にしたものが「色相環」です(図2)。マンセルは色をR(赤)、Y(黄)、G(緑)、B(青)、P(紫)の5つに分類し、さら

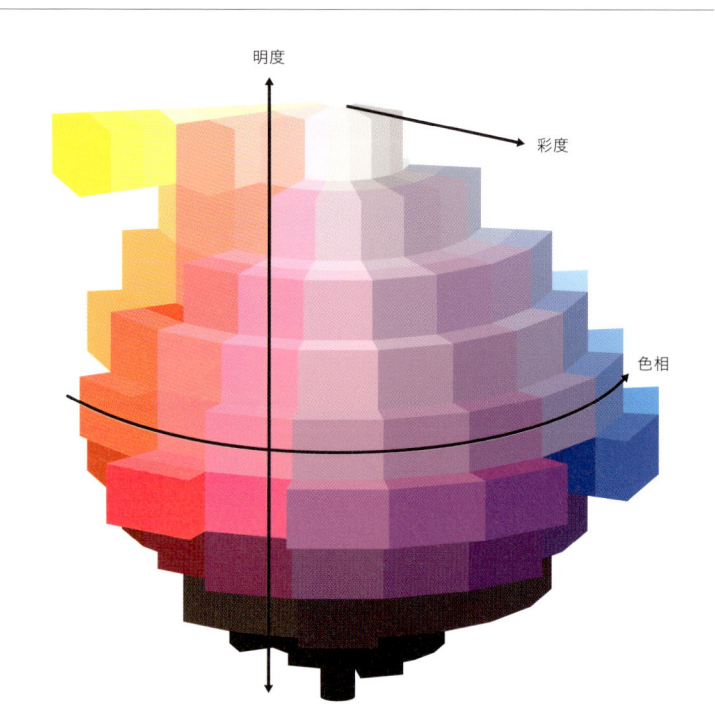

(図1)「マンセル・カラーシステム」を図にしたのが「マンセルの色立体」です。リング状に色相が並び、縦方向が明度を、横方向が彩度を表しています。

表色系

本書ではデザイン的な視点から、マンセルの表色系を主に紹介しましたが、色彩の体系的な表し方には他にもさまざまなものがあります。国際照明委員会(CIE)が定めた「XYZ表色系(CIE1931標準表色系)」「L*u*v*表色系(CIE1976 L*u*v*色空間)」「L*a*b*表色系(CIE1976L*a*b*色空間)」や、日本色彩研究所の「PCCS(日本色研配色体系)」、スウェーデン工業規格の「NCS(ナチュラル・カラー・システム)」など、目的と用途によってこれらの表色系が使い分けられているのです。

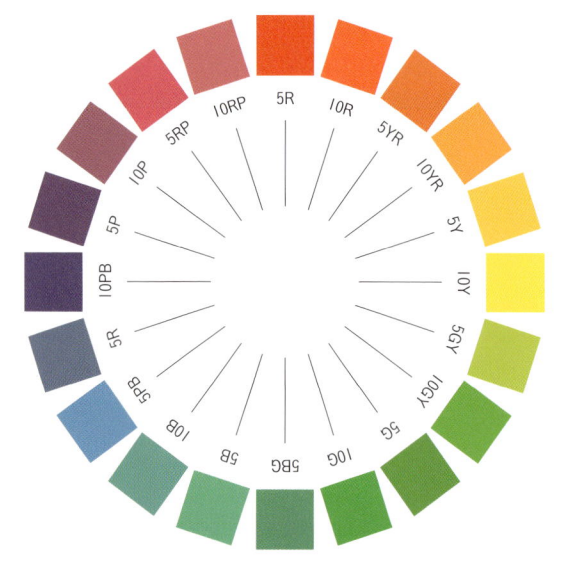

(図2)マンセルの色相環。この図では基本10色にそれぞれの中間となる色相を加えた20色で表しています。

＊1　色材

「色材（しきざい）」とは、色を表すために使用される材料のことです。例えば天然鉱物や化学合成などから作られた顔料、染料、またそれらを塗布される物質のことを指します。

＊2　無彩色に変換

コンピュータ状のデータであれば、グラフィックソフトを用いてグレースケールに変換することで無彩色の状態にすることが可能です。印刷物などの場合には、モノクロでコピーしてみると、だいたいの明度はわかるはずです。

にその中間としてYR（黄赤）、GY（黄緑）、BG（青緑）、PB（紫青）、RP（赤紫）の5つを加え基本の10色としました。さらにこの10色を分割したり、数字を振ることでより細かく色相を分類・表記できるようになっています。

明度（Value）

「明度」は、その名の通り色の明るさを表す言葉です。どんな色にも明るい、暗いという尺度はありますが、色の持つ鮮やかさに目が惑わされると、正しい明度の判別は難しくなります。正しく明度を判別するためには、色を**無彩色に変換**＊2してみるとよいでしょう（図3）。マンセルのカラーシステムでは、無彩色にした場合の最も暗い色（黒）が明度1、最も明るい色（白）が明度10と規定されています。

彩度（Chroma）

色の鮮やかさを意味するのが「彩度」です。色を感じない無彩色が0、そして色の鮮やかさの度合いに応じて数値を大きくして表します。彩度はその色相と明度によって最大値が異なります。最も鮮やかな色である5R（赤）では、彩度の最大は14になりますが、色相の中で最も彩度が低い5BG（青緑）の場合は10までしかありません。マンセルの表色系では、このように色相、明度、彩度の3つの属性の数値とアルファベットの組み合わせで色を表すことができます。例えば、色相（H）が2.5R、明度（V）4、彩度（C）12であれば、2.5R4/12となります。

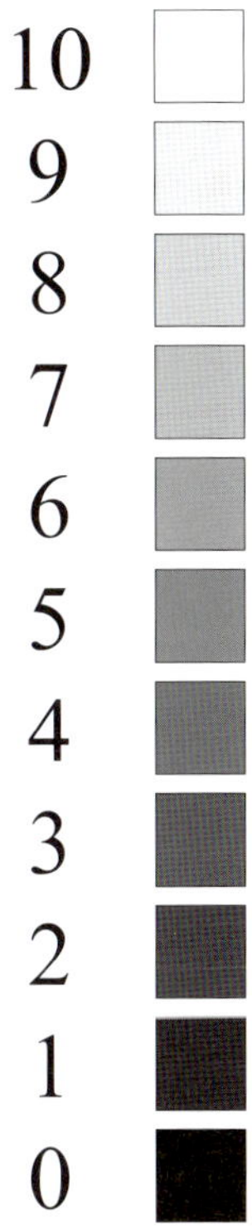

（図3）明度は無彩色の黒から白までの連続する変化を基準に、1から10までの数字で表します。

（図4）彩度は色の鮮やかさを表す言葉です。色相ごとに定められた「純色」が最も彩度の高い色となっており、無彩色に近づくにつれて彩度は下がります。

CHAPTER 1 | 色の基本知識 | 03

RGBとCMYK

色を作り出す方法はさまざまですが、ここではコンピュータのモニタに表示するためのRGBと、
印刷物で色を表現するためのCMYK。この2通りの方式とその違いについて押さえておくことにしましょう。

RGBカラーモード

一般的に、テレビやパソコンのモニタ、デジタルカメラなどは、赤（Red）、緑（Green）、青（Blue）の3色の光の強さを利用してさまざまな色を表現します。赤と緑を混合すると黄色（Yellow）が、赤と青を混合するとマゼンタ（Magenta）、青と緑を混合するとシアン（Cyan）が生じ、RGBの3色の光がすべて最大出力で混合されると白になります（図1）。この色の表現方法が「加色混合」で、赤・緑・青の光の三原色で色を表現するシステムを「RGBカラーモード」と呼びます（図2）。

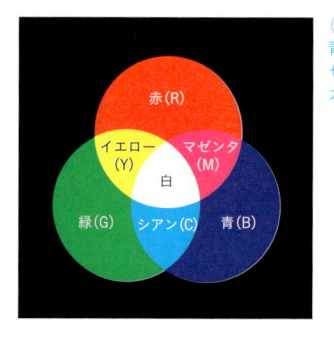

（図1）赤（Red）、緑（Green）、青（Blue）の3色の組み合わせで、色を作り出すのがRGBカラーモードです。

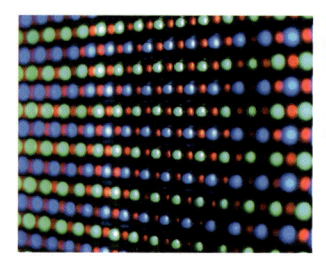

（図2）RGBの3色の光の強弱をコントロール[*2]することで、さまざまな色を表現することができます。コンピュータのモニタを拡大して見ると、その様子が確認できるでしょう。

CMYKカラーモード

RGBが光そのものの色であるのに対し、印刷物などの場合はそのモノに光を反射させることで人の目に「色」を感じさせます。基本はシアン（Cyan）、マゼンタ（Magenta）、黄色（Yellow）の3色でさまざまな色合いを表現しますが、印刷の場合にはこれに**黒色（Black）**[*2]を加え、CMYKの4色を用いるのが一般的です。CMYがすべて混ざり合うと黒（正確には黒に近いグレー）になります（図3）。このような色の作り方を「減色混合」と呼びます（図4）。

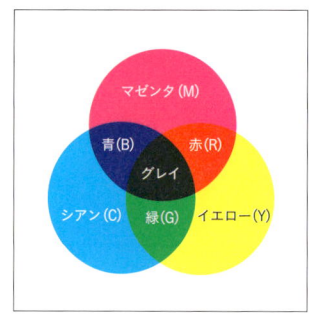

（図3）シアン（Cyan）、マゼンタ（Magenta）、黄色（Yellow）の3色に黒（Black）を加えて色を表現するのがCMYKカラーモード。

一定のパラメータ

カラーモード変換の際の差異を軽減すべく考えられたのが「カラーマネージメントシステム（CMS）」です。CMSを行うにあたっては、あらかじめ使用するモニタや出力機の色の特徴を「測色器」と呼ばれる機器を使って計測しておく必要があります。計測結果を「プロファイル」と呼ばれるデータとして管理し、カラーモード変換の際にもそのデータを使用することで、ターゲットとなる最終的な出力物に合わせた配色が行えるようにします。

使用するカラーモード

最終的に仕上げるモノのことを「ターゲット」と呼びます。配色の作業は、ターゲットを設定してからスタートする方が、効率よくまたイメージ通りに進めることができるでしょう。ターゲットが印刷物の場合は、コンピュータのモニタ上だけでなく印刷された「色見本」で色を選ぶようにします。

＊1　光の強弱をコントロール

一般的なコンピュータやモニタでは、0〜255の合計256諧調で出力をコントロールしています。RGBの3色それぞれに256諧調ありますので、256×256×256＝16,772,216通りの色を表現できることになります。

＊2　黒色（Black）

黒いインキのことを印刷用語では「スミ」と呼びます。他の色がそれぞれ頭文字で表されるのに対し、黒だけは「blacK」のKが採用されていますが、これはBlueとの混同を避けるためでしょう。

カラーモードと色の再現性

図1と図3で示したように、RGB、CMYKの両カラーモードの色の構造は互いに補完関係になっており、**一定のパラメータ**を用いることで、RGB→CMYKへの変換を行うことが可能です。しかしながら光の色と色材の色とは根本的に性質が異なっており、表現できる色の領域に差があります（図5）。デジタルカメラで撮影した写真をプリントしたり、印刷物をスキャンしてパソコンに取り込むといった、異なるカラーモードへの変更を行えば、色は変化してしまいます。このため配色を行う際は、最終的に**使用するカラーモード**に合わせて作業・調整をしなければならないのです。

（図4）印刷物は「アミ点」と呼ばれる粒の大きさを変えることで、CMKYそれぞれのインキの塗布量をコントロールし、さまざまな色を表現しています。

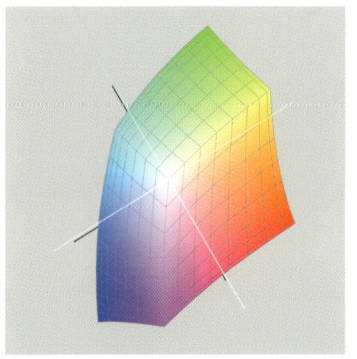

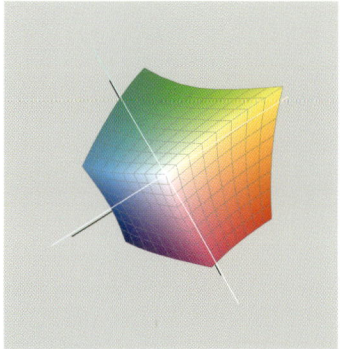

（図5）左が一般的なRGBカラーモード、右が一般的なCMYKモードでの色の領域を図にしたものです。RGBでは特に鮮やかな緑や青といった色の領域が広いという特徴があります。

>>> CASE STUDY

RGBの3色の組み合わせは、デザインとして用いた場合に「光」と「影」を強く意識させる効果があります。この例ではRGBのそれぞれの色をずらしていることで、光がにじんだような不思議な印象を与えます。

CMYKは、色を混ぜ合わせるほどに彩度が下がり鈍い印象になります。インキの発色を活かして鮮やかに仕上げたい場合は、他の色を混ぜ合わせず、それぞれの濃度を100％にして組み合わせるとよいでしょう。

色とイメージ

「色」は、わたしたちの暮らしを豊かにするだけでなく、人にメッセージを伝えたり、特定の感情を沸き起こさせたり、イメージを共有するといった力を持っています。代表的な色の効果を見てみましょう。

激しく力強い「赤」

赤は情熱や激しさ、熱さを感じさせる色です（図1）。血や肉の色でもあり、生命の力強さや前向きな強い意志を表し、スポーツ選手のユニフォームやプレゼント、セクシャルなイメージにもよく用いられています。赤よりも少し明度を上げたピンク系統の色になると、赤に比べて穏やかで甘く優しげな印象です（図2）。また、赤に青みを加えた紫の場合は、落ち着いた華やかさを持ち、大人っぽさやノスタルジー、幻想的なイメージを持ちます（図3）。

クールで知的な「青」

コーポレートカラーや広告などによく用いられる[*1]青は、誠実で知的な印象を人に与えてくれる色です（図4）。清々しい空や海の色でもあり、清々しいイ

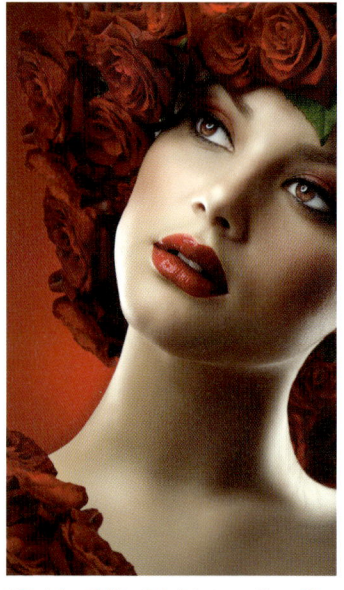

（図1）赤は情熱や生命力をイメージさせる強い色です。人目を惹き付ける華やかさもあります。

（図2）同じ赤系統でも明度を上げたピンクの場合は、甘さや優しさ、親しみやすさを感じます。

（図3）赤に青を加えた紫は落ち着いた印象が感じられます。大人っぽさ、幻想・神秘といったイメージです。

（図4）青のイメージといえば、やはり空や海。さわやかで清らかな印象です。また寒色系の色味には知性や冷静さが感じられます。

（図5）明度の低い青には、夜明け前の薄暗い空や、深海などのイメージがあり、神秘性や深みのある印象を与えます。

スポーツ選手のユニフォーム

スポーツウエアには、敵味方の識別のほか「強く見える」要素も重要です。赤は激しく強いイメージがあり、スポーツの世界ではもっともよく使われる色です。赤の次に多いのが、冷静で知的なイメージの青です。

アジアでは

黄色は高貴な色として扱われることが多いようです。かつての中国では「皇帝の色」として一般人は黄色を身につけることができませんでした。また、東南アジアの仏教地域ではお坊さんの袈裟や服によく黄色が用いられます。

＊1　よく用いられる

イメージと色の関係を知りたい場合に有効なのが、検索サイトでの「画像検索」システムです。キーワードを入力して表示される画像には、一定の色の法則が見えてくるでしょう。ぜひ試してみてください。

＊2　誘目性

目を惹き付けられる、自然に視線がそこへ行ってしまう、そんな効果を「誘目性」と呼びます。彩度の高い黄色や赤は、もっとも誘目性が高い色で、目立たせたいサインや広告のキャッチと呼ばれる部分によく利用されています。

メージを想起させてくれる色でもあります。同じ色相でも、明度を下げたディープブルーでは、神秘的で厳かな印象に変わります（図5）。また、青に黄味を加えたグリーンも青と同様に誠実さや知性が感じられますが、より優しく穏やかな印象になります（図6）。

陽気でポジティブな「黄」

黄色は太陽の色であり、実りの色でもあります。多くの人が黄色に活動的で前向きな印象を持つことでしょう（図7）。黄色いグッズにはラック（幸運）や元気がもらえるような気がします。また黄色には彩度と明度の両方が高いという特徴があり、**誘目性**＊2 が高いため、注目を集めたい場所や危険を示すサインなどにもよく用いられます（図8）。
アジアでは幸運の色、金運の色、宗教的な色として広く知られている一方、欧米では子供の色としてもよく用いられています（図9）。

（図6）青に黄色味を足したグリーンには、葉や草などのナチュラルなもののイメージが強く、穏やかさや優しさが感じられます。

（図7）黄色には、活動的でポジティブなイメージがあります。人間や生命のエネルギーの象徴として用いるのに効果的な色です。

（図8）人目を惹く、注意の色として黄色を用いることもあります。危険を知らせる用途には、黒と組み合わせて明暗の差を大きくします。

（図9）欧米では黄色を「子供の色」として用いることが多いようです。元気で一途なかわいさが感じられる色でもあります。

>>> CASE STUDY

ピンクの甘いイメージを前面に出したサンプル。明度や彩度の異なるピンクを組み合わせるのことで、単調に見えないよう工夫されています。

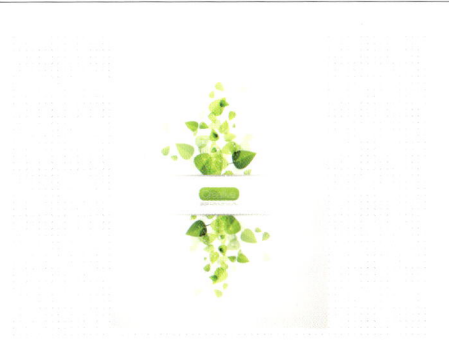

フレッシュな中にも少し優しさや暖かみを感じさせたい場合には、グリーンを使うのが適しています。この例では白地の面積を大きくすることで、よりさわやかな透明感を演出しています。

色の特性

イメージだけでなく、色には波長によってさまざまな特性があります。これらの特性を理解しておくことで、より目的に合った効果的な配色を考えることが可能になります。

色の誘目性

光や色には、人の目を惹き付ける効果があります。これが「色の誘目性」です（図1）。彩度の高い色ほど、いわゆる「派手な色」になりますが、これに加えて寒色系よりも暖色系の方が、明度は低いよりも高い方が誘目性が高まります。色相で言うと赤・黄・オレンジがもっとも誘目性の高い色合いということになります（図2）。

危険を知らせるため[*1]のサインや、広告でもっとも目立たせたいところに誘目性の高い色を使うと効果的です。ただし色の持つ誘目性は瞬間的なものなので、じっくり見るようなものや**長時間過ごす場所**に多用するのは意味がありません。

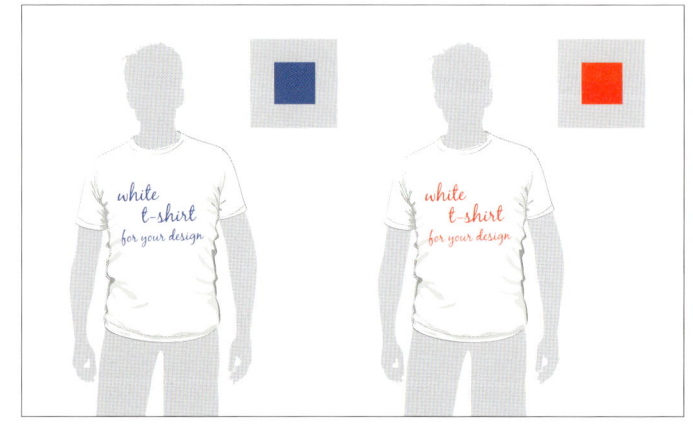

（図1）色が人の目を惹き付ける度合いを「誘目性」と呼びます。赤やオレンジ、黄色は誘目性の高い色で、青や緑といった寒色系の色よりよく目立ちます。

（図2）人は明るい光や彩度の高い色に目を惹き付けられます。瞬間的にどこに目が行くのか、それはどんな色なのか、そんなことを考えながら街を歩くと誘目性の高い色やその組み合わせがわかります。

長時間過す場所

色や光は脳に対する刺激です。誘目性の高い色は、脳への刺激の強い色と言ってもよいでしょう。ただし長時間の刺激は脳の疲労を招いてしまいます。刺激が継続すると「順応」の作用が働き、その刺激に対しての耐性（見ても刺激が伝わらない）が生じます。

奥に引っ込んで

人間の目は明るい色を手前に、暗い色を奥に感じるようにできています。もっともわかりやすいのは白と黒のシンプルな図でしょう。同じ形状で白い部分と黒い部分を入れ替えても、やはり白い（明るい）方が手前に感じられます。

＊1　危険を知らせる

赤や黄色といった誘目性の高い色は、危険を知らせる際にも有効です。ただし色覚にしょうがいのある人にとっては、誘目性が高い色＝識別しやすい色ではありません。危険が重大なものであればあるほど、色の明暗差やデザインの形状など、誘目性以外のポイントにも注意が必要になります。

＊2　膨張色

暖色系の色以外でも、全般的に明度の高い色は膨張して見えます。例えば「白」は、無彩色ですが膨張色の典型的な一例と言えるでしょう。

進出色・後退色

人間の目はモノの形や位置関係を把握する「立体視」ができるようになっています。平面上でも自然に明るい部分は手前に飛び出し、暗い影の部分は<u>奥に引っ込んで</u>見えます（図3）。色の場合は、赤やオレンジなどの暖色系の明るい色ほど手前に、青や青に近いグリーンなどの寒色系の暗い色ほど奥に見えます。これが「進出色」「後退色」です（図4）。暖色系の明るい色は進出して見えるために、空間そのものを狭く感じさせるという特徴もあります。逆に寒色系の色を壁などに用いて空間をより広く感じさせ、奥行きがあるようなイメージにすることも可能です（図5）。これを「<u>膨張色</u>」＊2「収縮色」と呼ぶこともあります。

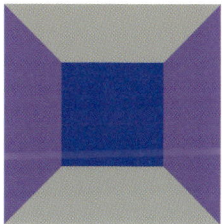

（図3）同じ形状でも、暖色系の明るい色は前に飛び出して見え（進出色）、寒色系の暗い色は奥に引っ込んで見えます（後退色）。

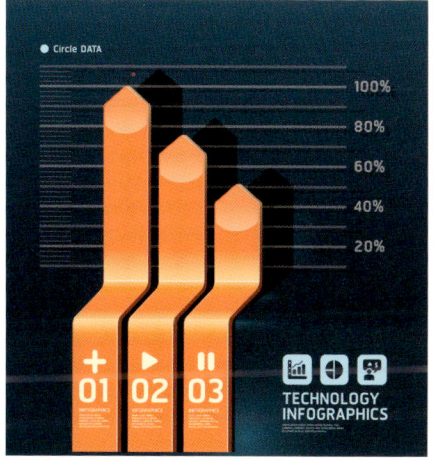

（図4）進出色であるオレンジと、後退色であるダークブルーを組み合わせれば、手前に飛び出して見えるようなグラフィックを作り出すことができます。

（図5）寒色系の暗い色は、奥行きを実際以上に深く感じさせ、ひろびろとした空間を演出することが可能です。

>>> CASE STUDY

目立たせたい場所に、誘目性UPの彩度の高い赤を配色した例です。人や動物の顔は色に関わらず誘目性が高いので、あえて顔を隠して色の部分を強調しています。誘目性のコントロールには、足し算だけでなく引き算の計算も必要になるのです。

明度の低い寒色系の色には、「影」の印象が強く感じられます。この後退色ならではのイメージを活用することで、奥深さや神秘性、内に秘めた情熱などを表現することができます。

Ch. 1　Sec. 05

COLUMN 01

色を正しく見る工夫

色は周囲にある色によって、見え方が変わってしまいます。
正確に色を判断するために、周囲の環境にも気を配るようにしましょう。

周囲は無彩色で揃えるのが基本

本書でも解説した通り、色を選ぶ際の環境の整え方やカラーマネージメントはとても重要です。しかしそれ以外にも、周囲の状況に惑わされず色を選ぶために簡単にできる工夫があります。例えばパソコンのデスクトップピクチャ（壁紙）。カラフルなものを設定すると楽しく華やかですが、その色に惑わされてしまうと的確な色選びができません。デスクトップの色は無彩色の無地に設定しておきましょう（図1）。黒や白はコントラストが強く見え過ぎてしまい、視神経にも刺激が強いため長時間の作業にはグレーがオススメです（図2）。

カラーチップを正確に見るには

インキの色見本帳や、本書にあるような配色見本の色（チップ）も、周囲にある色によって正しい色の判断がしにくい場合があります。実際にデザインにその色を使用した場合、面の大きさによって色の見え方も変わります。個々の色をじっくり見て判断するには、その色チップ以外の部分をマスクするような道具をひとつ作っておくとよいでしょう（図3）。工作用紙程度の厚紙で、片面を白、片面を黒に塗ったものを用意します。その中をチップの大きさより一回り小さい四角形にくりぬくと、チップに当てたときにその色だけがよく見えるようになります（図4）。文字に使う色を探す場合は、さらに細い線のくりぬきを作っておくとよいでしょう。また、四角形の中に細い線を残しておくと、その色に黒や白の文字が乗せられるかどうかの判断ができて便利です。

（図1）デスクトップ（壁紙）は、デザインするものの邪魔にならない無彩色に設定するのがよいでしょう。

（図2）白や黒でもよいのですが、長時間使っていて気にならないのは中間調のグレーです。

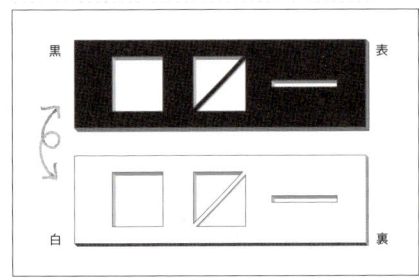

（図3）やや厚手の紙で作ります。窓は基本の四角形（左）だけでもいいですが、図のように細い線が乗ったものや、細い線の形にくりぬいた部分を作っておくのも便利です。

（図4）色がいくつも並んでいる見本でも、周囲の色に惑わされず個々の色を正確に見ることができます。

Chap.

02

配色の基本

色を組み合わせることで、「暑い・寒い」「穏やかな・激しい」といった効果を生み出すことができます。このような心理的あるいは視覚的な効果には、一定の規則があります。ここでは配色の基本となる規則について見てみましょう。

CHAPTER 2 | 配色の基本 | 01

暖色の配色

「暖色」は、赤を中心とした色相を示す言葉です。
暖色を中心にした配色からは、生命の力強さや幸福感が感じられます。

暖色とは

色相環で赤や赤に近い色合いを「暖色」と呼びます（図1）。暖色系統の色のうち、彩度の高い色味では、暖かさや情熱、興奮、革命、活力など、**力強い印象**[*1]を人に与えることができます。彩度が低い暖色の場合は、やさしさや暖かさ、**穏やかさ**[*2]を感じさせる効果があります。また、暖色系統の色には食品をよりおいしそうに見せたり、購買意欲を高める効果があると言われています（図2）。こういった暖色の効果は、文化に関わらず全世界的に共通のものですが、特に日差しの強い赤道に近いエリアでは、彩度の高い暖色が好んで用いられる傾向があります。

グラフィックにおける暖色は、冬の寒い時期にぬくもりを感じさせるために使用することが多いのですが、夏の暑い時期にあえて暖色を大胆に用いて夏らしい気分を盛り上げることもあります（図3）。

暖色の配色ポイント

暖色の配色では、基本的に同系色の組み合わせが基本となります。暖色から外れた色を多用してしまうと、暖色のイメージは弱くなってしまいます。暖色配色のベースとなる色は、純色の赤です（A）。ここに同じ色相で明度と彩度を変化させた色を組み合わせるとモノトーン配色が、色相の近似色を取り入れることで近似色配色ができあがります（B）。単調になりすぎる場合には明度や彩度の変化を大きく付けたり、無彩色を追加するとよいでしょう（C）。
バランスのよい配色を目指すのであれば、同系色以外の色の彩度を抑えた色を用いて異なる色相を取り入れることも可能です。暖色のイメージをキープした状態で、カラフルな彩りの印象を与えることができます（D）。ポイントカラーとして強い寒色を持って来るのも印象的です。この場合は使用する面積をごく少量に抑えるよう気をつけます（E）。

暖色配色の考え方

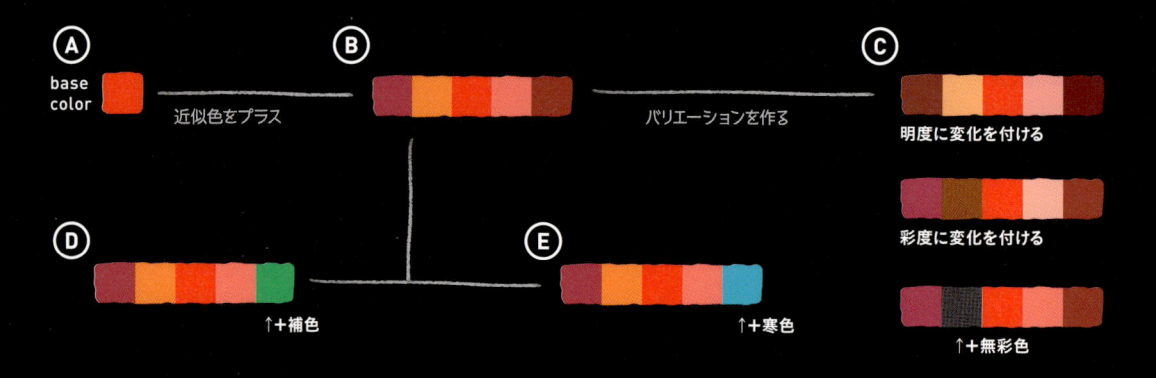

A base color
近似色をプラス
B
バリエーションを作る
C 明度に変化を付ける
彩度に変化を付ける
↑+無彩色

D ↑+補色
E ↑+寒色

>>> CASE STUDY

鮮やかなオレンジ色が印象的なファッション広告です。オレンジの服を引き立たせるための背景は、寒色系または無彩色というのが通常のセオリーですが、あえて背景を同系の暖色で統一することで「面」としての力強さを強調し、人目を強く惹き付ける効果を生み出しています。

商品のフレーバーの違いによって、暖色と寒色とを使い分けているパッケージデザインの例です。青やグリーンといった寒色の持つさわやかさに対し、赤やオレンジの暖色系等の配色は、おいしさや楽しさを感じさせてくれます。

＊1　力強い印象

暖色の中でももっとも「熱く」感じられるのは、彩度の高い赤です。その力強さから、スポーツ選手のユニフォームでもっともよく使われる色でもあります。会社や団体のイメージを左右するロゴのカラーにもよく用いられます。

＊2　穏やかさ

少し彩度を下げた暖色系の配色は、温かく優しい印象になります。冬のファッションやインテリアに好まれるのは、茶色や紫系統といった穏やかな暖色系統の色味です。

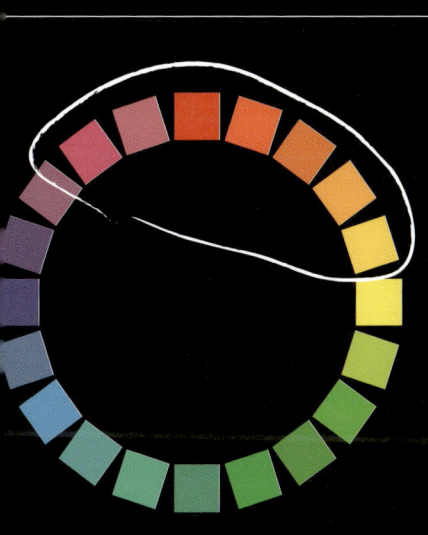

(図1) 色相環で赤を中心とした色相を「暖色」と呼びます。黄色や紫でも、赤味の強いものは暖色系統の色と言えます。

(図2) 食品の中でも火や熱を使って調理したものは、暖色系の配色の中にある方がおいしそうに見えます。

(図3) 暖色には人を惹き付ける誘目性や意欲や情熱をかき立てる力があるため、暑い時期により暑く感じられるような暖色が用いられるケースは少なくありません。

COLOR CHART

183-18-04 / 30-100-50-0	237-108-0 / 0-70-100-0	230-0-18 / 0-100-100-0	234-84-93 / 0-80-50-0	167-33-38 / 40-100-100-0
217-211-36 / 20-10-90-0	157-200-21 / 45-0-100-0	241-188-26 / 5-30-90-0	226-137-18 / 10-55-95-0	234-85-32 / 0-80-90-0
124-46-30 / 50-90-100-25	185-45-34 / 30-95-100-0	231-36-24 / 0-95-95-0	143-29-34 / 45-100-100-15	220-95-26 / 10-75-95-0
237-109-43 / 0-70-85-0	245-162-27 / 0-45-90-0	224-128-36 / 10-60-90-0	218-57-29 / 10-90-95-0	232-56-32 / 0-90-90-0
90-99-56 / 70-55-90-15	19-66-60 / 90-65-75-35	249-194-112 / 0-30-60-0	63-52-26 / 70-70-95-50	124-36-30 / 50-95-100-25
90-99-56 / 70-55-90-15	235-150-32 / 5-50-90-0	248-245-176 / 5-0-40-0	129-28-33 / 50-100-100-20	49-72-88 / 85-70-55-20
107-111-115 / 30-65-45-0	186-80-84 / 30-80-60-0	185-58-55 / 30-90-80-0	124-36-34 / 50-95-95-25	80-21-24 / 60-95-90-50
123-24-46 / 50-100-80-25	226-169-100 / 10-50-60-0	252-214-140 / 0-20-50-0	252-226-196 / 0-15-25-0	177-100-118 / 35-70-40-0
230-0-25 / 0-100-95-0	240-131-30 / 0-60-90-0	219-71-19 / 10-85-100-0	215-4-64 / 10-100-65-0	230-20-120 / 0-95-15-0
239-236-100 / 10-0-70-0	241-188-26 / 5-30-90-0	221-95-13 / 10-75-100-0	68-11-6 / 60-95-100-60	129-28-33 / 50-100-100-20
218-57-21 / 10-90-100-0	234-85-32 / 0-80-90-0	230-0-25 / 0-100-95-0	215-26-116 / 10-95-20-0	166-85-157 / 40-75-0-0
99-18-22 / 55-100-100-40	223-6-21 / 5-100-100-0	163-31-36 / 40-100-100-5	112-19-24 / 50-100-100-35	74-6-11 / 60-100-100-55
231-36-24 / 0-95-95-0	185-58-33 / 30-90-100-0	231-36-32 / 0-95-90-0	240-235-69 / 10-0-80-0	188-100-29 / 30-70-100-0
120-119-73 / 60-50-80-5	62-65-31 / 75-65-100-40	118-22-27 / 50-100-100-30	185-58-33 / 30-90-100-0	232-56-23 / 0-90-95-0
125-29-69 / 55-100-60-15	83-36-53 / 65-90-65-40	265-163-65 / 0-45-85-0	34-30-41 / 85-85-70-55	167-33-38 / 40-100-100-0

BACON SALAD BURGER ¥540

シンプルなのが、やっぱりおいしい。

NEW!!

CHAPTER 2　配色の基本　02

寒色の配色

「寒色」は、青を中心とした色相を示す言葉です。
寒色系の配色には落ち着きや高い知性、さわやかな印象が感じられます。

寒色とは

色相環で青や青に近い色合いを「寒色」と呼びます（図1）。暖色の強さは情熱的なものですが、寒色系等の彩度の高い色には理知的な力強さが感じられます。また清潔感や正義感といったイメージもあり、企業や政治家などのイメージカラーとして（図2）、あるいは国によっては**王族や特定の職業**[*1]を表すのに用いられています。明度の高い寒色には、清潔感に加えてやさしさや親しみやすさも感じられ、医療用品や赤ちゃん用品のカラーに適しています（図3）。冷蔵品や生鮮品のパッケージや画像の背景に用いると、食品の鮮度や管理がよいことを印象付けることができるでしょう。寒色は暖色系等の色に比べて誘目性が低いため、広告などに使用する場合には使用する**面積を大きくする**[*2]、明度差を強調してメリハリをつける、ポイントカラーに赤や暖色系の色を少しだけ追加する、といった工夫が必要になります。

寒色の配色ポイント

寒色の配色は、基本的に同系色の組み合わせになります。中心となるのは、純色の青です（A）。この基本色に近い色相を合わせ、そこからバリエーションを作りましょう（B）。
同じ色相のままで、明度や彩度に変化を付けることもできます。無彩色や無彩色に近い低彩度の色を加えるのも、寒色のイメージを壊さずにバリエーションを得る方法のひとつです（C）。同系色の組み合わせはどうしても単調になりがちです。アクセントとして少量の補色関係の色を加えたり（D）、暖色を取り入れることで華やかな印象に仕上げることも可能です（E）。

寒色配色の考え方

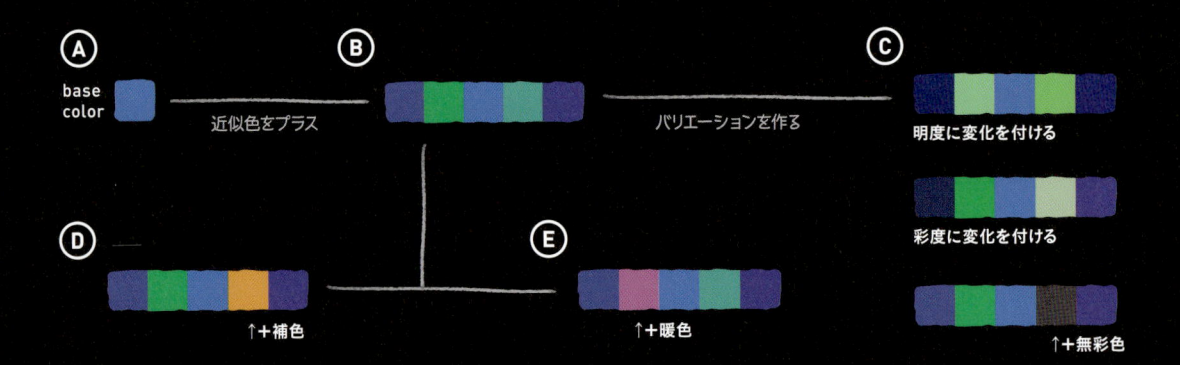

A　base color　近似色をプラス
B　バリエーションを作る
C　明度に変化を付ける
　　彩度に変化を付ける
　　＋無彩色
D　↑＋補色
E　↑＋暖色

>>> CASE STUDY

背景や文字などもすべて微妙に異なる彩度や明度のブルーで覆いつくすことで、全体の印象を力強くたくましいものにしています。

同一色相の青と無彩色だけを組み合わせた展示会の案内です。明度の異なるグレーを使い分けることで、シンプルな配色でも単調に見えません。どこか現実から乖離した不思議な印象を与える美しい作品です。

＊1　王族や特定の職業

古代ローマ時代から用いられてきた、やや紫がかった深い青がロイヤルブルーです。現在でもイギリス王室で使われています。またタイ王国でも、青は王室を表す色として知られています。また警察官の制服は、世界的に青から紺の暗い寒色が使われているケースが多いようです。

＊2　面積を大きくする

どんな色でも、面積を大きくすることで印象を強くすることができます。デザイン全体を近似色でまとめた配色を「ドミナント（支配された）カラー」と呼びますが、これは面積の大きなポスターなどに効果的なテクニックです。

(図1) 色相環の青を中心とした色相を「寒色」と呼びます。緑や紫でも、青みが強いものは寒色系等の色に分類されます。

(図2) 寒色の代表である「青」には、正義感や誠実さ、清潔感などが強く感じられます。このため公的な機関の情報には、寒色中心のデザインが多いようです。

(図3) 青は、殺菌効果のある紫外線にもっとも近い波長の可視光線でもあり、心理的にも清潔感を強く感じる色合いです。また、医者の手術着が青や緑色をしているのは、血の赤に対して補色関係の色を用いることで目の疲労をやわらげるためです。

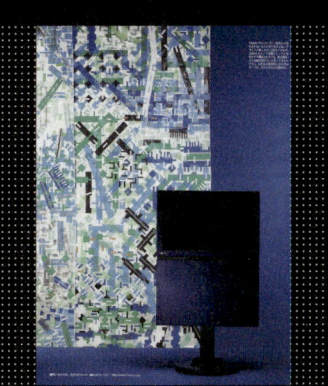

深いブルーのグラデーションと、近似色を組み合わせることで強い色の印象を与えつつも奥行きを感じさせるグラフィックです。

COLOR CHART

0-94-173 90-60-0-0	34-80-111 90-70-45-5	98-144-177 65-35-20-0	7-111-179 85-50-5-0	175-215-236 35-5-5-0
54-49-143 90-90-0-0	0-79-162 95-70-0-0	46-89-167 85-65-0-0	25-47-101 100-95-10-0	26-11-8 20-20-20-100
26-11-8 20-20-20-100	235-227-189 10-10-30-0	101-143-147 65-35-40-0	24-43-132 100-95-10-0	21-30-73 100-100-50-30
91-194-217 60-0-15-0	29-80-162 90-70-0-0	255-255-255 0-0-0-0	24-127-196 80-40-0-0	38-73-157 90-75-0-0
143-130-188 50-50-0-0	166-145-196 40-45-0-0	164-171-214 40-30-0-0	136-171-218 50-25-0-0	159-217-244 40-0-0-0
172-173-192 25-20-5-20	113-119-130 20-10-0-60	49-46-54 20-15-0-90	0-27-78 100-65-0-70	0-65-135 100-65-0-30
45-71-14 65-30-95-65	99-90-40 65-60-100-20	119-72-77 55-75-60-20	60-43-91 90-90-0-50	4-36-61 100-90-60-40
59-30-135 90-100-0-0	112-87-163 65-70-0-0	139-155-206 50-35-0-0	254-235-200 0-10-25-0	200-161-126 25-40-50-0
0-100-108 90-55-55-5	0-57-59 95-70-70-40	9-140-157 80-30-35-0	175-221-231 35-0-10-0	0-109-114 90-50-55-0
122-123-113 60-50-55-0	154-159-187 45-35-15-0	207-157-198 20-45-0-0	13-96-141 85-50-20-20	149-208-192 45-0-30-0
255-255-255 0-0-0-0	135-110-102 55-55-60-0	98-84-89 65-65-55-20	201-230-224 25-0-15-0	165-200-186 40-10-30-0
94-90-91 70-65-60-10	78-68-85 75-75-55-20	143-147-174 50-40-20-0	122-123-120 60-50-50-0	86-69-98 80-65-55-10
166-195-208 40-15-15-0	0-96-152 90-60-20-0	18-134-176 80-35-20-0	117-187-210 55-15-15-0	99-84-72 65-65-70-20
113-188-233 55-10-0-0	84-101-120 75-60-45-0	211-222-241 20-10-0-0	46-98-127 85-60-40-0	138-178-193 50-20-20-0
72-81-87 20-0-0-80	0-73-112 95-70-30-0	26-11-8 20-20-20-100	64-132-167 70-40-30-0	0-95-142 95-15-0-50

CHAPTER 2 | 配色の基本 | 03

同一色相配色

同じ色相の中で、異なる彩度や明度に変化させた色を組み合わせたのが同一色相配色です。
色の持つメッセージ性を強く感じさせ、調和のとれた配色が可能になります。

同一色相配色とは

例えば「青」とひとくちに言っても、スカイブルーのような鮮やかな青から「藍鉄」などと呼ばれる鈍い青まで、あるいは明るいベビーブルーのような色から濃紺まで、さまざまなバリエーションがあります（図1）。また白・黒・グレーなどの**無彩色**[*1]もどんな色相にも含まれる「色」として考えることができます。

同一色相配色は、それだけで全体の調和がとれる配色のテクニックで、なおかつ使用する色の持つイメージを強く訴求することが可能です。例えばグリーンを用いた同一色配色は、グリーンの持つエコロジー感やクリーンなイメージ、あるいは**ナチュラルな印象**[*2]を、他の色を交えた場合よりも強烈にアピールします（図2）。また、微妙な明度や彩度の変化をつけることで、奥行き感や深みも感じさせます（図3）。

同一色配色のポイント

同一色配色は、調和の取りやすい配色テクニックですが、その反面単調で寂しい印象にもなりがちです。ポイントとしては、基本の色を決めたらその同一色のバリエーションをなるべく豊富に用意し（A）、その中から使う色を厳選することです。そのためには色の微妙な変化を読み取る「目」が重要になるでしょう。同じ色相でも明度や彩度の変化を大きくすれば、メリハリを感じさせることができます（B）。

間延びして感じられる場合には、白黒グレーといった無彩色を多用すれば、全体の印象を引き締めることが可能です（C）。ごく少量のアクセントカラーとして、近似色（D）や補色に近い関係の色（E）を加えるのもオススメです。

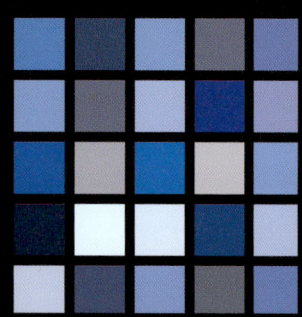

（図1）同じ色相の色でも、明度や彩度を変えることでさまざまな色を作り出すことができます。同一色配色は、こういった明度や彩度のコントロールを駆使して作り出す配色テクニックです。

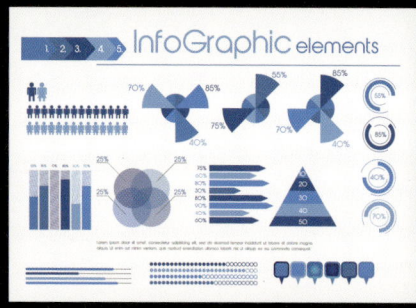

（図2）同一色配色では、その色の持つイメージをダイレクトに見る人に伝えることが可能です。色の印象は、言葉やその他のグラフィック要素よりも、瞬時に人の心に飛び込んでくるものです。

（図3）同じ色相で明度や彩度を微妙に変化させると、人の目には空間や奥行きを感じさせます。これは自然の中にある光や影の生み出す色の変化と似ているからです。

>>> CASE STUDY

日本の風景を背景にした、美しく神秘的な印象の車のシリーズ広告です。それぞれ色相を統一させて力強さを演出しつつも、明度や彩度の微妙な変化が含まれているためにスケール感の大きさや深みを感じさせる作品です。

色彩を極限までしぼることで、レコードの形やテキストのメッセージ性を際立たせた作品です。控えめな青みの色の使い方ですが、無彩色との対比で「色」の印象はより強く感じられます。

＊1 無彩色

どんな色相の色でも、もっとも明度の高い状態では「白」に、もっとも明度の低い状態では「黒」になります。またもっとも彩度が低い状態は「グレー」となるため、無彩色はどんな色相の色にも含まれると言えるのです。

＊2 ナチュラルな印象

ここではグリーンを例にしましたが、赤なら情熱や華やかさ、青なら知性や神秘性、茶色なら穏やかさや優しさといった具合に、色にはそれぞれの色相が人に与えるイメージというものがあります。

同一色相配色の考え方

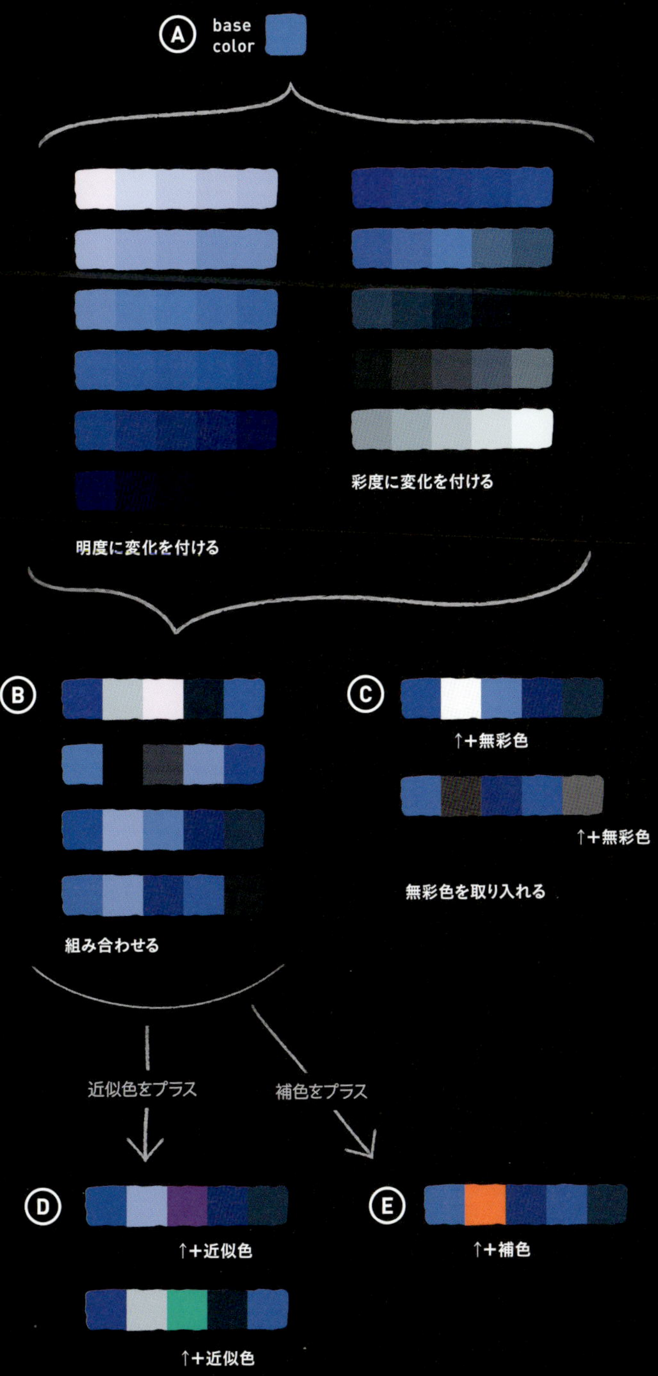

Ⓐ base color

Ⓑ 組み合わせる

明度に変化を付ける

彩度に変化を付ける

Ⓒ ＋無彩色

＋無彩色

無彩色を取り入れる

近似色をプラス

補色をプラス

Ⓓ ＋近似色

＋近似色

Ⓔ ＋補色

COLOR CHART

253-237-219 0-10-15-0	124-62-30 50-80-100-25	240-131-30 0-60-90-0	91-70-53 65-70-80-30	197-102-25 25-70-100-0
146-136-99 50-45-65-0	201-199-197 25-20-20-0	122-123-120 60-50-50-0	202-187-137 25-25-50-0	73-71-73 75-70-65-25
98-91-62 65-60-80-20	236-224-147 10-10-50-0	169-159-112 40-35-60-0	117-108-69 60-55-80-0	76-71-47 70-65-85-35
72-61-47 70-70-80-40	117-101-86 60-60-65-10	160-153-144 40-40-40-0	211-203-197 20-20-20-0	35-24-21 0-0-0-100
234-95-80 0-80-60-0	118-22-27 50-100-100-30	231-36-24 0-95-95-0	124-36-38 50-95-90-25	193-25-32 25-100-100-0
124-193-109 55-0-70-0	93-114-89 70-50-70-5	179-217-173 35-0-60-0	56-111-52 80-45-100-10	140-188-146 50-10-50-0
129-26-57 50-100-70-20	183-18-84 30-100-50-0	231-51-110 0-90-30-0	62-2-26 65-100-75-60	216-32-95 10-95-40-0
28-113-87 85-45-75-5	0-107-78 90-45-80-10	16-62-52 90-65-80-40	13-45-30 90-70-90-55	50-100-131 70-0-60-0
193-57-60 25-90-75-0	68-0-43 60-100-50-60	184-28-34 30-100-100-0	93-28-22 50-90-90-50	138-26-31 45-100-100-20
191-8-93 25-100-45-0	139-29-72 50-100-60-10	79-16-43 65-100-70-45	61-8-31 70-100-75-55	50-0-22 70-100-75-65
175-200-232 35-15-8-0	41-76-122 90-75-35-0	111-148-205 60-35-0-0	83-101-127 75-60-40-0	71-116-185 75-50-0-0
166-106-170 40-65-0-0	68-39-81 85-100-55-10	136-71-152 55-80-0-0	79-44-92 80-95-45-10	126-49-142 60-90-0-0
122-123-105 60-50-60-0	190-185-165 30-25-35-0	255-252-209 0-0-25-0	66-64-56 75-70-75-35	224-223-198 15-10-25-0
159-161-45 45-30-95-0	218-226-74 20-0-80-0	170-174-108 40-25-65-0	227-234-140 15-0-55-0	105-112-45 65-50-100-10
35-24-21 0-0-0-100	46-95-111 85-60-50-5	82-140-162 70-35-30-0	150-190-207 45-15-15-0	245-243-242 5-5-5-0

CHAPTER 2　配色の基本　04

無彩色配色

すべての要素を、白・黒・グレーの色味のない無彩色で統一したのが無彩色配色です。
無機的になりがちな無彩色配色ですが、諧調を使いこなすことで水墨画のような柔らかさも表現できます。

無彩色配色とは

赤や青、黄色といった「色味」が全くない、白から黒へのグレーの諧調だけを用いた配色が無彩色配色です。コンピュータグラフィックスでは「**グレースケール**」*¹などと呼ばれるもので、硬質で無機的な印象を持つ方も多いかもしれません。しかし白黒写真や、水墨画などのように豊かな諧調を持たせることで、抑えられた中にも暖かみや柔らかさ、**ほのかな色***² を表現することも可能です（図1）。

無彩色配色では、どのような構成であっても配色上の破綻をきたすことはありません。すでに究極的に統一された色合いであるからです。また人の目は色合いの違いよりも、明暗差の方が優先されて目に入るという特性があります（図2）。無彩色配色における色の差は、明暗差しかありませんので表したい要素をストレートに伝えたいときにはむしろ、よけいな色を用いないこの配色方法が向いていると言えるでしょう（図3）。

無彩色配色のポイント

色のない中にも豊かな諧調を感じさせることのできる無彩色配色ですが、ともすれば単調で埋没してしまいがちな配色方法でもあります。無彩色配色を成功させる方法のひとつめは、微妙な明暗を使い分けることです（A）。人の目は意外なほど多くの明暗の諧調を見分けられます。

ふたつめは白と黒を大胆に用いることで、明暗のコントラストを大きくはっきりと示すことです（B）。また基本の配色を無彩色にしておいて、目を引きたい部分に、少量の面積でのアクセントカラーを用いる方法（C）、無彩色にほんのわずかな色味を追加する方法（D）もあります。

無彩色配色の考え方

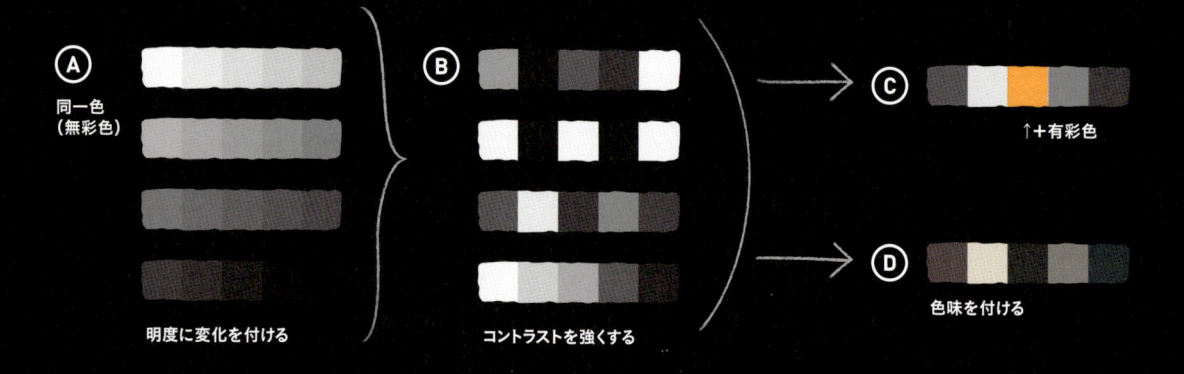

Ⓐ 同一色（無彩色）
明度に変化を付ける

Ⓑ コントラストを強くする

Ⓒ ↑+有彩色

Ⓓ 色味を付ける

>>> CASE STUDY

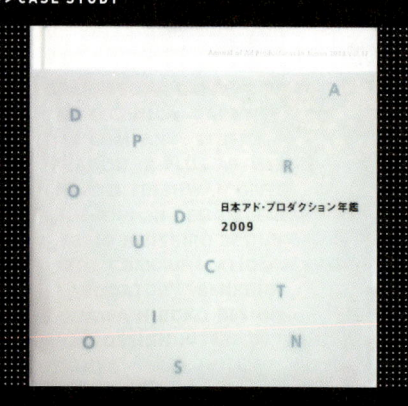

白を基調にしたブックデザイン。無彩色に近い抑えた配色が、年鑑本らしい正統感を表現しています。紙の質感や色味、印刷方法、フォントのデザインなどに意匠が凝らされ、ミニマムな美しい仕上がりです。

日本アド・プロダクション年鑑 2009

白と黒だけですが華やかな印象に仕上がっている、トイレ周りのインテリアデザインの例です。白と黒の作り出す強いコントラストを活かしたパターンが印象的です。

＊1　グレースケール

現代のコンピュータのディスプレイは、8 ビットでひとつの色を 256 諧調に表示し分けることが可能になっています。処理速度とモニタの性能が上がれば、将来的には 16 ビットの 65,536 諧調の表示が当たり前になってくるかもしれません。

＊2　ほのかな色

印刷の場合には、どのような紙に刷るか、あるいはどのインクを使うかで同じ「黒」でも微妙に見た目の異なる「黒」に仕上がります。また完全な「黒」ではなく黒に近いグレーやわずかな有彩色を使ってほのかな色を演出する場合もあります。

（図1）無彩色は「色がない」色ですが、明暗差によって幅の広い諧調を持たせることが可能です。通常の配色が油絵の具や水彩なら、無彩色配色は鉛筆や木炭のデッサンのようなものです。

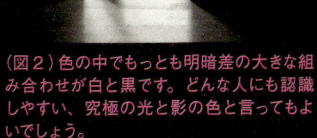

（図2）色の中でもっとも明暗差の大きな組み合わせが白と黒です。どんな人にも認識しやすい、究極の光と影の色と言ってもよいでしょう。

（図3）「色」にはどんなものでも特定のイメージがつきまといます。あえて色のメッセージ性をカットしたいときにも、無彩色配色が効果的なのです。

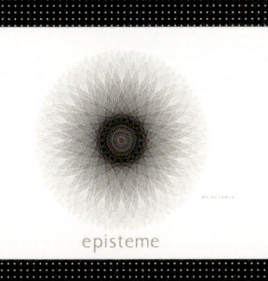

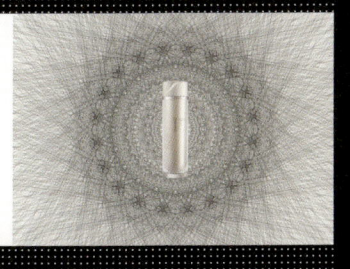

極細のラインで美しい幾何学模様を描き出したデザインの例です。ラインが重なり合うことで生まれる濃い黒の部分と、限界に近い細い線が生み出す白に近いグレー、そして余白の白とが完璧なバランスを感じさせます。

episteme

COLOR CHART

80-68-47 65-65-80-40	117-101-86 60-60-65-10	169-152-127 40-40-50-0	222-207-198 15-20-20-0	26-11-8 20-20-20-100
26-11-8 20-20-20-100	255-255-255 0-0-0-0	26-11-8 20-20-20-100	255-255-255 0-0-0-0	26-11-8 20-20-20-100
26-11-8 20-20-20-100	147-147-147 0-0-0-55	26-11-8 20-20-20-100	147-147-147 0-0-0-55	26-11-8 20-20-20-100
91-86-87 70-70-80-40	54-63-66 60-60-65-10	190-186-103 40-40-40-0	26-11-8 20-20-20-100	245-243-242 5-5-5-0
76-73-72 0-0-0-85	26-11-8 20-20-20-100	62-58-57 0-0-0-90	89-87-87 0-0-0-80	26-11-8 20-20-20-100
47-39-37 0-0-0-95	76-73-72 0-0-0-85	102-100-100 0-0-0-75	125-125-125 0-0-0-65	201-202-202 0-0-0-30
47-39-37 0-0-0-95	102-100-100 0-0-0-75	105-44-35 40-80-75-50	170-171-171 0-0-0-45	245-243-242 5-5-5-0
58-66-70 80-70-65-30	144-146-151 50-40-35-0	170-183-191 35-25-20-0	144-146-143 50-40-40-0	91-86-81 70-65-65-15
62-58-57 0-0-0-90	102-100-100 0-0-0-75	131-137-102 50-35-60-15	170-171-171 0-0-0-45	239-239-239 0-0-0-10
110-113-110 65-55-55-0	144-146-143 50-40-40-0	122-123-120 65-55-55-0	144-146-143 50-40-40-0	223-225-226 15-10-10-0
144-146-143 50-40-40-0	91-86-87 70-65-60-15	51-59-58 80-70-70-40	29-31-34 85-80-75-60	26-11-8 20-20-20-100
62-58-57 0-0-0-90	26-11-8 20-20-20-100	62-58-57 0-0-0-90	26-11-8 20-20-20-100	62-58-57 0-0-0-90
62-58-57 0-0-0-90	190-186-174 30-25-30-0	62-58-57 0-0-0-90	122-123-113 60-50-55-0	168-161-148 40-35-40-0
62-58-57 0-0-0-90	143-161-143 50-30-45-0	107-117-95 65-50-65-5	90-93-84 70-60-65-15	62-58-57 0-0-0-90
156-150-152 45-40-35-0	239-239-239 0-0-0-10	109-102-103 65-60-55-5	239-239-239 0-0-0-10	62-58-57 0-0-0-90

グラデーション配色

グラデーションとは、色を徐々に変化させて別の色へとつなぎ合わせる手法です。
華やかさや優雅さ、やわらかさ、上質な印象を見た人に与えることができます。

グラデーション配色とは

徐々に色が移り変わっていくように感じられるように見えるのが、グラデーション配色です。今ではコンピュータソフトの**グラデーション機能**[*1]を使って作成したグラデーションが一般的ですが、グラデーション状に見えるように色を並べることも、パターンなどを用いて色の面積をコントロールしたものも、「にじみ」などの自然現象を活かしたデザインも、グラデーション配色に含めて考えてよいでしょう（図1）。

グラデーション配色には、単色の配色にはない柔らかさが感じられます。均一なグラデーションには金属の光沢を思わせる滑らかさがあり、有機的なグラデーションには自然や人の手のぬくもりがあります。また、多色使いのグラデーション配色は、虹のきらめきのような華やかさが感じられます（図2）。いずれの方法も、ある程度広い面積を使って表現する方が、グラデーションの効果が際立つでしょう。

グラデーション配色の考え方

- Ⓐ base color
- Ⓑ 明度(明)のグラデーション / 明度(暗)のグラデーション / 彩度のグラデーション
- Ⓒ 近似色へのグラデーション / 近似色へのグラデーション
- バリエーション →
- Ⓓ 彩度を下げる / 明度を上げる
- 補色へのグラデーション → にごりを取る → ↑中間色を設定
- 多色使い(スペクトル)

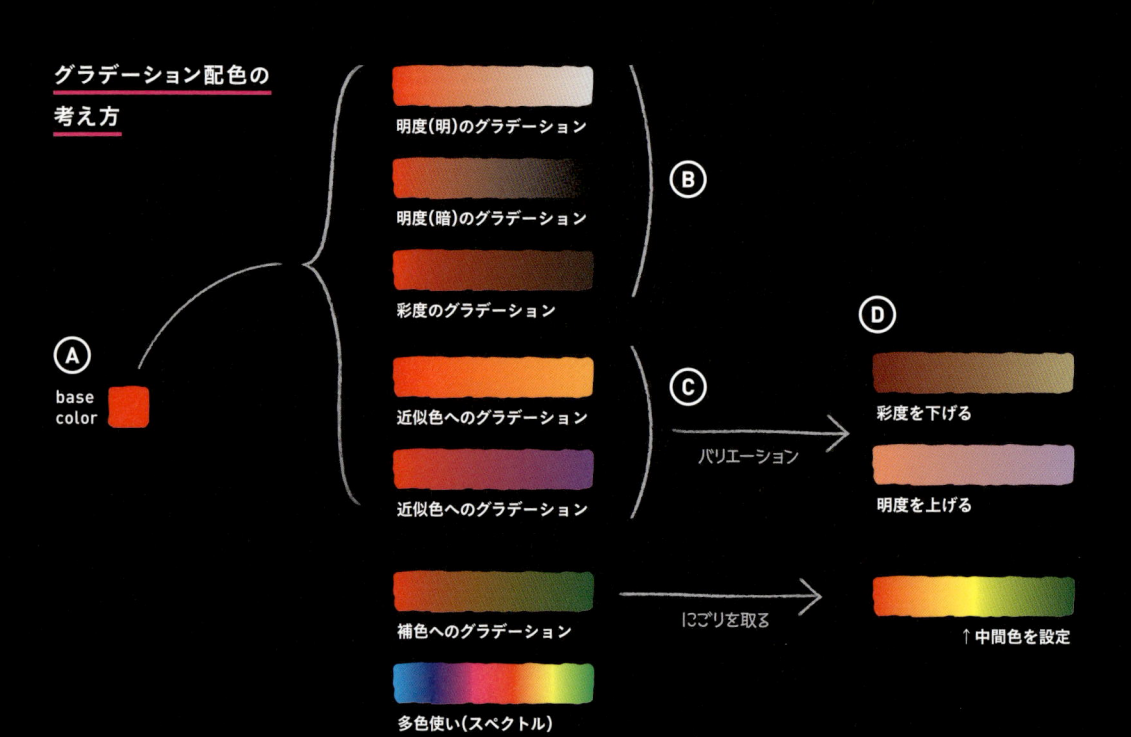

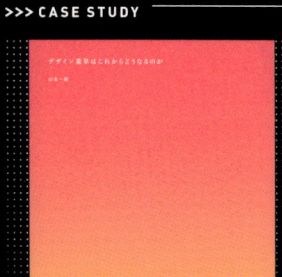

>>> CASE STUDY

マゼンタからイエローへのグラデーションが美しいブックデザインの例です。シンプルに見えますが、特にグラデーションがポイントの印刷物の作成にはインキや印刷への知識、そしてテストを繰り返して完成度を高める作業が不可欠です。

背景に淡い色合いのぼかしのグラデーション、そして文字の色にもグラデーションを用いたポスターデザインの例です。多色使いで華やかさもありながら、白地をうまく残して透明感を感じさせる仕上がりになっています。

*1 グラデーション機能

グラフィックアプリケーションでは、始点・中間点・終点のそれぞれの色を選択することで、均一なグラデーションが簡単に設定できます。ニュアンスのある微妙なグラデーションが欲しい場合は、写真や手描きなどで作成します。

*2 グラデーションの効果

設定した色によっては、中間点で色が飛んで見える「グラデーションジャンプ」と呼ばれる現象が起きます。これを解消するには色がもっとなだらかに変化するように設定を変えるか、作成したグラデーションにぼかしをかけるなどの処理が必要です。

グラデーション配色のポイント

比較的簡単で失敗のないグラデーション配色とは、同一色相で明度や彩度だけをグラデーションにしたものです（A）。これは基本になる色を1つ決め、始点あるいは終点に向けて徐々に変化を付けていくだけで完成します（B）。多色使いのグラデーションや色相の変化が大きいグラデーションは、中間調の部分が濁って汚く見えてしまうことや、連続した**グラデーションの効果***2 が薄れてしまう場合があるので注意しましょう。基準色を純色に近い色を選ぶことと、色相環でなるべく近い関係にある色を選ぶことが重要です（C）。できたグラデーションカラーは、全体的に明度や彩度を変えることで印象の違うバリエーションを作り出すことができます（D）。

(図1) 結果的に見た目が「連続して変化する色」になっていれば、グラデーション配色と言えます。水彩のにじみのようなぼかしも、パターンの変化で移り変わる色も、色の重なりによって生じる変化もみなグラデーション配色の例です。

(図2) グラデーションは、使い方によってメタリックで硬質な印象にも、華やかな色彩の演出にも用いられます。

COLOR CHART

0%	50%	100%
237-214-169	227-207-136	216-166-60
5-15-40-5	10-20-50-5	10-35-80-10

0%	55%	100%
133-161-166	59-94-103	15-57-61
30-0-10-40	45-0-10-70	55-0-20-85

0%	55%	100%
134-58-33	80-0-0	52-0-0
5-70-70-55	5-100-100-80	15-100-100-90

0%	30%	65%	90%	100%
254-241-93	220-226-71	0-167-60	0-115-124	29-32-136
0-0-70-0	15-5-80-0	80-0-100-0	90-45-50-0	100-100-0-0

0%	45%	70%	90%	
191-169-159	220-213-151	174-160-150	230-226-218	
5-20-20-30	0-10-20-15	5-20-20-35	5-5-15-10	

0%	50%	100%
230-0-10	255-255-255	230-0-10
0-100-100-0	0-0-0-0	0-100-100-0

0%	50%	100%
149-183-255	199-212-148	0-117-190
45-20-0-0	25-10-40-0	85-45-0-0

0%	25%	50%	100%
72-104-40	182-203-73	254-220-94	255-243-195
50-5-80-60	30-0-80-10	0-15-70-0	0-5-30-0

220-189-180	210-176-174	180-151-170	146-104-135	71-47-83
15-20-25-0	20-35-25-0	30-45-20-0	50-65-30-0	80-90-50-20

190-168-148	201-148-152	212-193-166	222-197-176	223-206-180
30-35-40-0	25-30-40-0	20-25-35-0	15-25-30-0	15-20-30-0

24-148-59	15-123-91	13-90-101	0-61-116	31-40-111
80-20-100-0	85-40-75-0	90-60-55-10	100-85-35-0	100-100-30-0

135-110-113	118-77-90	101-42-60	86-14-42	62-2-23
55-60-50-0	60-75-55-10	60-90-65-30	60-100-70-45	65-100-80-60

218-218-35	204-216-102	177-219-203	144-211-227	89-195-225
20-5-90-0	25-5-70-0	35-0-25-0	45-0-5-0	60-0-10-0

126-204-244	89-189-237	26-150-213	7-134-189	23-111-148
50-0-0-0	60-5-0-0	75-25-0-0	80-35-10-0	85-50-30-0

180-171-124	170-142-89	146-137-107	107-128-116	62-106-124
35-30-55-0	40-45-70-0	50-45-60-0	65-45-55-0	80-55-45-0

CHAPTER 2 | 配色の基本 | 06

色相配色

さまざまな色相をバランスよく配色するのが、色相配色です。
華やかに演出したいときや、色のバリエーションを用意したい場合に知っておくとよいでしょう。

色相配色とは

色相環上からまんべんなく色を拾って配色するのが、色相配色の考え方です。3色の場合は正三角形（トライアド）、4色では正方形（テトラード）、5色では5角形（ペンタード）、6色は正6角形（ヘクサード）になるようにそれぞれ色を選びます（図1）。このように色を選ぶことで、色数に応じた色相差がそれぞれもっとも大きい状態となり、彩りを豊かに華やかに、またバランスよく見せることができます。

色相配色では、色数が多く彩度の高い組み合わせほどより華やかに仕上がりますが、低彩度での色相配色ではまとまりのよい印象を与えることができます。またトライアドに白と黒、テトラードに白と黒といった具合に**無彩色**[*1]を組み合わせた配色方法もあります（図2）。いずれも幾何学的法則に基づいた手法であり、作る側としても考えやすく、見る側には**意図の伝わりやすい**[*2] 明瞭な配色方法と言えるでしょう。

色相配色のポイント

色相配色は幾何学的に色を抽出する手法なので、配色時に迷うことはあまりありません。まず決めるのは色数です。ここでは例として5色のヘクサードを基本に考えることにしましょう。ヘクサードは色相環から正5角形になるように色を抽出しますが、少しずつ色相をずらしていくことでいくつかのバリエーションが作成できます（A）。

さらに、彩度・明度をコントロールすることで、色相配色は完成します（B）。また無彩色を組み合わせたり（C）、ポイントカラーとして1色だけ彩度を上げて使用するのもよいでしょう（D）。印刷物などで使用する場合は、ある程度明度差のある組み合わせにした方が使い勝手がよいようです（E）。

色相配色の考え方

A トライアド

B 彩度と明度を上げる
彩度と明度を下げる

C 無彩色を組み合わせる

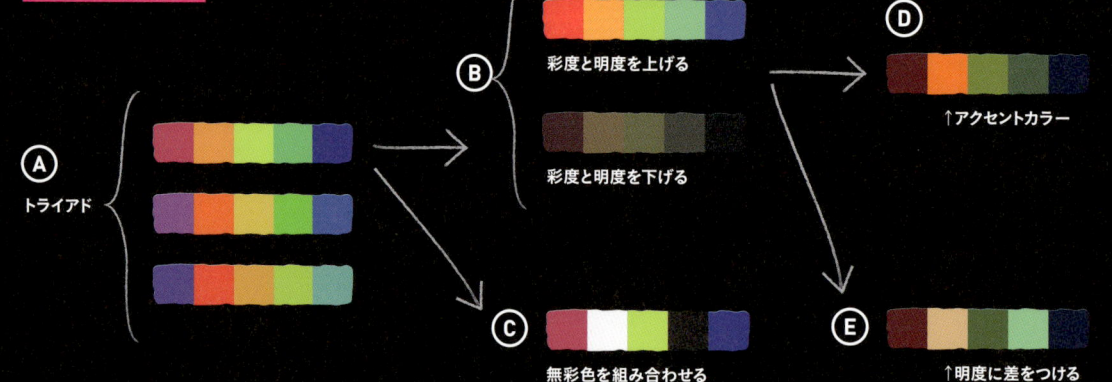

D ↑アクセントカラー

E ↑明度に差をつける

>>> CASE STUDY

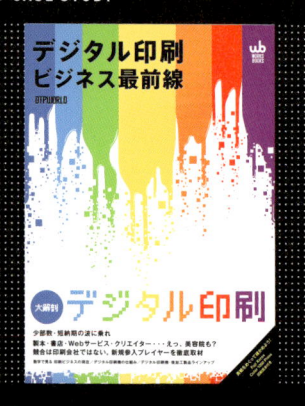

彩度の高い7色が色相配色された書籍のカバーデザインです。印刷のインキをイメージさせる原色系の配色が美しく、また色の面積も大きいため書店映えする仕上がりとなっています。

フリーゲームソフト制作集団、Bio_100%のミュージックCDボックスです。PC-98を模したパッケージに、ストラップやペーパークラフトも入ったおもちゃ箱のようなデザインに、賑やかな色相配色が効いています。

※1 無彩色

ここでは白・黒との組み合わせを紹介していますが、グレーも色相配色とは相性のよいカラーです。無彩色は色相のバランスを壊しませんので、配色に落ち着きを感じさせたい場合や、色と色との間の「つなぎ」として使うのもよいでしょう。

※2 意図の伝わりやすい

例えば同じ商品でいくつかの種類があるものや、病院の診察科目、路線図といった「同等かつ異なる種類」であることを表したい場合には、色の違いがもっともはっきりと出る色相配色が向いています。

（図2）トライアドに白と黒を加えたものが、イッテンのペンタード。テトラードに白と黒を加えたものが、イッテンのヘクサードと呼ばれる配色です。スイスの色彩学者ヨハネス・イッテンが提唱した配色のスキームです。

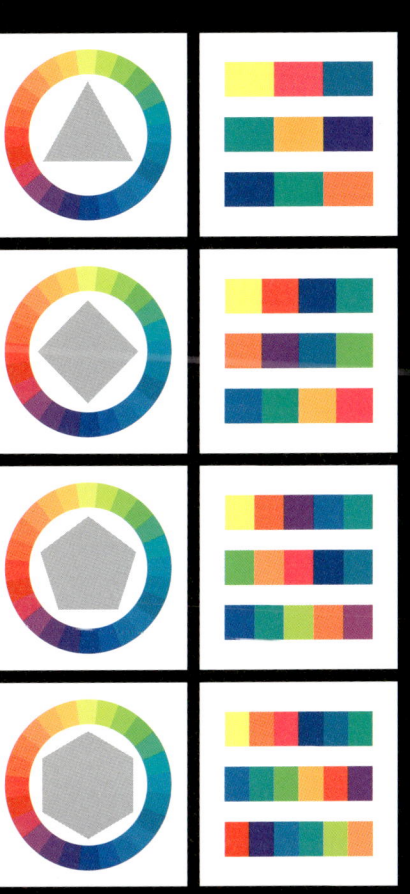

（図1）左上からトライアド、テトラード、ペンタード、ヘクサードの配色の見本です。色数が多いほど、色相配色の持つ華やかさが強調されます。

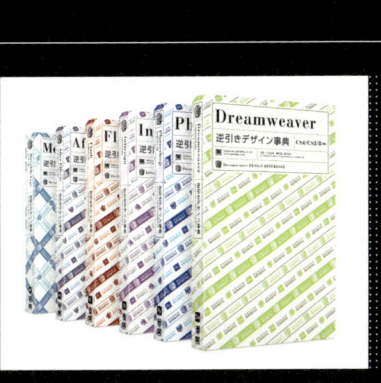

COLOR CHART

143-195-31 50-0-100-0	248-181-0 0-35-100-0	230-0-18 0-100-100-0	0-160-233 100-0-0-0	96-25-134 75-100-0-0
182-199-91 35-10-75-0	36-33 27 40-30-40-100	65-60-59 15-15-15-100	196-92-27 25-75-100-0	149-208-192 45-0-30-0
88-89-42 70-60-100-20	31-40-111 100-100-30-0	10-54-36 90-65-90-50	85-46-21 60-80-100-45	144-39-70 50-100-55-5
226-95-158 5-75-0-0	206-222-104 25-0-75-0	216-125-25 15-60-95-0	119-116-181 60-55-0-0	162-215-212 40-0-20-0
177-59-46 35-90-90-0	166-52-128 40-90-15-0	92-58-147 75-85-0-0	53-81-162 85-70-0-0	65-170-146 70-10-50-0
95-193-199 60-0-25-0	175-75-151 35-80-0-0	53-81-162 85-70-0-0	127-190-38 55-0-100-0	234-194-29 10-25-90-0
123-54-49 50-85-80-25	83-155-70 70-20-90-0	82-62-27 65-70-100-40	44-42-89 95-100-50-5	85-133-165 70-40-25-0
79-58-147 80-85-0-0	127-190-38 55-0-100-0	230-167-4 10-40-95-0	48-113-185 80-50-0-0	230-22-115 0-95-20-0
100-192-171 60-0-40-0	44-35-33 30-30-30-90	64-61-57 30-25-30-80	153-84-80 45-75-65-5	225-231-203 15-5-25-0
234-166-200 5-45-0-0	227-235-164 15-0-45-0	219-156-95 15-45-70-0	199-192-223 25-25-0-0	168-198-146 40-10-50-0
0-100-40 100-0-100-50	157-130-0 0-20-100-50	147-48-0 0-80-100-50	0-89-138 100-20-0-50	99-0-83 45-100-0-50
106-189-121 60-0-65-0	194-101-164 25-70-0-0	62-67-144 85-80-10-0	170-166-86 40-30-75-0	236-162-103 5-45-60-0
202-163-164 20-70-0-0	244-165-112 0-45-55-0	106-113-188 65-55-0-0	115-198-200 55-0-25-0	201-202-202 0-0-0-30
58-42-25 70-75-90-55	39-94-88 85-55-65-15	30-18-16 10-10-10-100	43-8-24 75-95-75-65	29-43-85 100-100-55-0
168-198-146 40-10-50-0	176-148-196 3545-0-0	105-129-146 65-45-35-0	180-163-121 35-35-55-0	235-164-156 5-45-30-0

CHAPTER 2 | 配色の基本 | 07

トーン配色

色は色相だけでなく、明度や彩度によって人に与える印象が大きく変わります。この印象が「トーン（調子）」と呼ばれるものです。調和のとれた配色を考えるためには、トーンを意識することが不可欠です。

トーン配色とは

同じ赤い色でも、彩度の高い鮮やかな赤は「強さ・激しさ」といった印象を与え、明度の高い赤は「柔らかさ・優しさ」などを感じさせます。これが色の持つ「トーン」です（図1）。

トーンは、彩度と明度でコントロールします。特に彩度は、色の印象を決めるもっとも重要なポイントです。同じような印象の色、つまり明度と彩度が近い色[*1]だけを用いることを、トーンが揃った配色（同一トーン配色）と言います。類似のトーンや対照的なトーン[*2] をあえて組み合わせる配色方法もありますが、トーンが無意識的にバラバラの配色になってしまうとイメージが定まらず、全体のまとまりも感じられません（図2）。

全体をどんなトーンで統一するかによって、制作物の印象は大きく変わります。彩度の高いビビッドなトーンのデザインは、躍動感があり華やかな印象になります。明度と彩度を下げたグレイッシュなトーンを使えば、重厚で落ち着きの感じられるデザインとなるでしょう。写真やイラストなどを用いたデザインの場合にはこれらの要素自体に含まれる色も考慮し、他の要素のトーンは控えめにしておくのも覚えておきたいテクニックです（図3）。

トーン配色のポイント

調和のとれた配色を考える場合には、まずその制作物に合うベースカラーを選択します（A）。続いてそのベースカラーに彩度・明度を合わせた別の色相

トーン配色の考え方

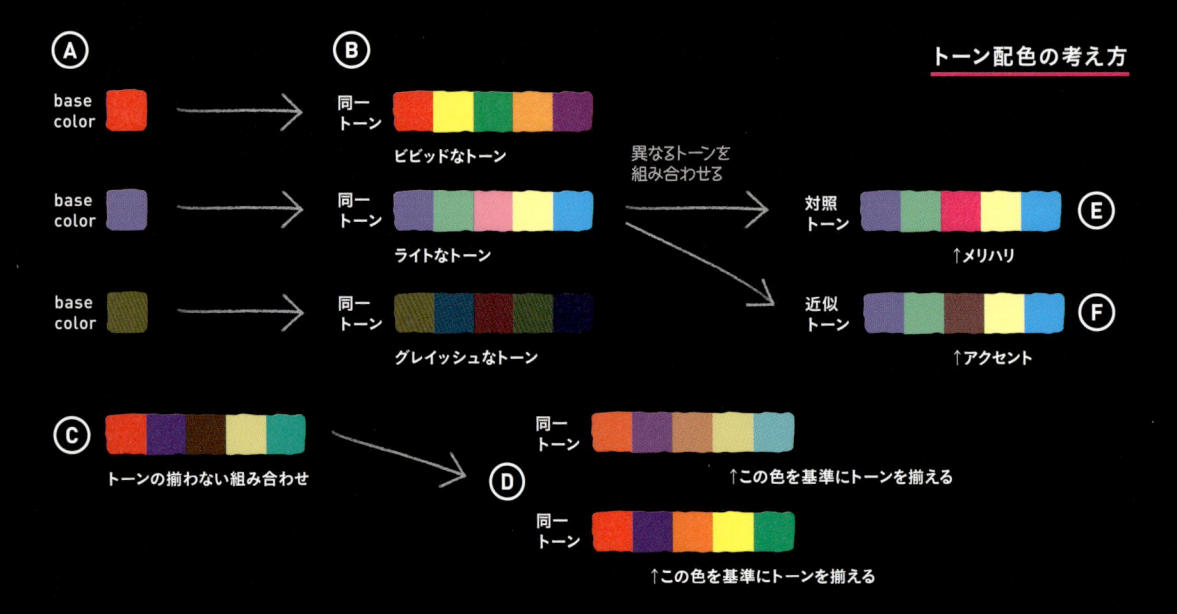

A base color → B 同一トーン ビビッドなトーン

A base color → B 同一トーン ライトなトーン

A base color → B 同一トーン グレイッシュなトーン

異なるトーンを組み合わせる

→ E 対照トーン ↑メリハリ

→ F 近似トーン ↑アクセント

C トーンの揃わない組み合わせ → D 同一トーン ↑この色を基準にトーンを揃える

同一トーン ↑この色を基準にトーンを揃える

>>> CASE STUDY

彩度はやや高めで、中程度の明度のライトなトーンをうまく組み合わせた配色の例です。白地の面積を大きくすることで、使用している色数が多くてもスッキリとした印象に仕上がっています。

上と下でトーンの異なる色を組み合わせたイラストを対照的に用いた作品です。明度差はかなり大きいのですが、上下とも彩度は低く抑えてあるために全体のまとまりも損なわれていません。

彩度の高い色を組み合わせたショップオープンを告知するグラフィック。原色よりもやや明度を上げたトーンで統一することで、あか抜けた明るい印象が感じられます。

＊1 近い色

色相によって明度の範囲は異なります。例えば青と黄色では、もともとの明度のレンジ（幅）が違っていますので、トーンを整える際に明度を完全に揃えようとする必要はありません。

＊2 類似のトーンや対照的なトーン

統一されたトーンの配色は「ドミナントトーン配色」、同一色相で異なるトーンの色を組み合わせるのが「トーン・オン・トーン配色」、彩度の低いトーンで組み合わせた配色を「トーナル配色」と呼びます。

の色を組み合わせていきます（B）。色目の選び方は、色相配色（P.32参照）を参考にしてください。

すでにある配色でイメージに合わせてトーンを揃える、というのもよく使われる手法です。もとの配色が何となく落ち着かないと感じたら（C）、いずれかの色を基準に明度・彩度を揃えてみましょう（D）。どの色を基準にするかで、いくつかのトーン配色のバリエーションが可能です。

逆に落ち着き過ぎてしまった配色の場合は、あえてトーンの異なる色を組み合わせることもあります（E）。対照的なトーンを組み合わせれば大きくメリハリをつけることができ、近いトーンの色を組み合わせればさりげないアクセントとなります（F）。

（図1）彩度の高い鮮やかなトーンのイラストと、明度が高く彩度の低い落ち着いたトーンで配色されたイラスト。色の与える印象の違いがよくわかります。

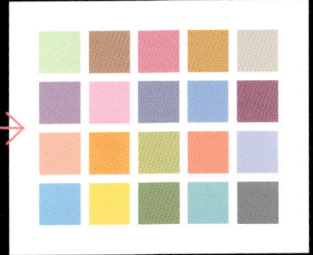

（図2）トーンがバラバラの配色は、まとまりがなくイメージが定まりません。トーンを揃えると調和がとれ、色から感じられる印象がはっきりとあらわれます。

（図3）写真やイラストを使ったデザインは、色のトーンが雑多になりがちです。写真以外の部分の色のトーンを抑えることで、調和や統一感が感じられるようになります。

COLOR CHART

明度対比

色の持つ3つの属性のうち、デザインする上でもっとも重要なのは「明度」です。
明度のコントラスト、差異を利用することを「明度対比」といいます。

明度対比とは

何らかのデザインエレメントを「見える」状態にするには、そのエレメントの色と**他の色**[*1]との間に差をつける必要があります。この差が「対比」です。色による対比には、色相で差をつける「色相対比」、彩度で変化をつける「彩度対比」、明暗の差を大きくつける「明度対比」の**3種類がありますが**[*2]、もっとも人の目に強く、くっきりと見えるのが「明度対比」です（図1）。色は印象を決める重要なデザイン要素ですが、それ以前に大切なエレメントを見やすい状態にしておくことは、デザインの基本中の基本とも言えること。「明度対比」の重要性を理解し、明度の差をコントロールすることができれば、見やすさや伝わりやすさを実践し、そしてデザインの強弱によってリズム感のある制作物を作り出すことがが可能になります。

実際のデザインの中では、もっとも目立たせたい場所で明度の対比を大きくするように考えるとよいでしょう（図2）。エレメントのサイズやレイアウトにもよりますが、明度対比を段階的にすることで読む順序や重要度を整理することもできます。

明度対比による配色のポイント

明度対比を使った配色方法の考え方には、全体を暗くして1色だけを明るくするなどポイント的にコントラストをつけるものと（A）、明暗のはっきりした色をさまざまに組み合わせるもの（B）とがあります。ポイント的な対比の場合には、ベースになる色の明度を下げたパターンと逆に上げたパターンとを作り出すことができるでしょう（C）。いずれも他の要素を控えてポイント部分を目立たせたい場合に有効な方法ですが、デザイン全体の印象はシャープで落ち着いたものになります。

明暗の組み合わせの場合は、デザイン全体に躍動感と激しさを感じさせることができます。また色相も大きく変化させることで、華やかなイメージも作り出せますが、その分まとまりは感じにくくなるでしょう（D）。

（図1）同じデザインで、左からそれぞれ色相対比、彩度対比、明度対比を意識して配色した例。
明度対比はどんな人の目にも見やすく、判別しやすい手法と言えるでしょう。

>>> CASE STUDY

ホテルのWebサイトデザインの例です。全体に明度の低い赤を基調とすることで、中央の白い紙がひときわの印象を持って目に飛び込んできます。文字色やボタンの色も赤系統で統一され、シンプルな質の高さを感じさせます。

正六角形と正円、そしてアイコンを組み合わせた明暗差がミニマムな配色の美しさを感じさせるWebサイトのデザインです。各項目にマウスポインタを合わせると、明暗が反転して解説が表示されます。

白地に青という、明暗のコントラストの大きい配色が店頭でも際立ちトレードマークとなっている、カルピスのパッケージです。

※1 他の色

グラフィックやプロダクトデザインの場合は、色だけでなく素材を変えたり加工を施すことで差異を表現することもあります。例えばマットな質感の紙に、光沢のあるインキで印刷するといった方法があります。

※2 3種類がありますが

ここでは便宜的に3つの対比を分けて解説していますが、実際の配色ではこれらを複合的に組み合わせることもよく行われます。また色彩以外の要素として、面積による対比も併用することがあります。

COLOR CHART

42-71-67 85-65-70-30	26-11-8 20-20-20-100	200-209-210 25-15-15-0	218-71-65 10-85-70-0	238-236-235 5-5-5-5
113-111-110 10-10-10-65	255-255-255 0-0-0-0	147-189-59 55-0-100-0	0-122-184 100-20-0-20	63-102-103 65-0-30-60
26-11-8 20-20-20-100	224-241-244 15-5-5-0	26-11-8 20-20-20-100	255-245-224 0-5-15-0	26-11-8 20-20-20-100
223-1-52 5-100-75-0	60-42-96 90-100-45-0	255-255-255 0-0-0-0	73-180-189 65-0-30-0	144-184-33 50-0-100-0
156-149-143 45-40-40-0	149-64-36 45-85-100-10	31-44-92 100-100-50-0	255-255-255 0-0-0-0	180-136-69 35-50-80-0
53-120-124 80-45-50-0	235-245-236 10-0-0-0	152-189-181 45-15-30-0	217-219-73 20-50-80-0	143-28-46 45-100-85-15
42-0-74 80-100-0-60	93-97-94 70-60-60-10	240-131-0 0-60-100-0	255-255-255 0-0-0-0	26-11-8 20-20-20-100
237-109-31 0-70-90-0	38-73-157 90-75-0-0	232-56-23 0-90-95-0	255-255-255 0-0-0-0	93-97-94 70-60-60-10
65-29-27 70-90-90-50	234-85-32 0-80-90-0	255-255-255 0-0-0-0	20-57-68 90-70-60-40	143-196-47 50-0-95-0
0-112-172 100-20-0-30	93-97-94 70-60-60-10	255-255-255 0-0-0-0	53-47-46 15-15-15-100	59-133-157 75-35-30-5
145-0-0 0-100-100-50	26-11-8 20-20-20-100	230-0-18 0-100-100-0	220-211-211 0-0-0-20	86-89-86 70-60-60-20
254-234-180 0-10-35-0	26-11-8 20-20-20-100	60-43-91 90-100-50-0	185-58-33 30-90-100-0	56-125-57 80-40-100-0
183-211-50 35-0-90-0	89-195-225 60-0-10-0	237-108-0 0-70-100-0	26-11-8 20-20-20-100	81-78-77 10-10-10-60
26-11-8 20-20-20-100	0-141-187 80-30-15-0	171-172-23 40-25-100-0	255-255-255 0-0-0-0	57-51-50 10-10-10-90
34-172-56 75-0-100-0	44-35-33 30-30-30-90	255-255-255 0-0-0-0	176-31-36 35-100-100-0	46-89-167 85-65-0-0

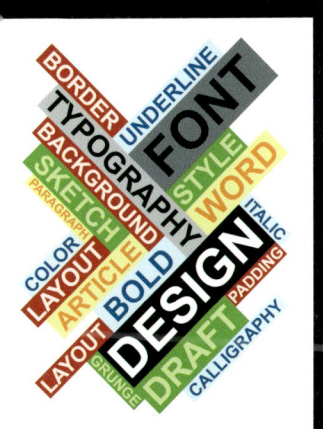

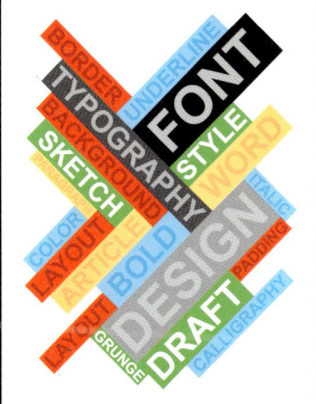

（図2）ひとつのデザインの中でも、明度対比の強弱によって目立つ場所と控える場所とを作り出すことができます。配色を変えてみるとデザインの強弱の関係も変化するのがわかるでしょう。

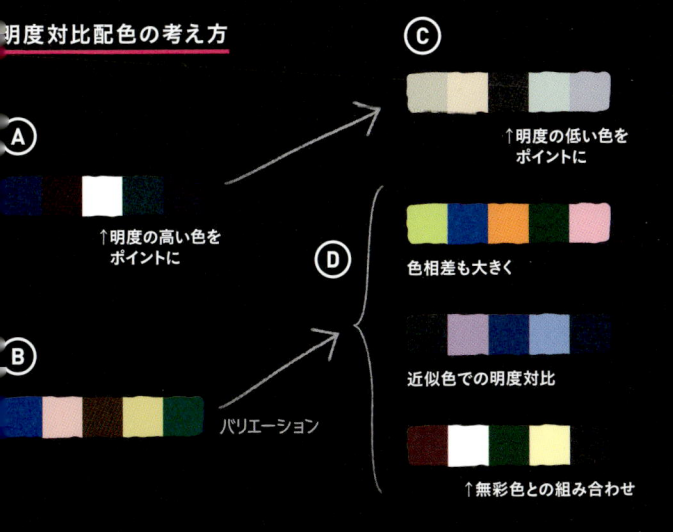

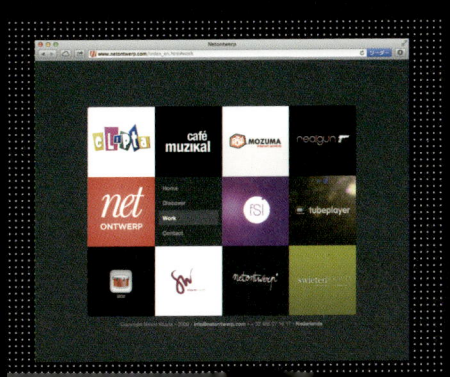

明度対比配色の考え方

Ⓐ
↑明度の高い色をポイントに

Ⓑ
バリエーション

Ⓒ
↑明度の低い色をポイントに

Ⓓ
色相差も大きく

近似色での明度対比

↑無彩色との組み合わせ

明・暗・明・暗と、互い違いにさまざまな色で明度対比を作り出したチェッカー（市松模様）タイプのデザインになっているWeb制作会社の作品リストです。各マスをクリックすると、作品の全体を見ることができます。

CHAPTER 2 | 配色の基本 | 09

彩度対比

鮮やかな色というのは、それだけで見る人の目を惹き付けます。
彩度の高い色をより効果的に使うには、他の部分の彩度を下げて彩度対比を大きくするとよいでしょう。

彩度対比とは

彩度の高い色と低い色とを組み合わせるのが、彩度対比です。**鮮やかな色**[*1]は華やかで力強く見る人の目に届く反面、むやみに使用すると落ち着きのなさや、軽薄なイメージにもなってしまいます。そこで多くの場合、低彩度の色と組み合わせて彩度対比を作り出す方法が採られるのです（図1）。

もっとも彩度対比の効果が強く感じられるのは、高彩度な色と黒や白、グレーなどの無彩色との配色でしょう。これは彩度対比のもっとも大きくなる組み合わせでもあり、また無彩色を用いることで色同士がぶつかり合って**イメージが散漫**[*2]になってしまうことも防げます（図2）。

彩度対比を用いた配色のポイントとして重要なのが、色の面積配分です。低彩度な色をベースにしてポイント的に高彩度な色を配すると、高彩度な部分がまっすぐに見る人の目に飛び込むようなポイントカラーとしての効果が高まります（図3）。色の力強さを前面に出したい場合には、高彩度の色面を極端に大きくしてそれ以外の要素の面積は小さくします（図4）。いずれの場合も大胆な面積配分を行うことで、彩度対比の効果をより高める結果につながります。

彩度対比による配色のポイント

彩度対比を用いた配色の基本は、高

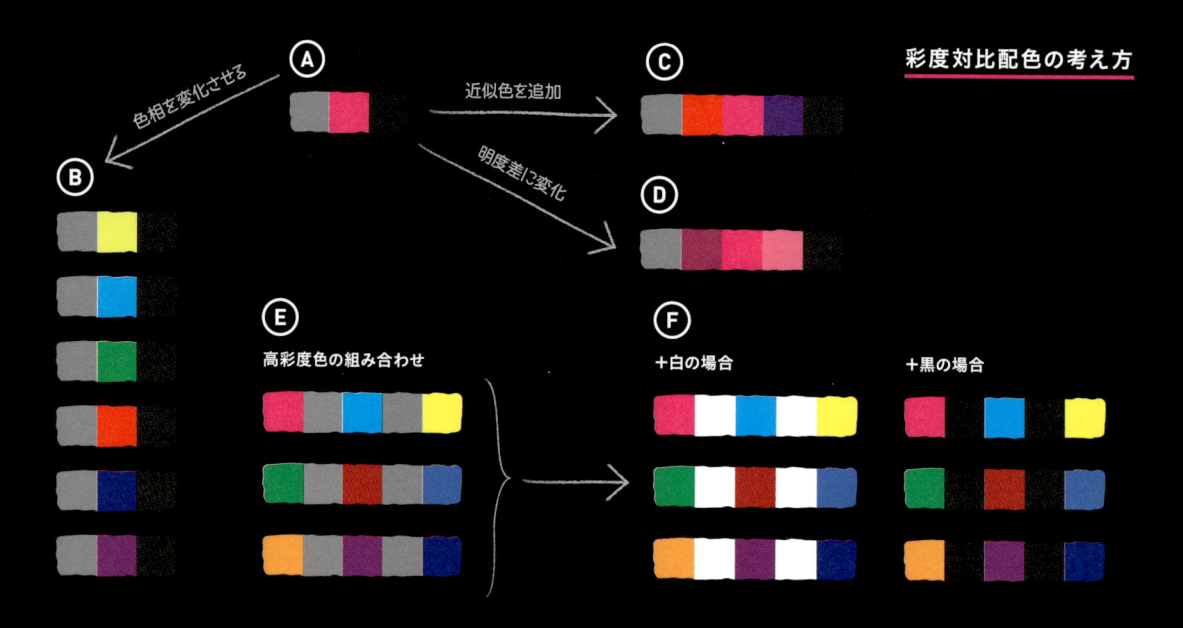

彩度対比配色の考え方

A
B 色相を変化させる
C 近似色を追加
D 明度差に変化
E 高彩度色の組み合わせ
F ＋白の場合　＋黒の場合

>>> CASE STUDY

モノトーンの写真にレインボーカラーのエレメントが際立つ、ロックなテイストのポスターです。ターゲットの年齢層やイメージに合わせた、彩度対比の効果的な活用例と言えるでしょう。

写真以外はすべて白黒か赤だけで構成された、力強さとともにハイセンスな印象を感じさせる配色例です。赤の面積を大きく扱うことで、テーマカラーとも呼べる骨太なメッセージ性が伝わります。

白・黒・グレーの無彩色に、ピンクやオレンジの高彩度色が映えるポスターデザインです。単色ではなく、近似色を組み合わせることで花のような美しさと、人を惹き付ける華やかさが表現されています。

＊1 鮮やかな色

印刷物での鮮やかな色と、コンピュータなどのモニタ上で表現される鮮やかな色とは異なります。例えば黄緑やピンクなどは、通常の印刷物ではあまり高彩度になりません。

＊2 イメージが散漫

高彩度な色は、ひとつひとつの色彩の刺激性が高いため、組み合わせて使用するのは難しいものです。しかし逆にその刺激の強さを活かせば、強烈なエネルギー感や激しさ、はじけそうなパワーを表現することもできます。

彩度な色と無彩色との組み合わせです（A）。高彩度な色の色相を変化させたり、無彩色の明度を変えることで、組み合わせのバリエーションを作り出すことができます（B）。

また高彩度な色の色相をわずかに変化させた近似色での組み合わせや（C）、彩度や明度を変化させてグラデーションのような配色方法も美しく、また豊かなイメージが与えられるものです（D）。

高彩度な色で、色相の大きく異なる組み合わせは、ポップで派手なイメージになります。この場合は低彩度の色の面積を小さくし、その刺激性を強調するように考えるとよいでしょう（E）。組み合わせる無彩色が白だと爽やかに、グレーでは都会的なイメージに、黒だとシックな印象に変わります（F）。

（図1）彩度の高い色同士を同じような面積で配分すると、見る人の視点が定まらないだけでなく落ち着きのない印象になってしまいます。高彩度な色には低彩度の色を組み合わせた方がまとまりがよいでしょう。

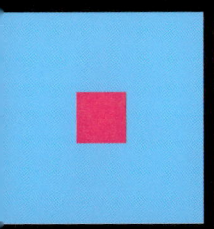

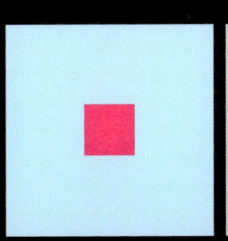

（図2）彩度対比を効果的に使うには、組み合わせる色の彩度を極力下げることです。無彩色に近い色との組み合わせほど、彩度の高い色が際立つ対比効果が生まれます。

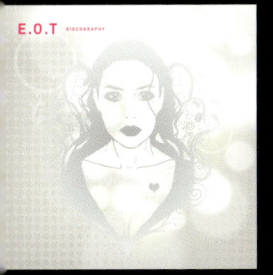

（図3）高彩度な色をポイントカラーとしてごくわずかな面積に使用することで、全体の統一感とともに視線を集中させる効果が高まります。

（図4）高彩度な色はそれだけでパワーがあります。パワーを最大限にするには、思い切った大きな面積で使うことです。

COLOR CHART

113-110-40 / 60-50-100-15	248-181-0 / 0-35-100-0	204-83-0 / 0-75-100-20	211-194-184 / 20-25-25-0	182-0-5 / 0-100-100-30
143-195-31 / 50-0-100-0	210-205-201 / 0-5-5-25	156-127-84 / 0-25-50-50	167-169-170 / 15-10-10-35	228-0-127 / 0-100-0-0
255-255-255 / 0-0-0-0	195-217-76 / 30-0-80-0	148-37-42 / 50-100-100-0	183-198-31 / 35-10-95-0	189-12-22 / 15-100-100-15
89-149-61 / 70-25-95-0	192-181-49 / 65-0-90-0	228-214-210 / 0-5-5-20	83-92-168 / 75-65-0-0	58-74-157 / 85-75-0-0
73-69-68 / 5-5-5-85	263-198-47 / 5-25-85-0	241-142-29 / 0-55-90-0	219-71-28 / 10-85-95-0	231-54-86 / 0-90-50-0
73-69-68 / 5-5-5-85	142-141-141 / 5-5-5-55	211-210-210 / 5-5-5-20	255-255-255 / 0-0-0-0	36-156-173 / 75-20-30-0
238-120-43 / 0-65-85-0	146-7-131 / 50-100-0-0	60-55-54 / 5-5-5-90	35-104-144 / 85-55-30-0	61-151-56 / 75-20-100
0-167-60 / 80-0-100-0	0-105-35 / 85-0-100-50	212-208-186 / 5-5-20-20	86-81-49 / 5-5-45-80	0-143-54 / 85-0-100-0
230-20-120 / 0-95-15-0	79-58-147 / 80-85-0-0	143-195-31 / 50-0-100-0	32-21-19 / 5-5-5-100	48-113-185 / 80-50-0-0
120-119-118 / 5-5-5-65	70-140-56 / 75-30-100-0	234-194-29 / 10-25-90-0	228-96-22 / 5-75-95-0	184-28-34 / 30-100-100-0
94-36-92 / 75-100-45-0	205-199-43 / 25-15-90-0	112-87-163 / 65-70-0-0	99-36-22 / 55-90-100-40	85-83-82 / 5-5-5-80
255-255-255 / 0-0-0-0	231-36-24 / 0-95-95-0	111-186-44 / 60-0-100-0	38-73-157 / 90-75-0-0	32-21-19 / 5-5-5-100
87-195-234 / 60-0-5-0	202-201-201 / 5-5-5-30	167-160-143 / 20-20-30-30	221-95-13 / 10-75-100-0	223-46-139 / 5-90-0-0
225-57-17 / 5-90-100-0	215-0-75 / 10-100-55-0	194-58-30 / 25-90-100-0	233-72-22 / 0-85-95-0	60-55-54 / 5-5-5-90
222-202-0 / 0-5-100-20	97-95-95 / 5-5-5-75	241-199-77 / 0-85-75-0	91-152-210 / 65-20-0-0	0-118-103 / 100-25-0-20

CHAPTER 2 | 配色の基本 | 10

アクセントカラー

調和のとれた破綻のない配色は美しいものですが、反面単調に見えて物足りないと感じることも。
明度や彩度色相の大きく異なる色を、小さい面積で組み合わせることでアクセントが生まれます。

アクセントカラーとは

どんなデザインでも、注目させたい場所の演出や**メリハリ・緩急**[*1]などといった「見せどころ」が必要です。「見せどころ」は、レイアウトやエレメントのサイズで作ることも可能ですが、配色の場合それがアクセントカラーという考え方になります。色がアクセントになるためには、その色が他の部分と大きく異なっていること、そして多用しすぎないこと、面積を大きくしすぎないことなどが求められます（図1）。例えば彩度の高い色の中にわずかに無彩色を配置すれば、その無彩色がアクセントとなり、逆に無彩色の中にわずかに高彩度色を配置すれば、その高彩度色がアクセントカラーになります（図2）。

アクセントとして用いた色には、よりメッセージ性が強く感じられます。例えば白や黒などの無彩色の中にわずかに彩度の高い赤を配置することで、**内にある**[*2]情熱や芯の強さなど、赤という色の持つイメージがより強調されて感じられます（図3）。また、アクセントカラーを用いた部分には自然に人の視線が集まります。デザインの中でも特に強調したい部分に、あるいはその周囲に対して視線の流れを意識して使用するとよいでしょう。

アクセントカラーのポイント

配色の基本は「調和」ですが、アクセントカラーにはその調和を破るような思い切った「演出」が必要になります。他の色との差異が大きいほど、アクセントとしては効果的な色だと言えるからです。特に彩度の高い色は、アクセントカラーとして効果的です。無彩色（A）や低彩度の色と組み合わせて使用するとよいでしょう（B）。アクセントカラーを複数用いれば、華やかに見せることもできます（C）。この他の差異のつけかたとして有効なのが補色です（D）。青に対しての黄色や、緑に対しての赤など、補色同士の組み合わせは目にも鮮やかなアクセントとなります。補色関係の刺激が強すぎる場合には、無彩色を組み合わせたり（E）、中間的な色相を加えることでマイルドな印象にすることも可能です（F）。

（図1）アクセントカラーは、男性のスーツ姿のネクタイのようなものです。面積はわずかですがどんな色にするのか、によって印象が大きく変わります。

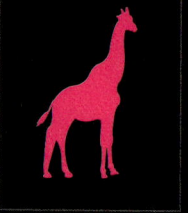

（図2）アクセントカラーは、ベースカラーに対して異なる色を少ない面積で入れることで作り出せます。

>>> CASE STUDY

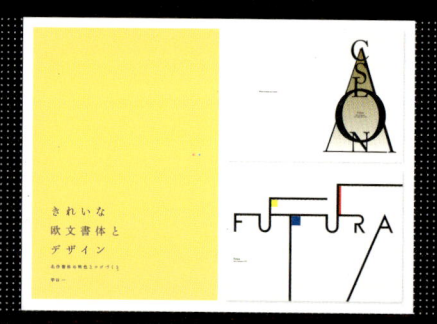

白黒のモノトーンに、赤青黄をごく少量組み合わせたモダンなアクセントカラーの使い方の例です。抽象画家ピエト・モンドリアンのコンポジションを思わせる配色イメージです。

近未来的な緑がかったブルーの背景にオレンジのアクセントカラーが鮮烈な雑誌の表紙デザインです。陰影のグラデーションを効果的に使うことで、空間を感じさせるデザインになっています。

* 1　メリハリ・緩急

面積の大小や、ホワイトスペース（余白）の使い方など、デザイン的な緩急の付け方はいく通りもの方法があります。アクセントカラーを用いる場合にも、これらのデザインテクニックと組み合わせるとよいでしょう。

* 2　内にある

面積の少ない色の持つデザイン効果は、面積が大きな場合と比べると内面を表すようなイメージになります。迫力という観点からはやや劣りますが、その分深みのある表現が可能になると言えるでしょう。

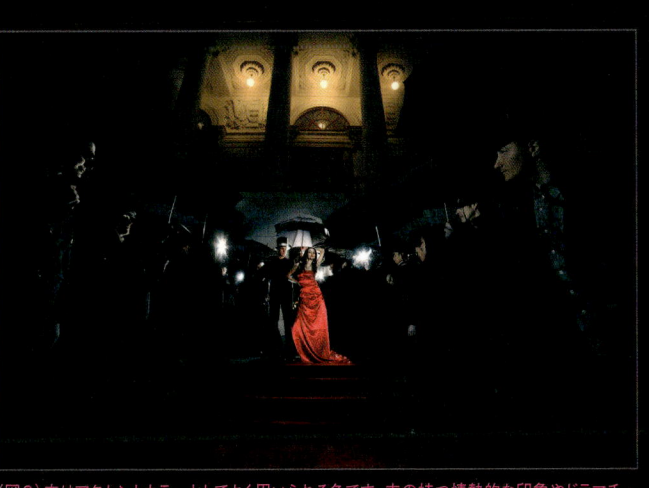

(図3) 赤はアクセントカラーとしてよく用いられる色です。赤の持つ情熱的な印象やドラマチックな雰囲気がより強調されます。

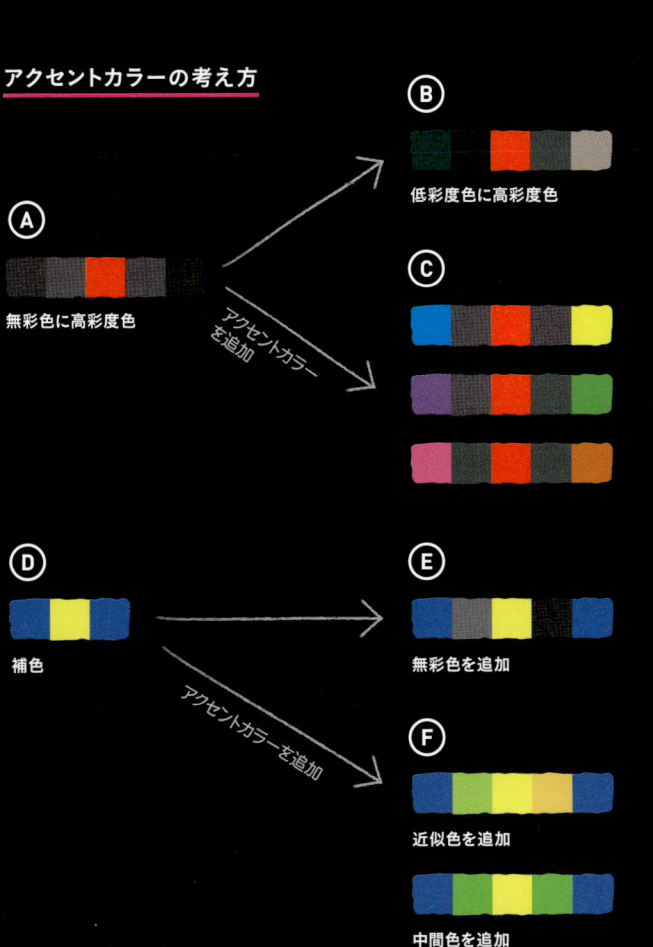

アクセントカラーの考え方

A　無彩色に高彩度色

アクセントカラーを追加

B　低彩度色に高彩度色

C

D　補色

アクセントカラーを追加

E　無彩色を追加

F　近似色を追加

中間色を追加

COLOR CHART

32-21-19 5-5-5-100	73-69-68 5-5-5-85	200-22-30 20-100-100-0	60-55-54 5-5-5-90	85-83-82 5-5-5-80
237-109-37 0-70-90-0	255-255-255 0-0-0-0	32-21-19 5-5-5-100	73-69-68 5-5-5-85	38-73-157 90-75-0-0
184-28-34 30-100-100-0	49-85-104 85-65-50-10	120-131-131 60-45-45-0	156-157-139 45-35-45-0	212-211-202 20-15-20
100-165-49 65-15-100-0	57-51-50 10-10-10-90	252-226-186 0-15-30-0	245-242-233 5-5-10-0	222-216-221 15-15-10-0
181-150-94 5-25-55-35	133-102-48 0-30-65-60	87-55-0 0-40-95-80	37-45-51 35-10-10-90	160-14-21 25-100-100-25
231-36-39 0-95-85-0	163-31-36 40-100-100-5	231-36-24 0-95-95-0	34-172-56 75-10-100-0	110-186-68 60-0-90-0
255-255-255 0-0-0-0	229-37-124 0-95-10-0	240-145-146 0-55-30-0	247-199-198 0-30-15-0	94-49-143 75-90-0-0
124-25-30 50-100-100-25	23-67-110 95-80-40-5	32-21-19 5-5-5-100	218-225-33 20-0-90-0	255-255-255 0-0-0-0
25-35-80 100-100-50-20	22-57-59 90-70-70-40	38-90-73 85-75-55-20	233-72-32 0-85-90-0	61-107-138 80-55-35-0
215-0-22 0-100-95-10	239-239-239 0-0-0-5	229-228-227 5-5-5-10	173-173-172 5-5-5-40	73-69-68 5-5-5-85
32-21-19 5-5-5-100	130-205-219 50-0-15-0	190-186-183 30-25-25	255-255-255 0-0-0-0	211-104-164 15-70-0-0
95-103-174 70-60-0-0	108-110-86 65-55-70-5	240-132-55 0-60-80-0	65-60-59 15-15-15-85	143-130-188 50-50-0-0
47-39-37 25-25-25-90	85-165-206 65-20-10-0	249-232-66 5-5-80-0	167-170-177 40-30-25-0	255-255-255 0-0-0-0
207-221-60 25-0-85-0	96-100-104 70-60-55-5	57-51-50 10-10-10-90	156-158-156 45-35-35-0	229-10-132 0-95-0-0
217-68-115 10-85-30-0	234-85-80 0-80-60-0	168-209-130 40-0-60-0	202-103-164 20-70-0-0	156-84-157 45-75-0-0

補色配色

色相環上で対角線になる関係の色の組み合わせを「補色」と呼びます。
補色配色は色相の差異が大きい分、華やかですが同時にどぎつい印象も与えがちなので注意が必要です。

補色配色とは

色相環上でもっとも遠いところにある色の組み合わせ、つまり色相の差がもっとも大きい色の組み合わせが「補色」です（図1）。彩度の高い色同士の補色配色は、非常に華やかで刺激性の高い組み合わせになります。インパクトを与えたいデザインや、躍動感を強調したい場合によく用いられます。

ただし、彩度の高い色というのはそれだけで脳への刺激も強いもの。さらに補色で組み合わせることで、目がチカチカするような激しさが感じられます（図2）。特に補色同士が隣り合った場合には、**ハレーション**[*1]と呼ばれる現象が発生し、見つめ続けることが苦しくなってしまう場合もあるので注意が必要です。文字が多い制作物や、じっくりと見てもらいたい内容のものよりも、一瞬で通り過ぎるポスターやバナー広告などに向いた配色方法と言えるでしょう。

補色配色は、彩度や明度をコントロールすることで刺激を和らげることが可能です。**自然界の中**[*2]でも緑の葉に赤い実、紫の花弁に黄色いしべと言った具合にたくさんの補色配色を見つけることができます。また、古来より世界中で補色を用いた絵画や衣服が使われており、その組み合わせの華やかさが愛され続けていることがわかります（図3）。

補色配色のポイント

補色配色では、与えたい印象によって彩度をコントロールすることが重要になります。彩度の高い色同士ではもっとも華やかで強い印象を与えますが、その分目への刺激が強くなります（A）。いずれかの色、または両方の彩度を下げることで刺激性を和らげることができます（B）。

あるいは補色の間に無彩色や低彩度色を挟んで距離を開けたり（C）、補色の中間にあたる色や、近似色を組み合わせることで印象をコントロールすることも可能です（D）。また、完全な補色ではなく少し色相をずらして組み合わせることも、使いやすい配色のために知っておきたい手法のひとつです（E）。

いずれの場合も補色以外の色相は多用せず、無彩色や低彩度色を上手に組み合わせることが配色のポイントになるでしょう。

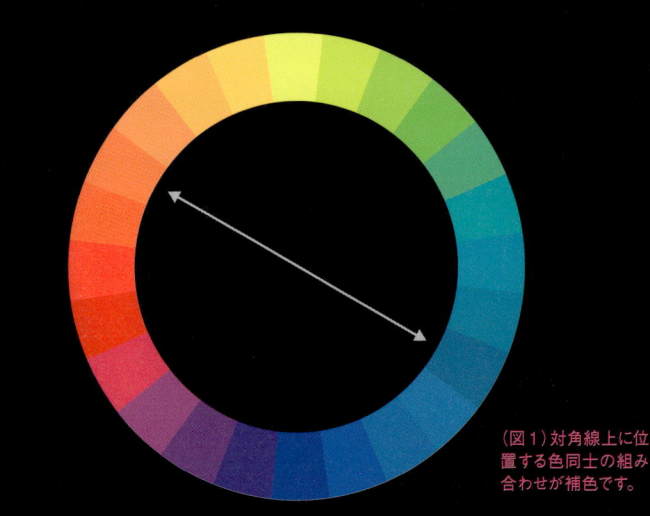

（図1）対角線上に位置する色同士の組み合わせが補色です。

>>> CASE STUDY

鮮やかな原色を大胆に配色したデザイン例です。補色または補色に近い色の組み合わせで、1つ1つの存在感も大きいのですが、これらが揃うことでひときわの華やかさを感じさせます。

どこかレトロな印象の浅いピンクと、鮮やかなグリーンの組み合わせが際立つ配色です。配された色は鮮やかですが、写真の彩度を低く抑えることで全体をスッキリと見せています。

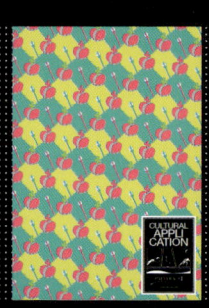

補色関係であるグリーンとピンクに、さらに黄色を追加してリズム感のあるパターンを描いたデザインです。テキスト部分は無彩色でまとめ、パターンとの彩度の対比が生まれています。

※1 ハレーション

彩度の高い色を見ることで、人間の脳にはその鮮やかさを打ち消すための反対色が生じます。これが「残像」とよばれるものです。ハレーションも残像現象の一種と言われています。

※2 自然界の中

植物の花や実は、昆虫や動物、人を引き寄せるためにより刺激的に見える色の組み合わせを得たと考えられています。

補色配色の考え方

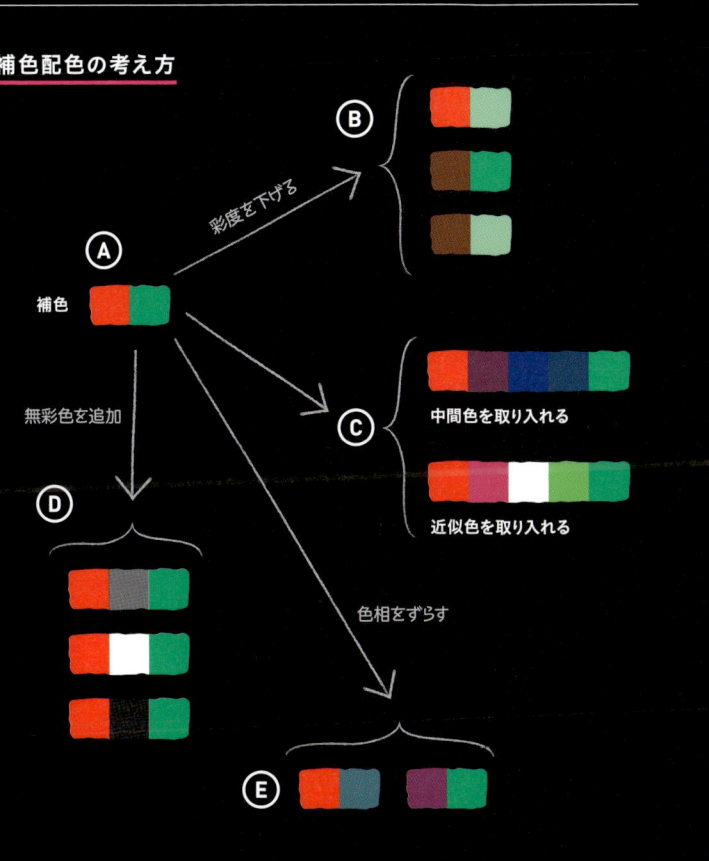

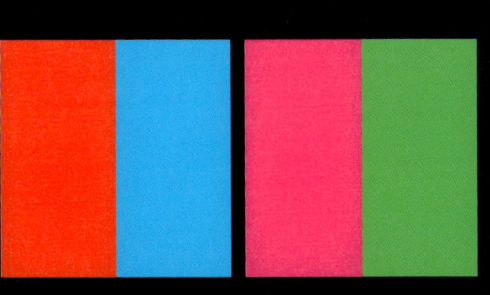

- A 補色
- B 彩度を下げる
- C 中間色を取り入れる / 近似色を取り入れる
- D 無彩色を追加
- E 色相をずらす

（図2）彩度の高い補色を隣り合わせに配置すると、「ハレーション」と呼ばれる目がチカチカするような現象が発生します。

（図3）洋を問わず、補色は華やかなハレの配色、王や神の世界を表す色として古来より親しまれてきました。自然界にも補色配色は数多く見られます。

COLOR CHART

29-42-90 / 100-100-50-5	18-64-152 / 95-80-0-0	255-255-255 / 0-0-0-0	245-206-19 / 5-20-90-0	203-175-24 / 25-30-95-0
252-226-196 / 0-15-25-0	170-115-34 / 40-60-100-0	249-194-112 / 0-30-60-0	64-130-171 / 75-40-20-0	174-215-243 / 35-5-0-0
215-223-150 / 20-5-50-0	166-15-110 / 40-100-25-0	215-223-150 / 20-5-50-0	166-15-110 / 40-100-25-0	215-223-150 / 20-5-50-0
232-56-40 / 0-90-85-0	163-31-36 / 40-100-100-5	231-36-24 / 0-95-95-0	32-172-66 / 75-0-95-0	109-187-90 / 60-0-80-0
176-109-159 / 35-65-10-0	132-135-139 / 55-45-45-0	155-186-143 / 45-15-50-0	139-199-119 / 50-0-65-0	255-255-255 / 0-0-0-0
254-247-242 / 0-5-5-0	164-86-35 / 40-75-100-5	243-223-204 / 5-15-20-0	0-118-159 / 85-45-25-0	32-21-19 / 5-5-5-100
137-26-39 / 45-90-100-20	158-189-43 / 45-10-95-0	211-212-211 / 20-15-15-0	245-243-242 / 5-5-5-0	62-4-7 / 65-100-100-60
35-169-93 / 75-5-80-0	0-98-57 / 90-50-95-15	40-164-109 / 75-10-70-0	163-31-36 / 40-100-100-5	99-28-22 / 55-95-100-40
125-70-152 / 60-80-0-0	68-49-143 / 85-90-0-0	97-94-168 / 70-65-0-0	171-172-23 / 40-25-100-0	248-223-45 / 5-10-85-0
91-86-87 / 75-65-60-15	80-61-82 / 75-80-55-20	32-21-19 / 5-5-5-100	71-83-56 / 75-60-85-25	32-21-19 / 5-5-5-100
12-162-185 / 75-15-25-0	112-79-24 / 50-100-100-35	12-162-185 / 75-15-25-0	112-79-24 / 50-100-100-35	12-162-185 / 75-15-25-0
32-21-19 / 5-5-5-100	163-31-36 / 40-100-100-5	231-36-24 / 0-95-95-0	34-172-56 / 75-0-100-0	110-186-68 / 60-0-90-0
255-255-255 / 0-0-0-0	168-126-123 / 40-55-45-0	247-199-198 / 0-30-15-0	111-172-134 / 60-15-55-0	201-230-215 / 25-0-20-0
248-246-187 / 5-0-35-0	170-166-96 / 40-30-70-0	88-76-157 / 75-75-0-0	247-237-162 / 5-5-45-0	165-154-202 / 40-40-0-0
238-128-43 / 0-65-85-0	179-88-0 / 0-65-100-35	223-112-0 / 0-65-100-10	0-124-173 / 100-0-5-35	0-156-220 / 100-0-5-5

43

ナチュラルハーモニー

太陽の下をイメージさせる、自然で健康的な印象の配色がナチュラルハーモニーです。
黄色系統の色の彩度を高く、青系統の色の彩度を低くすることでナチュラルな配色が可能になります。

ナチュラルハーモニーとは

わたしたち人間にとって一番**自然な光は太陽**[1]であり、太陽光が当たっている部分は明るく鮮やかに、逆に影になっている部分は暗く鈍く見える、という状態が自然な状態です。色彩の用語で説明すると、黄色を中心とした光の色の明度・彩度は高く、影になる青系統の色は明度・彩度が低い、ということになります（図1）。これがナチュラルハーモニーと呼ばれる色の組み合わせです（図2）。

配色を行う際にも、ナチュラルハーモニーになるような色の組み合わせを意識すれば、より自然で健康的な印象に仕上がります。果物や野菜、食品の写真やイラストでも黄色系統が鮮やかになるように**調整を行う**[2]ことで、よりおいしそうに感じられるでしょう（図3）。健康的な印象や元気なイメージ、純真さや爛漫さなどを表現したい場合も、ナチュラルハーモニーを意識した配色にします。

一方、ナチュラルハーモニーは自然であるがゆえに、見る人に「ひっかかり」を感じさせないという欠点もあります。平凡で取り立てて見るところがない、と感じさせてしまうことも。ナチュラルハーモニーをより魅力的に見せるには、全体の色数を多くしてカラフルに元気よく仕上げるなどのひと工夫が必要です。

ナチュラルハーモニーのポイント

ナチュラルハーモニーをより効果的かつ魅力的に仕上げるには、色相環からバランスよく色相の異なる色をピックアップし、その上で黄色系統の色は彩度・明度を上げ、青系統の色は彩度・明度を下げるように調整します（A）。
暖色系の色を追加したり、逆に寒色系の色を加えてバリエーションを作ること

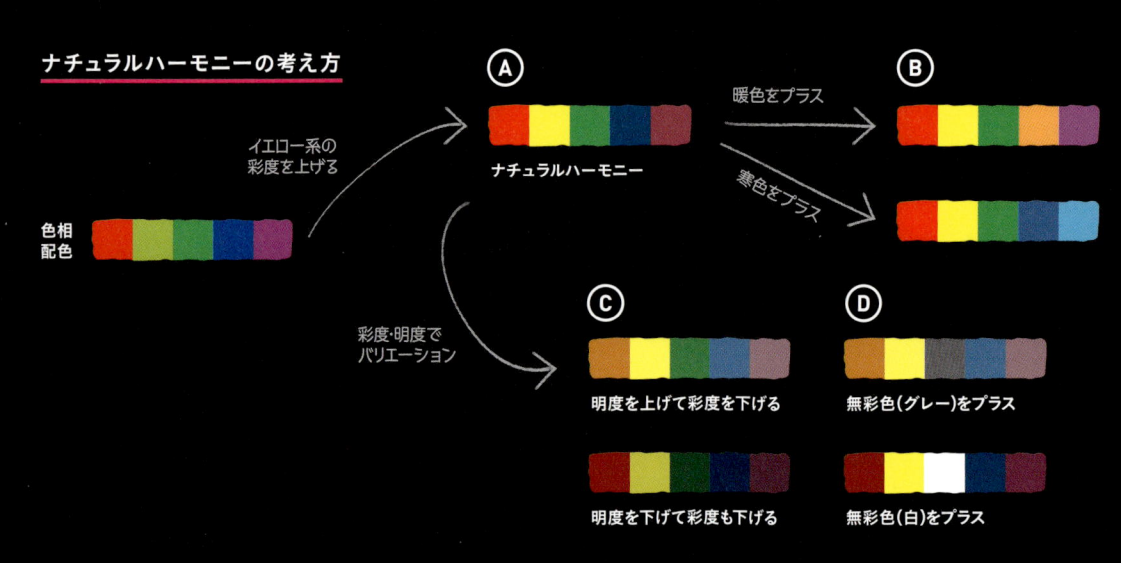

ナチュラルハーモニーの考え方

色相配色

イエロー系の彩度を上げる

Ⓐ ナチュラルハーモニー

暖色をプラス → Ⓑ

寒色をプラス →

彩度・明度でバリエーション

Ⓒ 明度を上げて彩度を下げる
明度を下げて彩度も下げる

Ⓓ 無彩色（グレー）をプラス
無彩色（白）をプラス

>>> CASE STUDY

フレッシュなフルーツをイメージさせるボトルデザインのカラーリング例です。いわゆる「ビタミンカラー」は、ナチュラルハーモニーの一種です。白の面積を多くして爽やかに仕上げてあります。

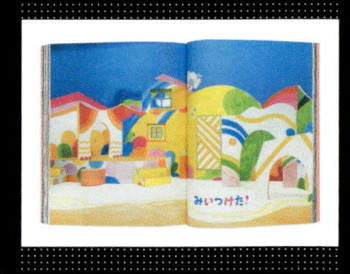

ポップな配色が楽しいイラストを用いたグラフィックです。CMYのインキ色をイメージさせる配色ですが、塗りのタッチが微妙なグラデーションを作り出し、ニュアンスのある仕上がりとなっています。

南国の花を思わせる鮮やかな配色のWebサイトデザインです。白地を大きく取ることで、光をより強く感じるような印象になっています。筆のタッチが躍動感を表現しています。

＊1 自然な光は太陽

同じものでも太陽光の黄色みがかった光の下で見るのと、蛍光灯の青みがかった光で見るのでは色が変わって感じられます。これは「色温度」と呼ばれる光源色の違いです。

＊2 調整を行う

色調補正にはさまざまな方法がありますが、特定の色の調整にはPhotoshopのトーンカーブでカラーチャンネルごとにカーブを動かす方法が一般的です。

もできます。このときナチュラルハーモニーカラーのキーになる黄色系統の色は残しておくようにしましょう（B）。また彩度・明度をコントロールして、よりポップなイメージや、より穏やかな配色にすることも可能です（C）。無彩色を取り入れることもできますが、暗い印象になりがちなのであまり多用しすぎない方がよいでしょう。爽やかな雰囲気に仕上げたいときは白や白に近いグレーをわずかに加えます（D）。

（図1）光の当たっている黄色系統の色は鮮やかで明るく、影になる青系統の色は鈍く暗い。というのが自然の状態です。

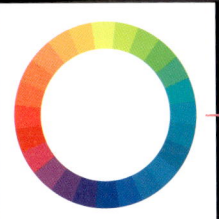

（図2）左が通常の色相環。右は黄色系統を鮮やかに、青系統を鈍く調整したナチュラルハーモニー配色の色相環です。

（図3）食べ物の写真では、ナチュラルハーモニーを意識した色調補正を行うことで、おいしそうな印象に仕上げることができます。

爽やかな空の青に、明るい黄色の衣装が映えるグラフィックの例です。健康的で爽やか、明るく自然なイメージが感じられます。

COLOR CHART

CHAPTER 2 | 配色の基本 | 13

コンプレックスハーモニー

別名「昼夜色」とも呼ばれるのが、コンプレックスハーモニーの配色です。
都会的でアバンギャルド、どこか不思議で魅力的な印象の色の組み合わせです。

コンプレックスハーモニーとは

前項のナチュラルハーモニーの反対で、青系統の色の明度・彩度が高く、黄色系統の色の明度・彩度が低い配色方法。それがコンプレックスハーモニーです（図1）。自然界でよく見慣れている色ではないためどこか不自然で違和感を感じやすく、**「不調和の調和」配色**[*1]などと言われることもあります（図2）。

人為的に感じられる分、都会的でおしゃれ、新しいといった印象があり、特に若い世代に向けたデザインやファッションでよく用いられます。洗練されたプラスの印象と同時に、**デカダン**[*2]で病的なマイナスの印象を併せ持つため、デザインする内容に適しているかどうか、よく検討してみる必要があるでしょう。

写真の色調も、コンプレックスハーモニーに近づくよう補正を行うことで、都会的な印象を高めることができます（図3）。太陽よりも人口光、昼よりも夜のイメージを作り出したいときに有効です。コンプレックスハーモニーにも、強い弱いがあります。デザイン全体をこの手法で染め上げた場合には、強い誘目性と不思議な魅力を感じやすくなりますが、コンプレックスハーモニー配色の面積をごくわずかにとどめたり、ナチュラルハーモニーと組み合わせることで柔らかな印象にすることも可能です。

配色のポイント

コンプレックスハーモニーの配色の基本は、明度・彩度の低い黄色系の色と、明度・彩度の高い青系の色の組み合わせです（A）。ここにそれぞれの近似色や寒色・暖色などを加えることで、華やかさのあるバリエーションが作り出せます（B）。さらに配色全体で明度を上げて彩度を下げるとマイルドな印象に、明度を下げて彩度を下げるとシックなイメージに、彩度を高めると幻想的で強いインパクトが感じられるようになります（C）。

コンプレックスハーモニーの考え方

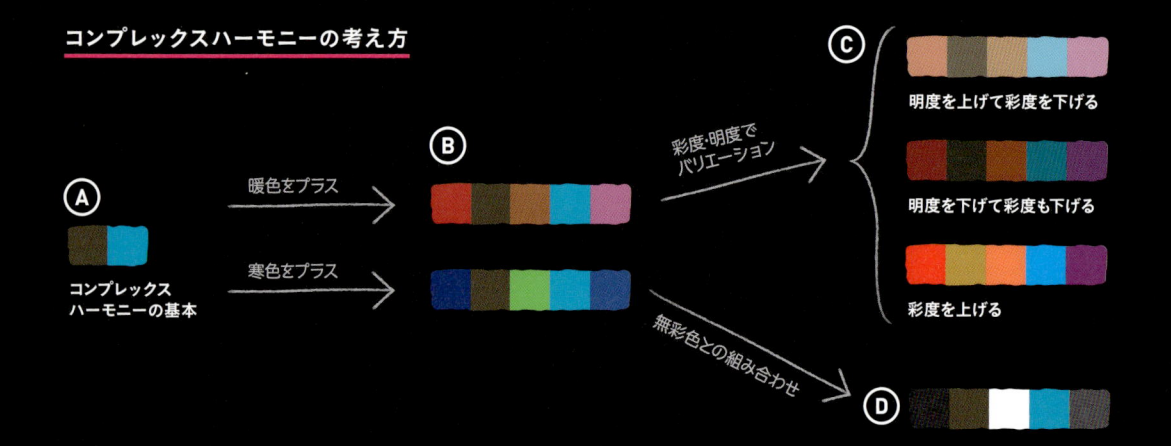

A コンプレックスハーモニーの基本 → 暖色をプラス → B → 彩度・明度でバリエーション → C 明度を上げて彩度を下げる / 明度を下げて彩度も下げる / 彩度を上げる

→ 寒色をプラス → → 無彩色との組み合わせ → D

>>> CASE STUDY

鮮烈なピンクと黒に心惹かれるCDジャケットデザインの例です。光の当たっている場所が青みがかったピンクで表されることで、コンプレックスハーモニーの効果が感じられます。

微妙なグラデーションにパターンが配された空の青が、不思議な美しさを感じさせるイラスト。鮮やかな色と無彩色の組み合わせが、幻想的で魅力的な世界を作り出しています。

＊1 「不調和の調和」配色

コンプレックスハーモニーは、昼夜色とも呼ばれます。「昼夜」とは何かが逆転しているさまを示す言葉です。配色の場合は光と影の色とが逆転した状態になるため、このネーミングになっているのでしょう。

＊2 デカダン

退廃派とも呼ばれる19世紀ヨーロッパで起きた文学運動がデカダン、あるいはデカダンスです。退廃的で自己中心的、既成の価値・道徳に反する美を追い求めた芸術の傾向です。

無彩色との相性もよく、強い印象に仕上げたい場合は黒や黒に近いグレーを、逆に柔らかく仕上げたい場合は白もしくは白に近いグレーを組み合わせるとよいでしょう（D）。全体をコンプレックスハーモニーのカラーで埋め尽くすと、幻想的なイメージは強調されますが、息苦しい印象になることもあります。無彩色や中間色を間に挟むことで、強すぎる表情を和らげることができるのは、覚えておきたい手法のひとつです。

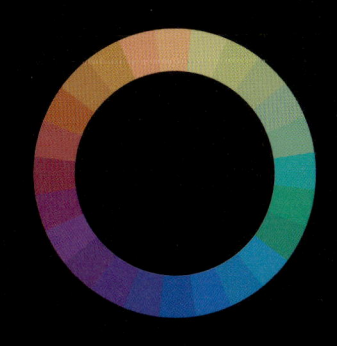

（図1）青系統の色を明るく鮮やかに、黄色系統の色を暗く鈍くなるように配色したのがコンプレックスハーモニーです。

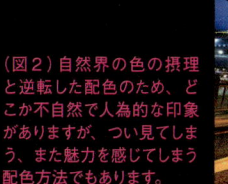

（図2）自然界の色の摂理と逆転した配色のため、どこか不自然で人為的な印象がありますが、つい見てしまう、また魅力を感じてしまう配色方法でもあります。

（図3）写真の色調も、コンプレックスハーモニーに近づくように補正することで雰囲気が変わります。コンプレックスハーモニーは夜のイメージが強く感じられます。

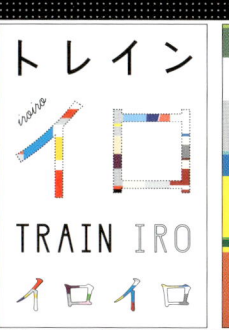

白、黒、グレーの無彩色と、赤、青、黄色などの鮮やかな色の組み合わせが美しいポップなイメージの広告例です。この配色ではナチュラルハーモニーとコンプレックスハーモニーの両方が用いられています。

COLOR CHART

255-255-255 0-0-0-0	62-99-163 80-60-10-0	59-190-232 65-0-5-0	148-127-40 50-50-100-0	203-175-0 25-30-100-0
94-118-128 70-50-45-0	0-26-63 100-75-30-65	76-70-33 70-65-100-35	118-33-27 50-95-100-30	230-46-139 0-90-0-0
11-49-143 100-90-0-0	23-40-139 100-95-0-0	14-53-127 100-90-20-0	238-219-21 10-10-90-0	140-96-37 50-65-100-10
16-62-52 90-65-80-40	76-141-203 70-35-0-0	21-31-65 100-100-60-30	235-225-169 10-10-40-0	172-161-22 0-0-85-45
0-44-49 95-75-70-50	21-30-73 100-100-50-30	32-21-19 5-5-5-100	53-38-74 90-100-60-15	43-16-45 85-100-65-50
51-61-125 90-85-25-0	86-84-162 75-70-0-0	149-97-52 35-60-80-25	31-36-70 95-95-55-30	95-103-174 70-60-0-0
84-10-0 0-80-95-80	77-62-0 0-15-85-85	0-27-55 90-20-0-90	84-0-12 0-95-45-80	0-29-66 80-50-0-80
210-151-0 20-45-100-0	37-53-127 95-90-20-0	247-236-150 5-5-50-0	0-37-72 100-80-40-50	167-131-0 25-40-100-25
118-22-39 50-100-85-30	23-28-97 100-100-25-25	231-132-167 5-60-10-0	135-81-157 55-75-0-0	218-224-0 20-0-100-0
32-21-19 5-5-5-100	216-65-145 10-85-0-0	112-199-218 55-0-15-0	26-39-75 100-100-60-15	255-255-255 0-0-0-0
0-87-157 95-65-10-0	0-102-168 90-55-10-0	230-167-50 10-40-85-0	208-145-119 20-50-50-0	110-65-29 55-75-100-30
70-83-162 80-70-0-0	44-65-152 90-80-0-0	25-47-114 100-95-30-0	192-155-33 30-40-95-0	118-100-42 60-60-100-10
51-38-68 85-90-55-35	24-39-69 95-90-55-35	74-75-157 80-75-0-0	245-243-242 5-5-5-0	32-21-19 5-5-5-100
32-21-19 5-5-5-100	53-81-162 85-75-0-0	25-47-114 100-95-30-0	213-179-69 20-30-80-0	224-232-212 15-5-5-0
222-217-229 15-15-5-0	198-173-210 25-35-0-0	91-194-217 60-0-15-0	146-72-152 50-80-0-0	193-77-151 25-80-0-0

トレイン
TRAIN IRO
イロイロ

COLUMN 02

色と面積比

実際の配色では、どのように色を配分するかで印象がまったく変わってしまいます。色の面積とその役割とはどのようなものなのでしょうか。

基本はメインカラー＋α

色の組み合わせの基本になるのは、メインカラー（ベースカラーやイメージカラーともいう）と、もう1色の組み合わせです。組み合わせるのはサブカラー（アソートカラーや補助色とも呼ばれる）、もしくはアクセントカラーです（図1）。

サブカラーは、メインカラーと似た色相の色でメインカラーに深みを増したり華やかさを加える目的の色です。メインカラーよりも面積を小さくしますが、あまり小さくしすぎると存在が埋没してしまいます。目安としては全体の10％〜40％程度でしょう。

アクセントとして色を組み合わせたい場合は面積をぐっと小さくし、メインカラーと色相・面積の対比を強調します。目安は全体の1％〜5％。多くても10％までです。

色数を増やしても基本構造は同じ

サブカラーとアクセントカラーを同時に追加する場合や、複数のサブカラーやアクセントカラーを入れる場合も、面積比の考え方は基本の場合と同じです。サブカラーを2,3色組み合わせることでより色相は豊かに見えてきますが、サブカラーのトータルの面積はメインカラーよりも小さくしておかなければなりません（図1）。

ただしここで解説した面積比は、配色の考え方の1つにしか過ぎません。本書でも紹介しているように、異なる色相をほぼ同一の面積で扱う色相配色や、ほぼ同一の色で埋め尽くすドミナント配色など、この考え方に当てはまらない配色法はいくつもあります。

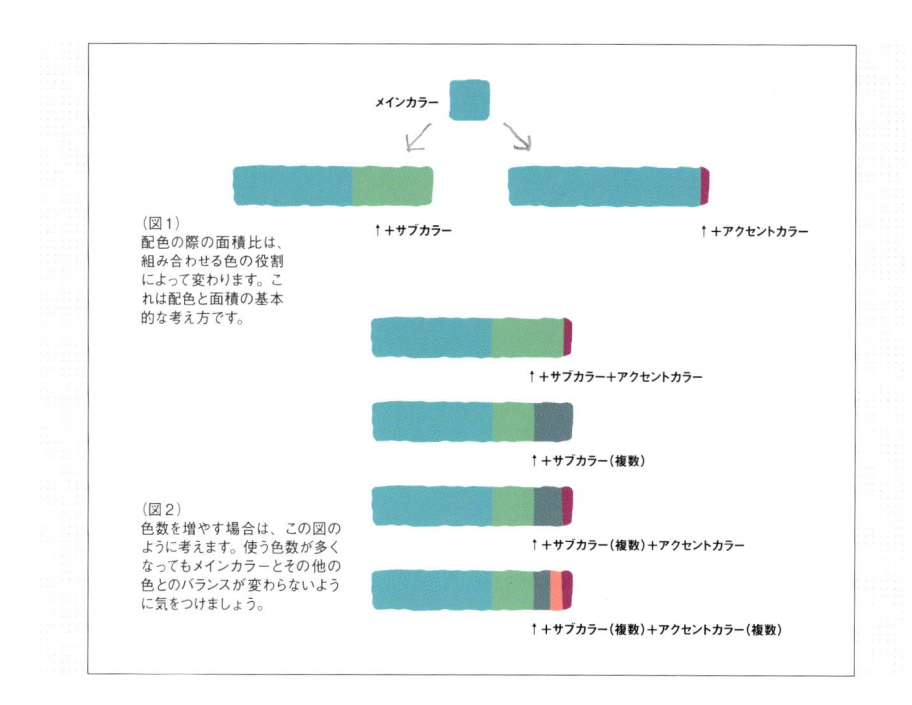

（図1）配色の際の面積比は、組み合わせる色の役割によって変わります。これは配色と面積の基本的な考え方です。

↑メインカラー
↑＋サブカラー
↑＋アクセントカラー
↑＋サブカラー＋アクセントカラー
↑＋サブカラー（複数）
↑＋サブカラー（複数）＋アクセントカラー
↑＋サブカラー（複数）＋アクセントカラー（複数）

（図2）色数を増やす場合は、この図のように考えます。使う色数が多くなってもメインカラーとその他の色とのバランスが変わらないように気をつけましょう。

Chap.

03

配色の実践

この章では、具体的なイメージに沿った配色の実践方法を紹介します。表したいイメージにとってキーになる色とは？さらに色を組み合わせるときの考え方や、アレンジ方法などを見てみることにしましょう。

CHAPTER 3 | 配色の実践 | 01

レトロな昭和モダン配色

レトロな印象の配色からは、やさしさと人の手のぬくもりなどが感じられます。
昭和の初期によく見られた色使いは、いままた人気の色の組み合わせになっています。

アンティークの家具や食器を使ったインテリア、デッドストックやリメイクの生地で作ったシャツやワンピースなど、さまざまなジャンルでレトロなデザインや味わいが人気となっています。特にまだ過ぎてからあまり時間を経ていない昭和の時代のものは、懐かしさや身近な人にまつわる思い出、ぬくもりなどを感じる人が多いでしょう（図1）。

昭和という時代には、さまざまな製品や印刷物で「色」が多用され始めました。伝統的な工芸品や**土着的な色彩***1 の中に（図2）、大量生産のポップでカラフルな製品が増えて行ったのです。シンプルで上質な印象の低彩度の色合いと、人工的な彩度の高い色との組み合わせが、まさにこの時代を表す配色と言えます。ただし**人工的な色***2

穏やかな温かさを感じる家計簿の表紙のデザインです。毎日使うものや、長い時間取保存しておきたい場合に適した、飽きや古さを感じさせない配色です。

（図1）畳にちゃぶ台といった昭和の風景は、懐かしさとぬくもりを感じさせてくれます。

（図2）その土地の土、木、色材などによって、街の色や風景の色が決まります。

昭和モダンの配色ポイント

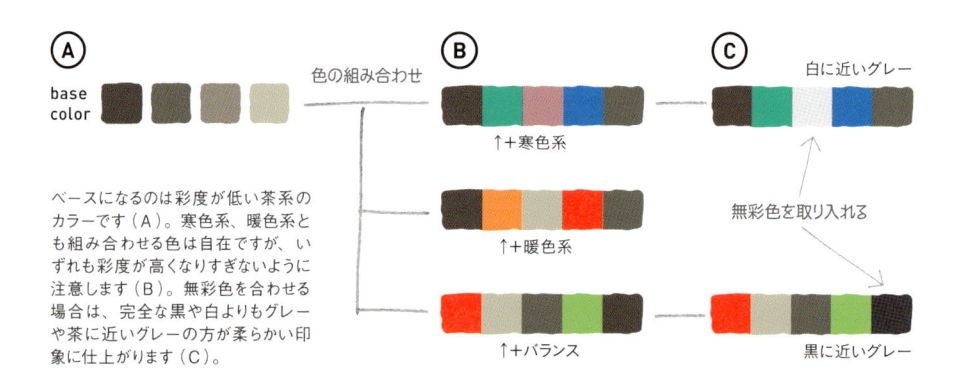

A
base color

B
色の組み合わせ
↑＋寒色系
↑＋暖色系
↑＋バランス

C
白に近いグレー
無彩色を取り入れる
黒に近いグレー

ベースになるのは彩度が低い茶系のカラーです（A）。寒色系、暖色系とも組み合わせる色は自在ですが、いずれも彩度が高くなりすぎないように注意します（B）。無彩色を合わせる場合は、完全な黒や白よりもグレーや茶に近いグレーの方が柔らかい印象に仕上がります（C）。

*1 土着的な色彩

色を分析するときのひとつの考え方として、土や石や木など、その色がその土地に固有のものに由来しているのか、それともどこからか運ばれて来たものなのか、という分類があります。

*2 人工的な色

日本の伝統的な工芸品には草木や貝殻、昆虫などから抽出した天然染料が用いられてきましたが、科学的に合成された染料によって自然界にはない鮮やかな色彩の製品が作られるようになりました。

と言っても、現代の都会的なクリアカラーとは異なり、彩度とともに明度がやや高くなった、純色よりも濁りのある色合いです（図3）。やや褪せたような、と説明するとわかりやすいかもしれません。同時に古くから生活の中にあった木製品の濃茶、紙や漆喰の壁などの薄茶、これらの彩度の低い茶系統の色もこの時代の特長を表現するには欠かせない色として、ベースに据えて配色を設計します。

（図3）昭和モダンの配色には、純色ではなくやや濁りのある柔らかい印象の色彩が合います。

彩度の高い赤が印象的なブックカバーデザインの例です。ノートの切れ端のデザインやレトロなフォントで、手作り感と温かさを感じさせてくれます。

COLOR CHART

92-110-53 / 70-50-95-10	89-93-90 / 70-60-60-15	235-226-179 / 10-10-35-0	170-150-82 / 40-40-75-0	205-104-58 / 20-70-80-0
55-106-179 / 80-55-0-0	82-165-220 / 65-20-0-0	183-183-34 / 35-20-95-0	220-232-115 / 15-0-65-0	158-62-34 / 40-95-100-10
171-44-34 / 35-95-100-5	203-82-48 / 20-80-85-0	222-185-113 / 15-28-60-0	227-215-197 / 25-10-25-0	153-174-181 / 45-25-25-0
105-81-46 / 60-65-90-25	190-139-76 / 30-50-75-0	211-173-130 / 20-35-50-0	205-126-166 / 20-60-10-0	33-78-101 / 90-70-50-10
157-149-135 / 45-40-45-0	202-168-70 / 25-35-80-0	243-152-45 / 0-50-85-0	146-210-220 / 45-0-15-0	100-192-171 / 60-0-40-0
248-245-176 / 5-0-40-0	231-36-16 / 0-95-100-0	182-177-86 / 35-25-75-0	169-175-29 / 45-20-100-0	84-195-241 / 60-0-0-0
245-243-242 / 5-5-5-0	97-151-166 / 65-30-30-0	210-164-117 / 20-40-55-0	164-95-55 / 40-70-85-5	62-12-7 / 65-95-100-60
89-67-0 / 0-25-90-80	73-21-0 / 0-65-80-85	170-174-98 / 40-25-70-0	43-136-150 / 65-0-20-40	102-107-136 / 40-30-0-50
112-161-163 / 60-25-35-0	245-243-242 / 5-5-5-0	77-52-37 / 65-75-85-45	240-194-162 / 5-30-35-0	220-188-0 / 0-15-95-0
76-158-131 / 70-20-55-0	183-184-51 / 35-20-90-0	235-151-59 / 5-50-80-0	149-81-35 / 45-75-100-10	203-82-48 / 20-80-85-0
0-57-59 / 95-70-70-40	147-210-211 / 45-0-20-0	228-96-44 / 5-75-85-0	244-234-236 / 5-10-5-0	32-21-19 / 5-5-5-100
80-81-36 / 70-60-100-30	247-238-173 / 5-5-40-0	191-157-90 / 30-40-70-0	189-119-37 / 30-60-95-0	62-52-39 / 70-70-80-50
111-155-183 / 60-30-20-0	237-161-72 / 5-45-75-0	241-203-167 / 5-25-35-0	205-104-50 / 20-70-80-0	62-12-7 / 65-95-100-60
244-208-93 / 5-20-70-0	129-102-40 / 55-60-100-10	243-198-47 / 5-25-85-0	129-110-47 / 55-55-95-10	202-158-29 / 25-40-95-0
115-45-62 / 55-90-65-25	185-79-115 / 30-80-35-0	55-87-48 / 80-55-95-25	123-136-46 / 60-40-100-0	110-107-42 / 60-55-100-10

51

CHAPTER 3 | 配色の実践 | 02

ヨーロッパのファブリックカラー

ヨーロッパのアンティーク家具やファブリックの多くは、光の反射を意識したデザインになっていますが、色調は穏やかで柔らかさが感じられるのが特徴です。

石造りの建物では、窓から差し込む**太陽の光**[*1]やろうそくでのほのかな灯りが貴重なものだったのでしょうか。**ヨーロッパのインテリア**[*2]で用いられるファブリックには、光を反射させて煌めきを感じさせたり、凹凸や明暗差をつけて陰影を表現するものなど、「光」を意識したデザインが数多く見受けられます（図1）。一方で、使われている色相はごく限られたものに。彩度の低いベージュを中心に、寒色系・暖色系とも彩度は低めで、明度差はあまり大きくありません（図2）。どちらかと言えば暖色系の色が好んで使われているようです。

またこのイメージの配色の場合、室内の微妙な陰影をイメージさせるグラデーションや、時代とともにできる「褪せ」「擦れ」といった現象もまた、デザインに雰囲気や味わいを感じさせる重要な要素になります（図3）。

基本の色相が限られる分、アクセントカラーには現代的で彩度の高い色から、自然を感じる低彩度の穏やかな色、白や黒の無彩色まで、どんな色でもよく合います。壁に絵画を掛けるように、あるいは花瓶や花、リースなどのインテリア小物を飾るような感覚で色を配置するとよいでしょう。

草花をモチーフにした背景が、ヨーロピアンテイストを感じさせる作品です。花のイラストや手描きのリボンなど、女性らしい甘やかさを背景のブルーが引き締めています。

ニュアンスのあるベージュと羽根ペンで描いたような文字がレトロな雰囲気を醸し出すパンフレットのデザイン例です。羊の角の部分に華やかなリースが配色のポイントです。

（図1）窓から差し込む光、ろうそくの灯りなどの限られた明るさの中で、反射や凹凸をうまく使って美しく見せるのがこの時代のインテリアの特徴です。

（図2）伝統的なゴブラン織りのファブリックです。彩度の低い色の組み合わせで、ベージュを基調とし暖色系の色が多く使われています。

＊1　太陽の光

地球単位で考えると、場所によって太陽の光線量や差し込む角度などには大きな差があります。南国の強い光の中では、それに負けないより鮮やかな色が、緯度の高い国ではわずかな光の中でも美しく見える色がよく用いられます。

＊2　ヨーロッパのインテリア

時代によってロマネスク（10世紀〜）、ゴシック（12世紀〜）、ルネッサンス（16世紀〜）といくつかの系統に分類されています。ここでは主にバロック（17世紀〜）以降の様式をイメージしています。

COLOR CHART

56-116-79　80-45-80-5	159-130-63　45-50-85-0	212-191-147　20-25-45-0	90-24-28　65-100-100-35	32-21-19　5-5-5-100
132-135-154　55-45-30-0	51-88-108　85-65-50-5	179-128-92　35-55-65-0	190-148-97　30-45-65-0	181-22-29　25-100-100-10
212-170-20　20-35-95-0	115-73-123　65-80-30-0	83-38-92　80-100-45-5	112-19-35　50-100-85-35	3-85-60　90-55-85-25
233-209-180　10-20-30-0	32-21-19　5-5-5-100	158-123-85　45-55-70-0	219-157-104　15-45-60-0	166-7-66　25-100-55-20
44-36-34　5-5-5-95	98-91-68　65-60-75-20	163-45-36　40-95-100-5	180-154-109　35-40-60-0	115-198-200　55-0-25-0
140-96-37　50-65-100-10	93-114-96　70-50-65-5	72-66-29　70-65-100-40	212-182-134　20-30-50-0	138-26-21　45-100-100-20
120-186-183　55-10-30-0	117-93-84　60-65-65-10	158-139-90　45-45-70-0	251-204-126　0-25-55-0	234-152-118　5-50-50-0
190-139-76　30-50-75-0	177-100-80　60-60-70-10	228-171-153　10-40-35-0	176-31-36　35-100-100-0	138-38-31　45-95-100-20
233-219-194　10-15-25-0	191-200-154　30-15-45-0	73-91-105　65-45-35-40	167-68-83　40-85-60-0	41-132-115　80-35-60-0
86-133-158　70-40-30-0	46-95-111　85-60-50-5	190-158-127　30-40-50-0	164-95-48　40-70-90-5	163-67-57　40-85-80-5
252-212-117　0-20-60-0	245-162-27　0-45-90-0	130-73-33　50-75-100-20	74-6-15　60-100-95-55	41-14-30　80-95-75-60
46-40-111　95-100-30-0	51-34-79　90-100-50-20	183-175-12　35-25-100-0	237-160-0　5-45-95-0	248-193-163　5-30-45-0
175-215-236　35-5-5-0	160-138-35　45-45-100-0	159-121-37　45-55-100-0	112-19-24　50-100-100-35	62-12-7　65-95-100-60
213-209-174　20-15-35-0	245-242-233　5-5-10-0	213-186-81　20-30-75-0	159-122-70　45-55-80-0	163-56-51　40-90-85-5
32-21-19　5-5-5-100	58-113-121　80-50-50-0	77-101-90　75-55-65-10	179-189-160　20-20-40-0	130-49-33　50-90-100-20

穏やかなベージュトーンの背景を、花とファッションで華美に仕上げたデザイン。花の色相が統一されているために上品でありながら、思わず見とれてしまうようなゴージャスな印象です。

（図3）このイメージの配色では、褪せや擦れ、陰影を表すグラデーションなどの表現も「味わい」として感じられます。

ヨーロピアンファブリックの配色ポイント

A　base color

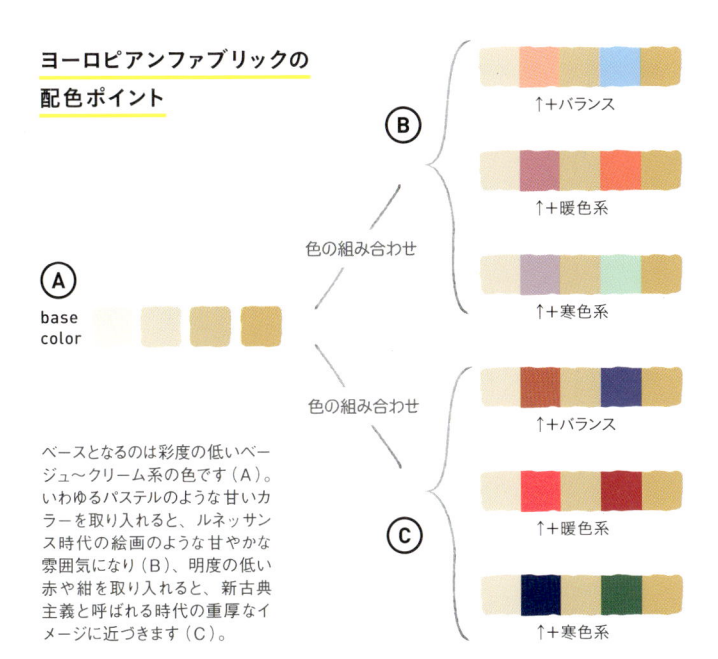

B　色の組み合わせ
↑＋バランス
↑＋暖色系
↑＋寒色系

C　色の組み合わせ
↑＋バランス
↑＋暖色系
↑＋寒色系

ベースとなるのは彩度の低いベージュ〜クリーム系の色です（A）。いわゆるパステルのような甘いカラーを取り入れると、ルネッサンス時代の絵画のような甘やかな雰囲気になり（B）、明度の低い赤や紺を取り入れると、新古典主義と呼ばれる時代の重厚なイメージに近づきます（C）。

CHAPTER 3 | 配色の実践 | 03

手のぬくもりを感じる紙と布

手芸や手作りのペーパークラフトなどでよく使われる、無漂白のパルプや布の天然色。
ここではそんなナチュラルで素朴な配色を見てみましょう。

エコロジーや安全志向の高まりもあり、紙や布を漂白せずに使用するいわゆる「生成り」*1 の紙や布を使ったクラフトや、生成りをイメージさせる商品をよく見かけるようになりました（図1）。紙や布の染色でも、木の根や草花などから得られる自然な色が好まれているようです（図2）。こうした色調には安心できる、安全なといった印象があります。またそこから拡大して、手仕事のぬくもりや人への愛情、純粋さといったイメージが広がっていくことも、多くの人に好まれる理由でしょう（図3）。

この配色のベースになるのは、木の繊維やコットン綿などが持つ彩度の低いベージュ系等の色です。木の種類や素材の違いによって、白やグレーに近いものから、黄みの強いもの、赤みの強いものなどさまざまな色合いがありますが、いずれも彩度の低い穏やかな印象のカラーです。組み合わせるのは、草木染をイメージしたような、彩度の低い色がよいでしょう。完全な黒や完全な白は、人工的な印象*2 があるため、この配色には組み合わせない方が無難です。またあまり明度の低い色も沈んだ印象になるため、使用はごくわずかな面積にとどめておいた方が良いでしょう（図4）。

手作り感を大事にした書籍の表紙のデザイン例です。グレーに近いほどの彩度の低いベージュの地色に、やはり彩度の低い色合いのアイテムが差し色として効果的に配置されています。

紙や布のナチュラルな配色ポイント

ベースになるのは彩度が低く、明度の高いベージュ系の色です（A）。黄みの強いものややや赤みがかったものもありますが、布や紙のイメージを強く出すには、やや青みがかったベージュがよいでしょう。組み合わせる色はやはり彩度の低い色調です（B）。寒色系・暖色系ともどんな色相の色でも合いますが、この配色ではあまり大きな面積で色を使わず、ポイント的に使用する方が向いています（C）。

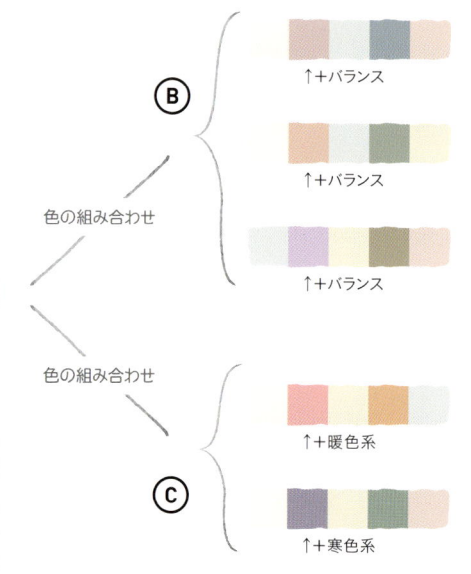

A base color

B ↑＋バランス / ↑＋バランス / ↑＋バランス

C ↑＋暖色系 / ↑＋寒色系

＊1　生成り

糸や生地の漂白していないもののことを指し、この色を「生成り色」と呼びます。また飾り気がないことや、純朴なことを表す場合にもこの言葉を使うことがあります。

＊2　人工的な印象

自然の中には完全な白はありません。紙や布は漂白することで白に近づけることは可能ですが、紙や布の場合はより白く見せるために蛍光系の染料を使用することもあります。

COLOR CHART

117-101-86 60-60-65-10	244-233-219 5-10-15-0	94-80-63 65-65-75-25	168-152-135 40-40-45-0	212-202-189 20-20-25-0
192-214-138 30-5-55-0	224-222-209 15-10-20-0	246-240-204 5-5-25-0	255-253-229 0-0-15-0	211-213-226 20-15-5-0
138-171-204 50-25-10-0	50-91-135 85-65-30-0	196-103-89 25-70-60-10	234-238-241 10-5-5-0	190-186-174 30-25-30-0
192-183-127 30-25-55-0	169-151-109 40-40-60-0	191-175-134 30-30-50-0	213-203-160 20-20-40-0	235-227-189 10-10-30-0
72-49-33 60-70-80-55	201-100-152 25-30-40-0	224-232-212 15-5-20-0	169-167-115 40-30-60-0	223-215-203 15-15-20-0
132-135-154 55-45-30-0	234-229-227 10-10-10-0	211-223-233 20-10-5-0	150-140-107 45-45-60-0	234-228-209 10-10-20-0
82-62-42 75-80-100-20	228-189-196 15-30-10-0	242-226-238 5-15-0-0	236-243-207 10-0-25-0	234-246-253 10-0-0-0
191-166-112 30-35-60-0	213-190-127 20-25-55-0	37-43-47 35-15-15-90	224-223-198 15-10-20-0	204-202-130 15-20-55-0
112-19-24 50-100-100-35	170-159-103 40-35-65-0	213-199-140 20-20-50-0	215-232-215 10-0-15-0	235-237-223 10-5-15-0
234-238-241 10-5-5-0	75-81-79 75-65-65-20	234-217-165 10-15-40-0	81-69-64 70-70-70-30	212-191-167 20-25-35-0
146-129-135 50-50-40-0	245-242-233 5-5-10-0	150-140-107 45-45-60-0	190-168-148 30-35-40-0	132-114-91 55-55-65-5
223-214-186 15-15-30-0	239-133-133 0-60-35-0	215-214-124 20-10-60-0	234-215-96 10-15-70-0	129-102-59 55-60-85-10
135-192-202 50-10-20-0	232-210-190 10-20-25-0	220-177-148 15-35-40-0	215-127-94 15-60-60-0	62-166-178 70-15-30-0
56-57-64 80-75-65-35	155-158-164 45-35-30-0	234-217-165 10-15-40-0	243-212-171 5-20-35-0	117-93-84 60-65-65-10
140-176-168 50-20-25-0	108-99-69 60-55-70-20	234-205-106 15-20-60-0	213-190-127 20-25-55-0	204-93-49 20-75-85-0

黄みがかったベージュをキーカラーにした映画のリーフレットです。文字や飾りにも同系色の明度の低い色を使い、やや褪せた色の合わせ方が全体の統一感を強調し、情感を感じさせる仕上がりです。

（図1）布や紙は、漂白しなければ木や繊維の生成りの色になります。配色のベースとなるのがこの色です。

（図2）草や木の根など、自然の染料は彩度の低い色合いがその特徴です。

（図3）自然な色の配色は、安心・安全・やさしさ、といったイメージを与えます。

（図4）全体的に彩度の低いナチュラルカラーでまとめたイラストの配色例です。線の部分も茶系の色合いで、やさしい印象に仕上げられています。

CHAPTER 3 | 配色の実践 | 04

スイーツのような甘い配色

おいしそうで気持ちが上がる。でもどこか背徳的なイメージも…。
そんな甘くて魅力的なお菓子をイメージさせる配色を考えてみましょう。

目新しくてかわいくて甘いお菓子は、雑誌やネットでも常に注目されるアイテムです。特に最近のスイーツの傾向として、着色をふんだんに施して目にも楽しい**カラフルな**[*1]ものが人気（図1）。甘いものは快楽であると同時に、肥満や虫歯、栄養といった問題もあり、食べたいけれど食べてはいけない…という罪悪感や背徳感にも満ちています。そんな甘い誘惑のイメージの配色に欠かせないのがピンク。ややスモーキーな青みがかったピンクから、ショッキングピンクのような鮮やかなものや、紫や茶に近い濃厚なピンクまで、いずれもこのイメージの配色にはまります（図2）。スイーツをイメージしたピンクベースの配色は、楽しさや活気を感じさせる効果があり、赤やオレンジといった暖色系の色がもっとも合わせやすく感じられます。ただしピンクや暖色系等の色だけ

ブルーを基調にしたデザインは甘い印象になりにくいものですが、文字のデザインやお菓子の装飾などでほどよい甘さと華やかさが感じられます。

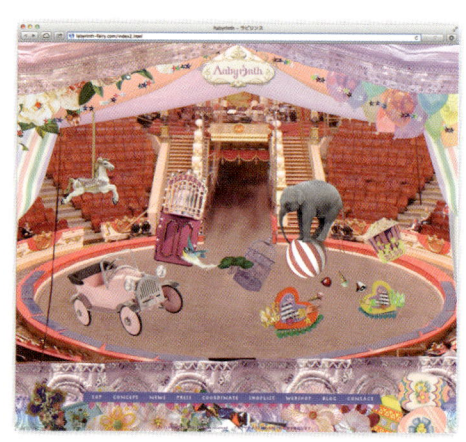

サーカスをテーマにしたWebサイトデザインです。青みがかったピンク〜紫でまとめられ、可愛らしさとクールな甘さが魅力的です。

ストライプと足元の写真が印象的なショッパーのデザインです。彩度の低いピンクをストライプで使うことで、甘すぎない洗練された大人感を表現。

＊1 カラフルな

人気のカラフルスイーツと言えばマカロン。赤やピンク、茶のお菓子は以前からありましたが、マカロンにはこれまであまり食べ物には使われてこなかった青や紫、緑などもあり、実に華やかです。

＊2 子供っぽい

ピンクはかわいらしい・やさしい・幸せな感じなどの肯定的なイメージのある色ですが、同時に子供っぽい・安っぽい・下品・軽薄といった否定的なイメージも強い色。好き嫌いがはっきりわかれます。

では、**子供っぽい**＊2 イメージに見えてしまう場合も。差し色として青や水色などの寒色系を少量か、濃茶や紺などの引き締め効果があるものを組み合わせるとよいでしょう（図3）。また、グレーや白黒などの無彩色や、彩度の低いベージュ系の色もこの配色では相性がよい組み合わせです（図4）。

（図1）カラフルでかわいいデザインのスイーツは、甘いもの好きでなくとも心はずむような楽しいカラーイメージです。

（図3）完全にピンクに支配された配色は、単調で子供っぽく見えてしまいます。どこかに青みや茶系の色を効かせるとよいでしょう。

（図2）スイーツイメージの配色でベースとなるのがピンク。赤に近いものからベージュ系のものまでさまざまなピンクを活用します。

（図4）ピンクと無彩色や、ピンクとベージュの組み合わせにも、甘さにスパイスを効かせるような効果があります。

スイーツのような甘い配色のポイント

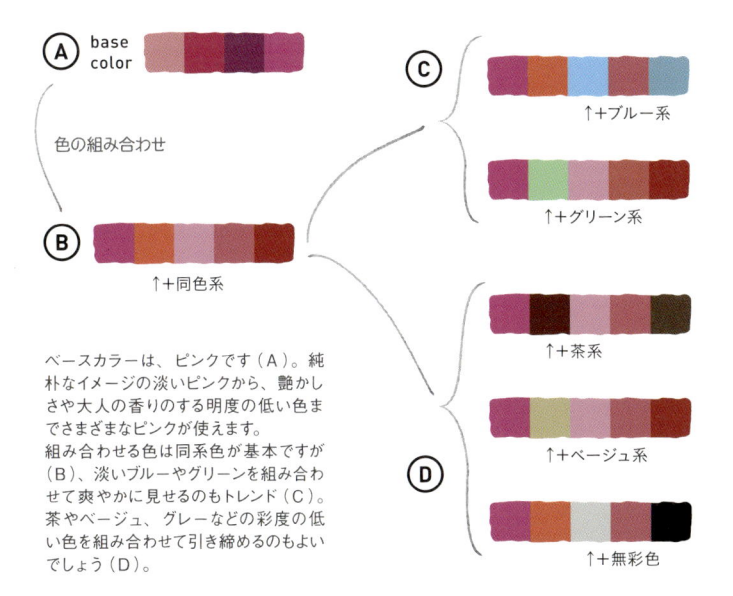

A　base color

色の組み合わせ

B　↑＋同色系

C　↑＋ブルー系
　↑＋グリーン系

D　↑＋茶系
　↑＋ベージュ系
　↑＋無彩色

ベースカラーは、ピンクです（A）。純朴なイメージの淡いピンクから、艶かしさや大人の香りのする明度の低い色までさまざまなピンクが使えます。
組み合わせる色は同系色が基本ですが（B）、淡いブルーやグリーンを組み合わせて爽やかに見せるのもトレンド（C）。茶やベージュ、グレーなどの彩度の低い色を組み合わせて引き締めるのもよいでしょう（D）。

COLOR CHART

241-189-63 5-30-80-0	235-97-51 0-75-80-0	238-134-154 0-60-20-0	201-41-57 20-95-75-0	112-39-24 50-90-100-30
150-208-182 45-0-35-0	255-228-80 0-10-75-0	255-251-199 0-0-30-0	244-180-201 0-40-5-0	156-84-157 45-75-0-0
138-26-31 45-100-100-20	205-114-92 20-65-60-0	240-181-87 5-35-70-0	184-26-43 30-100-90-0	44-2-1 100-100-00-00
123-194-120 55-0-65-0	70-148-209 70-30-0-0	246-228-147 5-10-50-0	233-83-119 0-80-30-0	143-130-188 50-50-0-0
221-107-109 10-70-45-0	93-14-18 55-100-100-45	209-40-44 15-95-85-0	49-21-18 70-85-85-65	163-31-36 40-100-100-5
237-121-128 0-65-35-0	232-69-102 0-85-40-0	212-236-243 20-0-5-0	142-196-62 50-0-90-0	154-111-80 45-60-70-5
163-44-50 40-95-85-5	201-68-116 20-85-30-0	61-21-0 65-90-100-60	138-26-31 45-100-100-20	93-24-18 55-95-100-45
248-246-187 5-0-35-0	146-72-152 50-80-0-0	112-19-24 50-100-100-35	234-97-130 0-75-25-0	193-56-83 25-90-55-0
146-152-104 50-35-65-0	223-194-127 15-25-55-0	216-137-114 15-55-50-0	211-94-112 15-75-40-0	99-44-22 55-85-100-40
185-56-84 30-90-55-0	156-84-157 45-75-0-0	166-145-196 40-45-0-0	233-72-32 0-85-90-0	224-222-189 15-10-30-0
167-44-77 40-95-60-0	230-27-100 0-95-35-0	29-80-162 90-70-0-0	159-154-57 45-35-90-0	158-54-34 40-90-100-10
232-56-47 0-90-80-0	230-0-18 0-100-100-0	118-22-27 50-100-100-30	124-46-43 50-90-85-25	193-25-32 25-100-100-0
24-127-196 80-40-0-0	225-70-90 5-85-50-0	249-242-127 5-0-60-0	207-0-97 15-100-35-0	161-216-228 40-0-10-0
233-82-142 0-80-40-0	123-23-54 50-100-70-25	230-27-100 0-95-35-0	125-40-71 55-95-60-15	192-14-83 25-100-50-0
231-232-167 5-0-40-0	236-224-147 10-10-50-0	239-182-109 5-35-60-0	248-144-122 0-55-45-0	107-110-106 65-55-55-5

CHAPTER 3 | 配色の実践 | 05

キッチュなプラスチックカラー

鮮やかな蛍光色からくすんだ鈍い色合いまで、プラスチック製品にはさまざまな色があります。ここではカラフルで楽しいプラスチックイメージの配色を考えてみます。

金属や陶器と異なり、プラスチックは素材自体に着色をしてから製品化されます。発色や色の再現性、安定性がよいのが特徴で安価なため、わたしたちの生活はそこかしこでプラスチック製品に彩られています。プラスチックカラーには、**蛍光**[*1]の鮮やかなものから彩度の低い渋めの色までさまざまですが、ここでは、どちらかというとポップで軽やかな印象のイメージの配色を考えてみましょう（図1）。

プラスチックカラーの特徴は、彩度が高めの色をさまざまな色相で組み合わせることです。鮮やかな色合いは人工的で、また多色で使うことで華やかさが感じられます。白との組み合わせで軽やかな印象が強調され、黒やグレーと組み合わせることで、よりその彩度が強く感じられます。また光沢感や透け感も**プラスチックっぽさ**[*2]を引き立てる演出と言えます。

プラスチックカラーは色ごとの判別のしやすさがありますので、キャラクターのカラーリングや子供向けのデザインにも向いています（図2）。また若さのある元気なイメージや、スポーツなどの活動的な情景の演出に効果的です。日常のファッションには取り入れにくい色ですが、スポーツウエアやテクノ系ファッションではよく見かけられます（図3）。

ガールズクリエイターユニット「QUISS」のイメージビジュアル。無彩色＋蛍光ピンクで、都会的なセンスと華やかさを強くアピールしています。

写真の背景のためのオブジェとイラストです。多色使いのモチーフが華やかでポップなイメージを作りつつ、全体はバランスよくまとまって見えます。

（図1）誰もが楽しい気持ちになるような、軽やかな華やかさがプラスチックカラーのイメージです。

（図2）キャラクターやイラスト、子供向けのおもちゃ、CG、テクノなどと相性のよい配色です。

＊1　蛍光

通常のインキや染料と違い、目に見えない紫外線などの広範囲な光線を反射することで光って見えるのが蛍光です。より人工的な印象が強く、人目を惹くことができますが、通常のインキや染料よりコストは割高になります。

＊2　プラスチックっぽさ

ここでは配色のイメージとしてプラスチックを取り上げていますが、プラスチックが工業製品として成功した最大の理由は成形のしやすさです。プラスチックには大量生産品としてのチープな印象も少なからずあるでしょう。

補色や補色に近い色をぶつけ合うことで、サイケデリックな印象を感じさせるイラストの配色例です。一度見たら忘れられない妖しい魅力を感じさせます。

（図3）スポーティで活発なイメージもあるため、ウェアやファッションにもよく取り入れられています。

キッチュなプラスチックカラーの配色ポイント

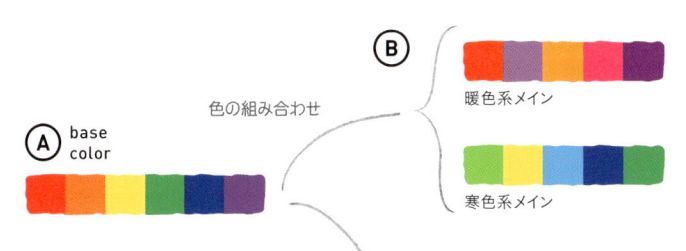

Ⓐ base color

色の組み合わせ
Ⓑ 暖色系メイン
寒色系メイン

色の組み合わせ
↑＋無彩色
Ⓒ
↑＋アクセント

この配色は、やや彩度の高い色を複数組み合わせます。色の選び方の基本は、色相環から均等な角度で抽出したようなバランス配色です（Ａ）。応用として赤を中心とした暖色系メインの組み合わせや、青を中心とした寒色系メインの組み合わせもアリです（Ｂ）。無彩色の組み合わせや、部分的に明度と彩度に対比を持たせてアクセントにするのもよいでしょう（Ｃ）。

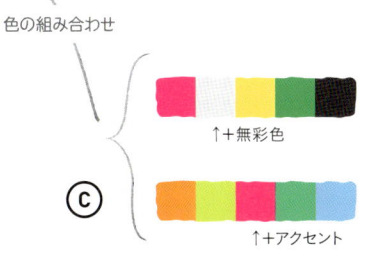

COLOR CHART

228-159-84 10-45-70-0	210-92-157 15-75-0-0	182-213-93 35-0-75-0	88-170-170 65-15-35-0	101-77-157 70-75-0-0
55-106-179 80-55-0-0	240-235-69 10-0-80-0	233-83-131 0-80-20-0	13-87-167 90-65-0-0	235-97-18 0-75-95-0
88-183-101 65-0-75-0	66-123-191 75-45-0-0	240-235-69 10-0-80-0	225-138-36 0-55-90-0	231-51-110 0-90-30-0
148-128-73 50-50-80-0	201-149-9 25-45-100-0	240-131-30 0-60-90-0	116-169-198 55-0-30-0	62-179-112 70-0-70-0
84-195-241 60-0-0-0	229-10-132 0-95-0-0	156-202-84 45-0-80-0	237-109-31 0-70-90-0	124-80-157 60-75-0-0
146-83-157 50-75-0-0	250-190-0 0-30-100-0	157-200-21 45-0-100-0	0-159-176 100-0-35-0	237-108-0 0-70-100-0
199-21-133 20-95-0-0	26-150-213 75-25-0-0	111-186-44 60-0-100-0	234-193-0 10-25-100-0	228-96-6 5-75-100-0
34-172-56 75-0-100-0	232-199-157 10-25-40-0	184-28-34 30-100-100-0	52-74-37 80-60-100-35	223-46-139 5-90-0-0
34-127-171 80-40-20-0	0-160-233 100-0-0-0	0-133-60 85-30-100-0	220-0-127 0-100-0-0	246-241-214 5-5-20-0
223-24-115 5-95-20-0	27-184-206 70-0-20-0	125-192-88 55-0-80-0	233-196-92 10-25-70-0	227-84-51 5-80-80-0
91-182-71 65-0-90-0	64-154-214 70-25-0-0	240-234-12 10-0-90-0	224-127-0 10-60-100-0	231-35-52 0-95-75-0
1-145-137 80-25-50-0	116-198-190 55-0-30-0	177-219-194 35-0-30-0	231-33-71 0-95-60-0	52-38-57 80-85-60-45
248-235-125 5-5-60-0	167-55-102 40-90-40-0	234-96-150 0-75-0-0	50-173-198 70-10-20-0	60-160-174 70-20-30-0
25-139-134 80-30-50-0	222-0-91 5-100-40-0	128-181-86 55-10-80-0	29-80-162 90-70-0-0	191-47-139 25-90-0-0
201-39-74 20-95-60-0	32-21-19 5-5-5-100	0-124-142 85-40-40-0	192-155-48 30-40-90-0	209-40-50 15-95-80-0

グラマラスなコントラスト配色

煌めくファッションブランドのショーウィンドーや、華やかな蒔絵の世界。
そんなゴージャスな配色のポイントになるのが「コントラスト」です。

glamorousには、「魅力に満ちた」「魅惑的な」といった意味があります。**性的なイメージ**[*1]を含んで女性を形容するのに使われることが多いのですが、ここでは生命力や力強さを感じさせる艶やかなイメージの配色を考えてみましょう。

グラマラスな配色には、人目を惹き付ける効果があります（図1）。それも爽やかさや明るさなどの「陽」の魅力ではなく、心の奥にドキッと振動が伝わるようないわば「陰」の魅力。この配色のポイントになるのが強いコントラストです（図2）。コントラストには、明暗や彩度、面積などのいくつかの要素がありますが、この配色ではそれらをフルに動員します。**色数は必然的に多く**[*2]なりますが、使う色は極端に明るい色と極端に暗い色、そして彩度の極端に高い色と極端に低い色の組み合わせとなります。また、全体を明るいトーンにするのではなく、どちらかというと暗い色が全体を支配するような配色がより効果的です（図3）。明暗差を強調するためには、金属的な光も効果的です。例えばゴールドや宝石のような色と光を強く感じさせるアイテム。またそのゴールドや光の色をもっとも効果的に引き立てる「黒」も多用することになります（図4）。

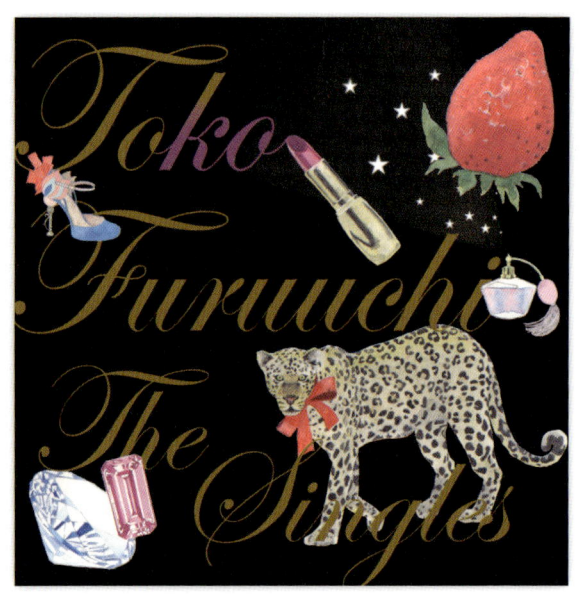

（図1）過剰なまでに盛った、グラマラスはそんなイメージの配色です。明暗差や色相差のコントラストを多用しています。

CDジャケットのデザイン例です。女性をイメージさせるアイテムと、黒をベースにした濃厚な色彩が艶やかな印象に仕上がっています。

（図2）過剰なまでに強い陰影そして色の合わせ方が、力強い生命感と共に艶かしさを感じさせる配色を生み出します。

（図3）黒に鮮やかなコントラストで白やオレンジの色が浮き立っています。透明感と自然のグラデーションが美しさを強調します。

＊1 性的なイメージ

魅力的な表現を考える際に、性的なイメージを排除することはできません。色には人の本能的な部分に直接働きかける力があります。配色は理論的に考えるだけでなく、「感じる」かどうかで決めることも重要です。

＊2 色数は必然的に多く

この配色は、調和をとることよりもむしろ「飽和させる」イメージで考えるとよいでしょう。色数が少なくても、コントラストがはっきりとある色同士を組み合わせて密度の濃い印象を作り出すことも可能です。

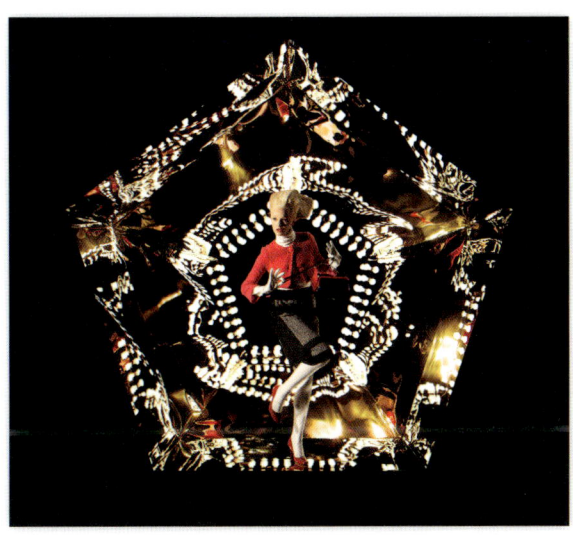

ジュエリーのような、万華鏡のような幻想的なグラフィックの作品です。ゴールドの光沢感がリッチでグラマラスなイメージを強調しています。

（図４）ゴールドや金属、水、宝石などの光の色を黒と組み合わせた配色は、このイメージにピッタリとはまります。

グラマラスな
コントラスト配色のポイント

A base color

B ↑＋ゴールド＋α

↑＋バランス

C ＋グラデーション

D ↑＋バランス

↑＋暖色系

↑＋寒色系

色の組み合わせ

ベースカラーをゴールドに

ベースとなるのは黒（A）。ゴールド（印刷ではカーキベージュ）や赤、青、緑といったはっきりとした色相を組み合わせるのが基本です（B）。色数が少ない場合は、グラデーションで光や透過のイメージを付加します（C）。ゴールドをベースにした日本画や蒔絵のような色の組み合わせも、このイメージにはマッチします（D）。

COLOR CHART

32-21-19 5-5-5-100	106-169-192 60-20-20-0	126-49-142 60-90-0-0	192-164-48 30-35-90-0	167-30-65 40-100-70-0
41-7-32 80-100-70-60	66-11-47 70-100-60-50	91-17-45 60-100-70-40	120-26-66 55-100-60-20	106-35-66 60-95-60-25
230-46-139 0-90-0-0	38-96-173 85-60-0-0	68-49-143 85-90-0-0	93-194-208 60-0-20-0	32-21-19 5-5-5-100
96-38-61 60-90-60-3	157-43-89 45-95-50-0	203-104-148 20-70-15-0	245-243-242 5-5-5-0	32-21-19 5-5-5-100
207-221-76 25-0-80-0	136-49-141 55-90-0-0	230-46-139 0-90-0-0	50-173-198 70-10-20-0	0-95-163 90-60-10-0
130-163-119 55-25-60-0	68-56-26 70-70-100-45	0-74-75 95-60-65-30	39-24-57 90-100-60-40	68-1-14 60-100-90-60
208-29-52 0-95-70-15	162-30-54 40-100-80-5	231-33-71 0-95-60-0	111-186-44 60-0-100-0	32-21-19 5-5-5-100
201-47-25 0-90-90-0	83-0-0 0-100-100-80	145-0-0 0-100-100-50	0-55-35 100-0-70-80	0-101-73 100-0-70-50
62-11-24 65-95-80-60	38-55-112 95-90-35-0	123-159-211 55-30-0-0	129-28-33 50-100-100-20	87-9-14 55-100-100-50
56-0-2 65-100-100-65	87-95-42 70-55-100-20	195-13-35 15-100-90-10	104-61-26 55-75-100-35	16-25-58 100-100-60-40
9-17-57 100-100-50-50	25-47-114 100-95-30-0	0-157-218 75-20-0-0	210-92-157 15-75-0-0	192-32-117 25-95-20-0
55-12-32 70-95-70-60	110-22-51 55-100-70-30	218-145-21 15-50-90-0	166-28-75 40-100-60-0	230-24-110 0-95-25-0
48-113-185 80-50-0-0	84-27-134 80-100-0-0	120-27-62 55-100-65-20	220-83-16 10-80-100-0	231-36-24 0-95-95-0
43-16-7 70-85-90-70	154-104-29 40-60-100-15	254-235-190 0-10-30-0	218-170-91 10-85-50-0	129-39-41 50-95-90-20
32-21-19 5-5-5-100	48-27-23 70-80-80-65	225-57-17 5-90-100-0	129-28-33 50-100-100-20	87-9-14 55-100-100-50

CHAPTER 3　配色の実践　07

奔放で優美な大正ロマン風配色

大正や昭和初期の着物やグラフィックなどのデザインに見られる色使いは、
現代のものとは比べ物にならないほど鮮やかで大胆なものでした。

大正は、欧米から近代文化の波が押し寄せた時代です。活動写真や印刷技術、建築、音楽などが西洋文化の影響を受け、思想的にも自由で開放感に満ちていました。この時代の文化が「**大正ロマン**[*1]」と呼ばれています。

芸術や装飾、デザインなどの作品は、アール・ヌーボーやアール・デコの影響を色濃く受け（図1）、華やかさとともにどこか退廃的で虚無的な終末感を併せ持つのが特徴です。人々の服装も着物から洋服へと変わって行く中で、特に若い女性の着物の柄はより大きく大胆な曲線的なものになり、色合わせも色相差・明暗差のくっきりとしたものが好まれていたようです（図2）。この時代の配色イメージは、彩度のあまり高くない色の多色使い、そして**過剰なまでの装飾感**[*2]。全く異なる系統の色を合わせることや、柄on柄の組み合わせも現代の文化にはない特徴と言えるでしょう。

紫はこの時代に特に流行したカラーで、淡い藤色からこっくりした深紫までさまざまな紫が使われています（図3）。ポイントになるのはやはり色の組み合わせで、補色であるグリーン、補色に近い黄色や青などの色相差のあるものから、赤・青などの近似色や無彩色など、コントラストの高い組み合わせが多く見られます。

（図1）ヨーロッパのアール・ヌーボーの流れを受けた非常に装飾的なデザインが特徴です。

（図2）大正時代の着物の柄。紫に黄やオレンジなどのダイナミックな色の構成が、今見ると新鮮で魅力的です。

大正時代の貴重な着物をコーディネートしたファッションショー。補色関係の色の取り合わせが目に鮮やかです。

藤色	紅藤	藤紫	竜胆色
桔梗色	錆桔梗	菖蒲色	二藍
梅紫	半色	桑の実色	茄子紺
江戸紫	古代紫	黒紅梅	滅紫

（図3）日本の伝統的な紫色です。明治・大正時代にこれらの紫が流行し、着物や洋服、グラフィックに多用されていました。

＊1　大正ロマン

ヨーロッパのロマン主義に大きく影響を受けたことからこの名前がついています。それまでの理性的で合理主義な考え方に対し、感受性や主観に重きを置いたロマン主義の新しい発想が、文芸・美術・ファッションなどのジャンルで世界的にブームになりました。

＊2　過剰なまでの装飾感

曲線的なデザインや、多くの色を用いた配色は合理的ではありません。しかし桃山時代末期の日本や、ヨーロッパのアール・ヌーボーなど、大きな時代・文化の終焉期には、個性的で装飾過多なデザインが多く発現しています。「世紀末の退廃的デザイン」などとも言われます。

青みを含んだピンクをメインに、彩度の高い色を多用した目に鮮やかなレトロ感あふれるCDジャケットのデザインです。

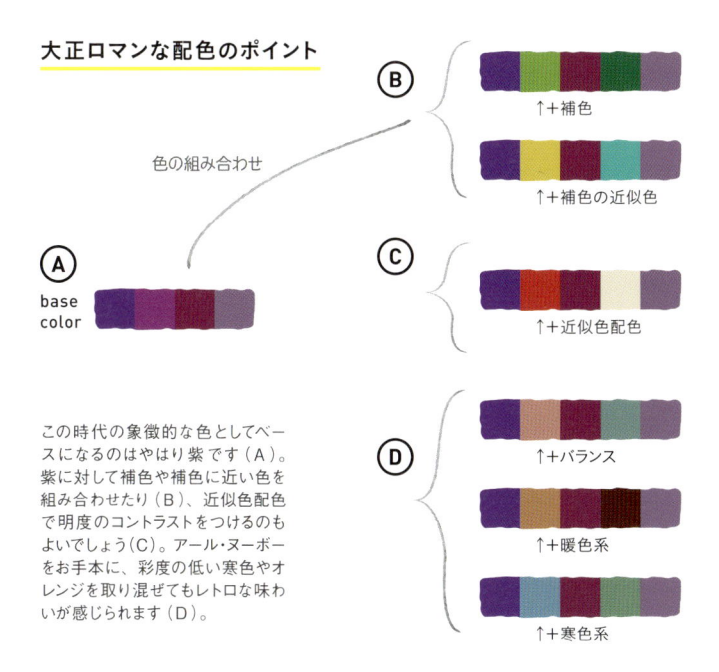

大正ロマンな配色のポイント

色の組み合わせ

Ⓐ base color

Ⓑ ↑＋補色
　 ↑＋補色の近似色

Ⓒ ↑＋近似色配色

Ⓓ ↑＋バランス
　 ↑＋暖色系
　 ↑＋寒色系

この時代の象徴的な色としてベースになるのはやはり紫です（A）。紫に対して補色や補色に近い色を組み合わせたり（B）、近似色配色で明度のコントラストをつけるのもよいでしょう（C）。アール・ヌーボーをお手本に、彩度の低い寒色やオレンジを取り混ぜてもレトロな味わいが感じられます（D）。

COLOR CHART

63

CHAPTER 3 | 配色の実践 | 08

かさね色目の季節感ある配色

わたしたちの周りには、四季折々の色があふれています。
平安時代の日本には、そんな自然の色を装束に取り入れ楽しむ心がありました。

「かさね色目（いろめ）」[*1]とは、平安時代以降の公家文化で衣服の表と裏、あるいは衣服を重ねて着る際に取り合わせる色を決めたものです（図1）。春なら梅や若草、夏なら菖蒲やなでしこ、秋はりんどうやもみじ、冬は枯れ色や氷など、かさね色目の配色は四季の植物や景色から取られた美しいものばかり（図2）。

現代のデザインでも、季節を感じられる色や意匠は見る人を楽しませ、また季節の商品や催事を盛り上げる重要な要素だと言えるでしょう。自然の花や木、空や水、太陽や影の色は四季それぞれに違う配色を人に見せています。

デジタルデータで季節感のある写真があれば、そこから色をピックアップして調和のとれた配色用のサンプルにすることも手軽でよい方法です（図3）。ひとつ注意したいのは、実際の色と「記憶色」[*2]と呼ばれる人の記憶の中にある色とのズレ。例えば桜の花の色は白に近い薄いピンクですが、これをそのまま配色してしまうと桜のイメージになりません。人の記憶の中では青い空とのコントラ

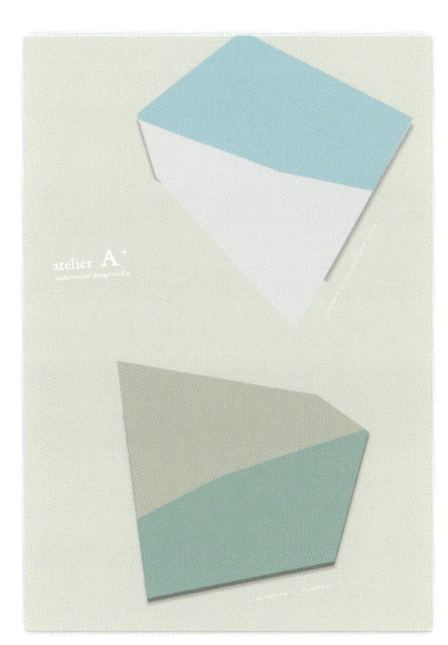

シンプルな多角形に近似色だけで配色された美しいビジュアル例です。淡い色を組み合わせることでやさしい透明感が感じられます。

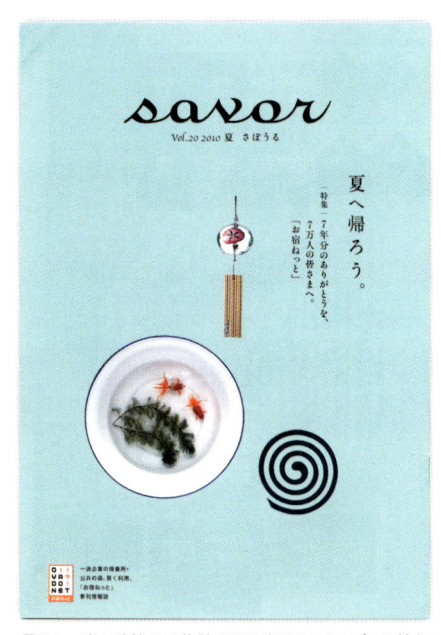

柔らかい青と季節の風物詩で夏を表現したシンプルな情報誌の表紙デザインです。水色は日本の伝統色の中でも豊富なバリエーションのある色です。

（図1）平安時代の公家文化で、季節や行事によって装束の色の合わせ方を定めたのが「かさね色目」です。

（図2）かさね色目の見本。上から春の梅重、夏の杜若（カキツバタ）、秋の竜胆（リンドウ）、冬の紅紅葉。

＊1　かさね色目

漢字では「襲の色目」または「重ねの色目」と表します。布を織る際の糸の色によって、あるいは衣の表裏や布を重ねたときの色の組み合わせ方で、代表的なものに十二単があります。

＊2　記憶色

写真の世界の用語で、よく例として挙げられるのが「晴天の空」「人の肌」などです。晴天の空は写真に撮るとかなり薄めの青になりますが、撮影時にフィルターをかけたりあとで色調補正をして実際より青く仕上げることが多いようです。

ストによって、より赤みの強いピンクが「桜色」として認知されているからです（図4）。季節感を感じる配色には、その季節らしさを強く表せるアイテムをピックアップすることと、記憶色との間の補正を行う作業が欠かせません。

（図3）写真データから色を抽出すると、調和のとれた配色パレットを手軽に作り出すことができます。

（図4）実際の「色」と、記憶にある「色」とは違う場合があります。季節感の演出には記憶色での配色が必要になります。

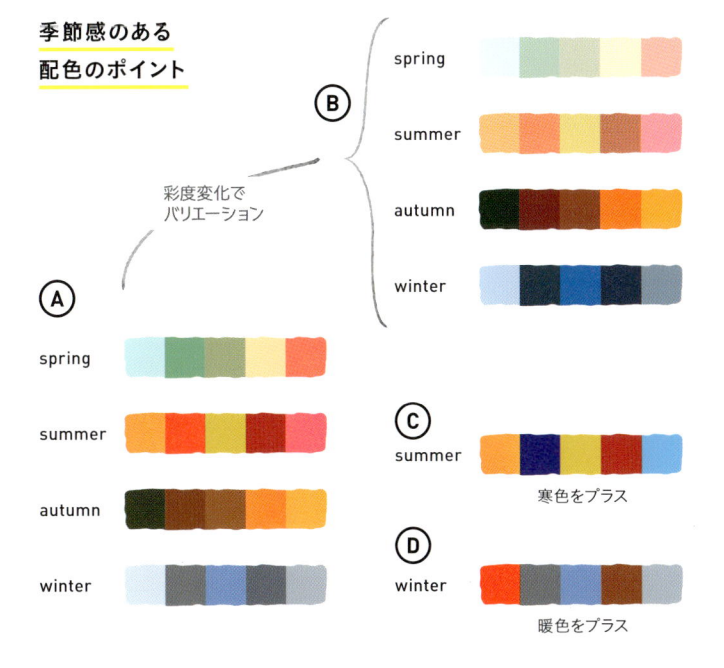

季節感のある配色のポイント

基本的には、それぞれの季節に自然界で見られる風景の象徴的な色を抽出します。例えば秋なら枯れ葉色や紅葉、春なら新芽や花の色といった具合です（A）。彩度を変化させてバリエーションを作り出すこともできます（B）。ただし夏に暑い色、冬に寒い色はあまり好まれませんので夏に涼しげな色（C）、冬には温かさを感じられる色を使うことも多くあります（D）。

COLOR CHART

65

CHAPTER 3 | 配色の実践 | 09

陶器のような深みのある配色

土を成形して焼き上げる、人間のもっとも古い道具のひとつが陶器です。
陶器の色には人の心を穏やかにさせる魅力があります。

陶器の色付けには、絵画などと異なり「焼く」という工程があります。絵付けや釉（うわぐすり）をかけて高温に晒すことで、**化学反応**[*1]を起こし陶器に色を定着させるため、焼き窯から取り出して完全に冷めるまで仕上がりの色はわかりません。

また陶器は使っているうちにも水分や油分で色が変化していきます。こういった不確定要素が化学製品にはない、陶器ならではの楽しみと言えるでしょう。
陶器の色は土の色でもあり、大地の豊かなぬく

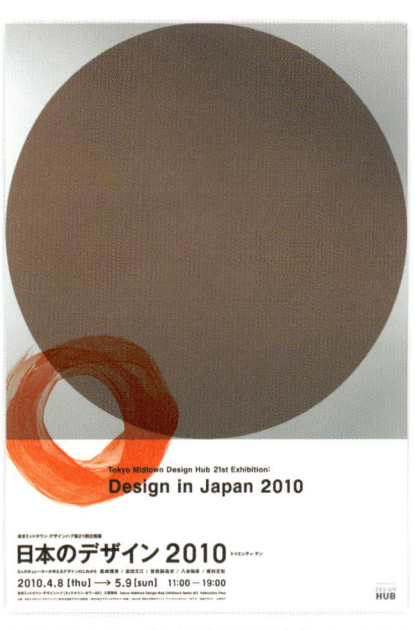

大きな土色をイメージさせる円が印象的なポスターの例です。使っているのは土色と水彩画のような赤。他は無彩色でシンプルに仕上げています。

多色使いがポップな印象のグラフィック作品です。明度・彩度の低い赤を主線に使うことで、独特のニュアンスを作り出しています。

えんじ、深緑青、アイボリーといった抑えた中にもはっきりと主張のある色を大胆に組み合わせた、どこか和の雰囲気を感じさせる作品です。

（図1）陶器は釉薬によってさまざまな色を表現します。形や薬のかけ方、焼く温度によって変化する色合いが魅力です。

*1 化学反応

陶器の色は主に金属の化学変化によって作られます。代表的な金属は鉄と銅。また釉薬にはガラスの原料ともなる長石（ちょうせき）や珪石（けいせき）が含まれていて、焼き物特有の艶を作り出します。

*2 粘土

釉薬をかけずに、粘土をそのまま焼いただけで仕上げる焼き物もあります。世界中で古くから、その土地その土地の土を成形して焼き固めた焼き物が作られてきました。使われる土の色そのままに仕上げられる素朴な味わいが魅力です。

もりや自然の一部といった印象が感じられます。色相がはっきりと識別できる色合いながら、どこか土にしみ込んで溶け合うように彩度が低くなるのがこの配色の特徴です（図1）。また、あまり多くの色を使わず、ひとつひとつの色目をある程度大きな面積でしっかり見せることも重要なポイントです。

ベースカラーは2色で、陶器の元になる**粘土**^{*2}のような赤みがかった土色と（図2）、釉薬のやさしい白。白は現代的な蛍光の入った青みがかった白ではなく、やや象牙色に近い乳白色がよいでしょう（図3）。土色にはマットな質感、乳白色には釉薬のような艶やかな質感が加えられると、より陶器らしい味わいが深まります。

（図2）陶器の素の色は、使用する土によって赤みがかったものからグレーに近いものまでさまざまです。

（図3）この配色に使う白は、わずかに黄みや赤みを帯びた乳白色が適しています。

京都の老舗茶店のパッケージデザインです。明度・彩度ともに低めの色を使用し、落ち着いた老舗らしい風格を感じさせています。

陶器のような配色のポイント

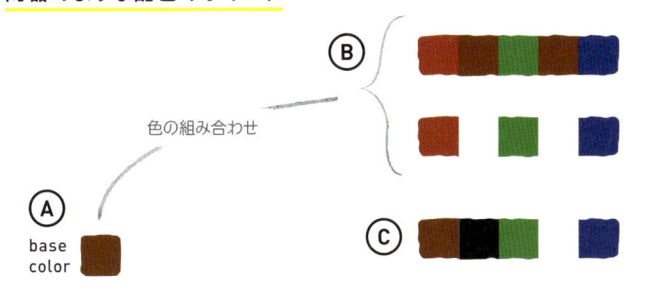

土色や乳白色をベースに（A）、赤や青、黄、緑などのはっきりとした色彩を組み合わせます。色は明度彩度ともにやや低めに設定するのがポイントです（B）。グレーや黒などの無彩色と組み合わせることでも、色を引き立たせることができます（C）。

COLOR CHART

67

CHAPTER 3 | 配色の実践 | 10

アジアンモダンな配色

伝統的な和やアジアの配色も美しいものですが、
現在に生きるわたしたちにとっての新しい色づかいも考えてみましょう。

伝統的なアジアや和のカラーは、木や土、木や花の色がベースにあります。**自然にあるもの**[*1]を使いながら、自然と調和させ、あるいは自然の中で映える華やかな色使いがその特徴です。このテイストを現代の感覚とミックスさせたのが、アジアンモダン、和モダンなどと呼ばれるインテリアやデザインの考え方（図1）。合理的で無機質な、あるいは人工的な印象の現代デザインの中に、伝統的な工芸品をアクセントとしてミックスさせます。グラフィックでも考え方は同様で、現代的なデザインに一部アジアを感じさせるフォルムや配色を加えます。

このデザインで特徴的なのは、形や色がシンプルであることと、明度差や彩度差がはっきりとあること、とりわけ彩度のコントラストが強いことです。彩度差を大きくするために効果的なのが、**黒もしくは白の活用**[*2]。濃紺や濃茶などの黒に近い色や、ベージュや漆喰色などの白に近い色をベースにするのもよいでしょう。組み合わせるのは彩度の高いブルーやグリーン、赤などのはっきりとした色相が向いています。また、金や銀といった特殊な色、もしくは金をイメージさせる茶色（金茶）なども、アジアなイメージを強く感じさせる配色です。

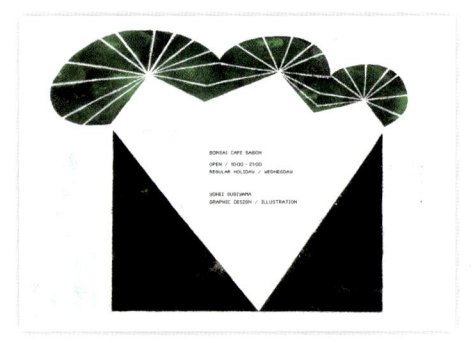

版画をクラフト紙に印刷したポスターのデザインです。白、群青、緑青の「和」を感じさせる色が大胆に用いられています。

硬質なモノトーンをベースに、赤のポイントカラーを効かせたデザイン。明朝をアレンジしたロゴもモダンアジアな雰囲気を演出しています。

＊1　自然にあるもの

配色での地域性は、主にその土地の産物（土・木・植物など）によって決まりますが、その他にも日差しの強い地域ではコントラストが求められたり、寒い地域では暖色が好まれるといった特性もあります。

＊2　黒もしくは白の活用

黒・白・グレーといった無彩色には、無機質で現代的なイメージがあります。黒はもっとも彩度・明度の低い色として、逆に白はもっとも明度の高い色として、それぞれ「差」をつけやすいという特徴もあります。

漆喰のようなテクスチャ感のある背景に、深みのあるグリーンと黒が印象的。こだわりぬいたフォルムが、シンプルな中に上質感を高めています。

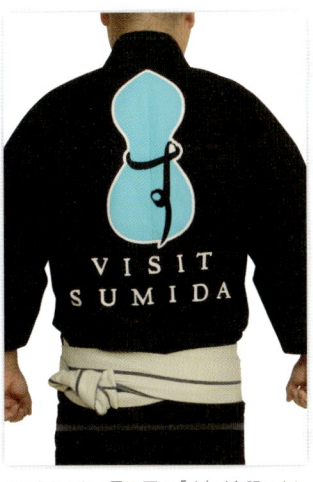

ひょうたんと、墨田区の「す」が大胆にあしらわれた法被です。現代的な鮮やかな水色に白い縁取りが遠目にも爽やかです。

（図1）アジアモダンの考え方は、インテリアのシノワズリースタイルがヒントになります。

アジアンモダン配色のポイント

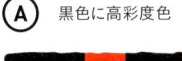

A　黒色に高彩度色

B　高彩度色を組み合わせ

C　ベースを変更

この配色のベースカラーとして使いやすいのが黒です。大きな黒い面積の中に、わずかに鮮やかな色（なおかつやや明度の低い色）を取り入れます（A）。高彩度色を複数組み合わせてもよいでしょう（B）。ベースカラーは黒に近い濃紺や濃茶、あるいは白やアイボリーにも変えられます（C）。

COLOR CHART

50-43-41 20-20-20-90	118-163-45 60-20-100-0	243-152-28 0-50-90-0	220-83-16 10-80-100-0	35-24-21 0-0-0-100
184-28-34 30-100-100-0	35-24-21 0-0-0-100	63-52-22 70-70-100-50	102-101-43 65-55-100-15	144-100-39 50-65-100-5
23-40-139 100-95-0-0	52-158-90 75-15-80-0	103-28-77 65-100-50-20	96-54-46 60-80-80-35	35-24-21 0-0-0-100
62-4-7 65-100-100-60	234-85-32 0-80-90-0	102-101-55 65-55-90-15	96-47-45 60-85-80-35	212-211-202 20-15-20-0
92-181-49 65-0-100-0	35-24-21 0-0-0-100	46-167-224 70-15-0-0	203-203-144 25-15-50-0	80-11-16 60-100-100-50
232-186-65 10-30-80-0	239-239-239 0-0-0-10	205-104-41 20-70-90-0	76-42-84 80-95-50-15	168-153-144 40-40-40-0
48-33-67 90-100-60-25	0-134-201 80-35-0-0	178-183-191 35-25-20-0	42-97-152 85-60-20-0	223-225-226 15-10-10-0
176-61-0 0-80-100-35	234-228-209 10-10-20-0	0-134-201 80-35-0-0	4-36-61 100-90-60-40	0-60-131 100-85-20-0
80-11-16 60-100-100-50	35-24-21 0-0-0-100	130-39-33 50-95-100-20	102-29-72 65-100-55-20	63-35-70 85-100-60-20
157-17-115 45-100-20-0	223-225-226 15-10-10-0	10-40-19 90-70-100-60	56-87-43 80-55-100-25	231-176-33 10-35-90-0
186-70-32 30-85-100-0	62-68-110 85-80-40-5	143-29-34 45-100-100-15	185-163-216 60-25-0-0	39-13-37 85-100-70-55
135-139-43 55-40-100-0	105-112-45 65-50-100-10	158-162-78 45-30-80-0	112-19-24 50-100-100-35	62-4-7 65-100-100-60
34-21-24 80-85-80-65	192-21-62 25-100-70-0	233-84-107 0-80-40-0	194-196-76 30-15-80-0	249-193-80 0-30-70-0
42-75-80 90-75-70-5	255-245-224 0-5-15-0	249-221-61 0-10-80-5	127-16-132 60-100-0-0	70-161-159 60-0-30-25
237-160-31 5-45-90-0	16-88-158 90-65-10-0	59-130-197 75-40-0-0	234-228-209 10-10-20-0	44-42-15 75-70-100-60

スパイシー&ガーリーな配色

ピンクは若い女性のシンボルとしてよく使われる色です。
少し尖った印象に見せるには、どこか辛味や苦みを効かせるのがポイントです。

若い女性によく似合う色としてよく取り上げられるのがピンクです。しかしひとくちにピンクと言っても、ベビーピンクと呼ばれる淡い可愛らしい印象の色から、ショッキングピンクなどの鮮烈なイメージを与えるものまで、実に幅広いバリエーションがあり、そのニュアンスの使い分けが重要になる色でもあります。ここでは、女性らしい柔らかいイメージは残しつつも、青みや濁りを加えることで、やや辛口に仕上げたイマドキ風の配色を紹介しましょう。

ピンク自体に青みを加えて紫寄りにすることで、やや**不安定なイメージ**[*1]が生まれ、尖った印象や精神的な奥深さといったものを表現することができます（図1）。また、ピンクに赤みや黄味を入れ、えんじや茶系に寄せると成熟・挑発といったイメージを付加することができます（図2）。

スパイスの効かせ方には別の辛口の色を添える、という方法もあります。ピンクやイエローなどの甘い色を基調にしつつ、背景などの一部に青みの強い色を持ってきたり、濃茶や紫といった**混色の強い色味**[*2]を組み合わせることで、全体のイメージを引き締め、緊張感のある印象に仕上がります（図3）。

（図1）ピンクに青みを加えることで、甘さの中に儚げな印象が生まれます。やや不健康なイメージとも言えます。

（図2）ピンクやクリームイエローといった甘い色調にえんじや濃茶といったこくのある色を加えることで、ビターな印象を持たせることができます。

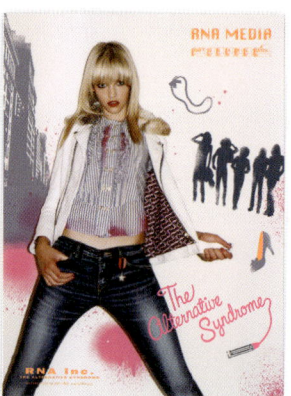

ピンクの背景を基調とした、ガールズファッションのビジュアルです。
かわいい中にも、どこか退廃的な印象のあるスパイシーな配色です。

＊1　不安定なイメージ

青みの強い色、特に紫傾向の色合いには不健康なイメージがあります。濃茶や濃い紫も、熟れ過ぎた果実や枯れた木枝などが連想され、生命力やはつらつとした印象からやや外れた色と言えます。

＊2　混色の強い色味

絵の具やインキは、さまざまな色を混ぜるほど濁り、彩度が低くなって行き最後にはグレーになります。逆に混色の少ない色は「清色」と呼ばれ、彩度が高く澄んだ透明感のある色です。

花をモチーフにしたファッションブランドの広告例です。背景の褪せたような空と草原の色合いが、不思議で怪しげな魅力を感じさせています。

（図3）全体が淡い暖色系のカラーではどこかぼやけたイメージですが、寒色や濃茶などの色を配置することで引き締まる「スパイス」になります。

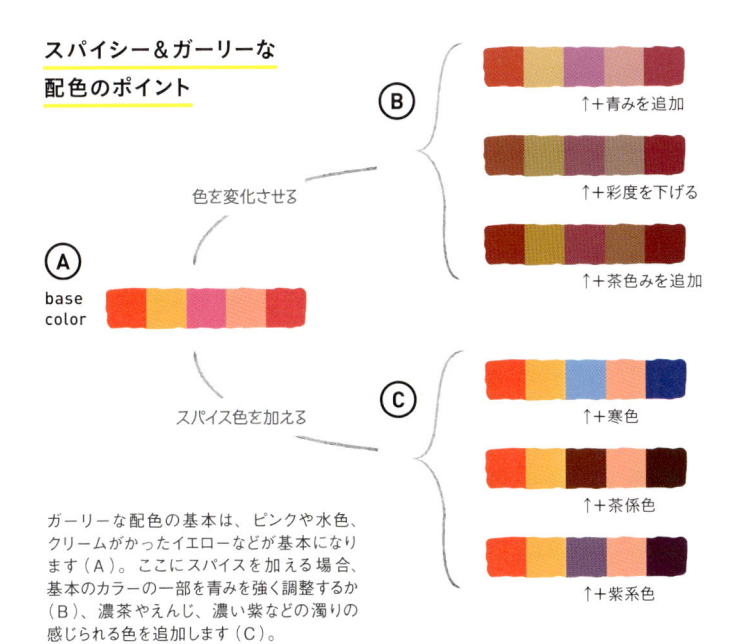

スパイシー＆ガーリーな配色のポイント

Ⓐ base color

Ⓑ 色を変化させる
↑＋青みを追加
↑＋彩度を下げる
↑＋茶色みを追加

Ⓒ スパイス色を加える
↑＋寒色
↑＋茶係色
↑＋紫系色

ガーリーな配色の基本は、ピンクや水色、クリームがかったイエローなどが基本になります（Ａ）。ここにスパイスを加える場合、基本のカラーの一部を青みを強く調整するか（Ｂ）、濃茶やえんじ、濃い紫などの濁りの感じられる色を追加します（Ｃ）。

COLOR CHART

203-103-154 20-70-10-0	72-108-127 75-50-40-10	167-38-28 30-95-100-15	243-152-0 0-50-100-0	206-222-106 25-0-70-0
118-32-108 65-100-30-0	119-156-46 60-25-100-0	184-76-151 30-80-0-0	59-22-56 80-100-60-40	175-62-146 35-85-0-0
110-23-44 55-100-80-30	218-93-158 10-75-0-0	222-130-178 10-60-0-0	119-156-46 60-25-100-0	186-81-58 30-80-80-0
91-76-34 65-65-100-30	171-157-27 40-35-100-0	248-233-98 5-5-70-0	200-64-145 20-85-0-0	157-54-114 45-90-30-0
232-82-152 0-80-0-0	206-167-191 20-50-0-0	254-247-242 0-5-5-0	156-73-152 45-80-0-0	238-134-154 0-60-20-0
233-219-204 10-15-20-0	240-235-69 10-0-80-0	231-66-145 0-85-0-0	166-116-176 40-60-0-0	161-214-230 40-0-10-0
253-224-165 0-15-40-0	167-84-69 35-75-100-10	187-141-190 30-50-0-0	102-191-151 60-0-50-0	91-174-127 65-10-60-0
208-167-191 20-40-10-0	156-73-152 45-80-0-0	180-180-137 35-25-50-0	196-134-172 25-55-10-0	96-111-131 70-55-40-0
233-142-130 5-55-40-0	245-176-144 0-40-40-0	237-242-197 10-0-30-0	244-168-208 0-40-0-0	73-58-70 80-85-10-15
224-36-59 5-95-70-0	245-242-233 5-5-10-0	224-67-136 5-85-10-0	89-195-225 60-0-10-0	231-33-71 0-95-60-0
246-214-15 5-15-90-0	166-18-105 40-100-30-0	223-46-139 5-90-0-0	30-183-188 70-0-30-0	20-162-177 75-15-30-0
202-158-45 25-40-90-0	21-62-93 95-80-50-15	166-96-163 40-70-0-0	206-147-191 20-50-0-0	97-144-191 65-35-10-0
163-195-223 35-10-0-10	205-162-186 5-35-0-20	171-102-104 0-55-30-40	166-83-82 35-75-60-10	217-187-149 0-20-35-20
192-32-117 25-95-20-0	166-96-163 40-70-0-0	203-114-171 20-65-0-0	209-56-76 15-90-60-0	200-22-30 20-100-100-0
112-19-24 50-100-100-35	184-22-73 30-100-60-0	223-28-105 5-95-30-0	133-160-41 55-25-100-0	45-56-51 90-85-90-20

CHAPTER 3 | 配色の実践 | 12

花色のほっこり配色

そこにあるだけで、場が明るく感じられたり、やさしい気持ちになれる。
さりげなく飾られた野の花のような、そんな配色を紹介しましょう。

彩度の高い色があまりない**自然界**[*1]で、ひときわの存在感を放っているのが花々の色です。普段の生活の中でもちょっと花を飾るだけで空間が華やかに、明るく感じられるものです（図1）。そんな花のようなさりげない、優しさの感じられる配色を考えてみましょう。

花の色に特に決まりはありませんが、ピンクからオレンジに近いものまで、いずれかの赤系統の色を中心に組み立てると、華やかなイメージになります。より柔らかく仕上げるのであれば、明度の高いベビーピンクやサーモンピンク（図2）、あるいは彩度を下げてベージュに近いピンクをベースカラーにします。より華やかに見せたい場合は、彩度の高いローズ系のピンクを用います（図3）。自然の花の色の特徴は、微妙な色の変化です。有名な歌の歌詞ではありませんが、ひとつとして同じ色の花はなく、またひとつの花の中にも微妙なグラデーションが存在しています。また、花の色は葉や花芯の色が加わることで、その美しさを際立たせています。組み合わせる色はベースカラーの近似色や、**白**[*2]、明度の高い黄色～緑色、あるいは土をイメージさせるベージュから茶系の色もよいでしょう。

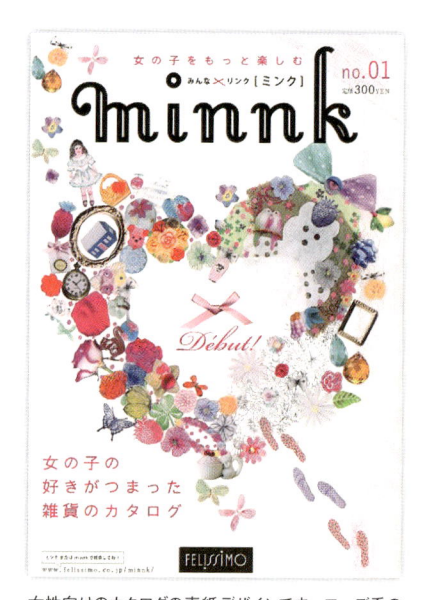

女性向けのカタログの表紙デザインです。ローズ系のピンクをキーに、実に多くの色相が配され、心浮き立つような華やかさが感じられます。

（図1）ここで解説するのは、華やかで目を惹くゴージャスな花束の色ではなく、野に咲く花のようなやさしい配色です。

（図2）明度の高いピンクをベースにした配色は、ベビーのためのグッズやデザインにも向いています。

（図3）花の色にはさまざまなものがありますが、青みのあるローズ系の色はより華やかなで人目を惹く効果があります。

＊1 自然界

木や土など、自然界にある色の多くは彩度の低い中に豊富なバリエーションを持っています。植物や動物の色は、これらの自然の色に同化するか、あるいはその中で映えるような色を持っているものです。

＊2 白

この配色では、白からやや黄みがかったベージュやカーキなどの色が合います。明度の低いグレーや黒は、少量なら構いませんが大きな面積で組み合わせるには向いていません。

色違いの表紙が美しいデザイン例。カラーバリエーションのあるものは、単体のときと揃ったときとの見え方を両方考えておく必要があります。

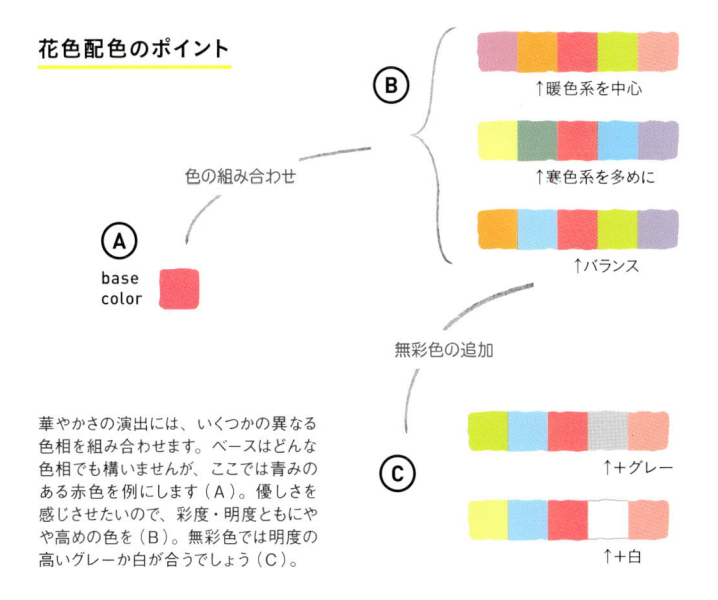

花色配色のポイント

A base color

色の組み合わせ

B
↑暖色系を中心
↑寒色系を多めに
↑バランス

無彩色の追加

C
↑＋グレー
↑＋白

華やかさの演出には、いくつかの異なる色相を組み合わせます。ベースはどんな色相でも構いませんが、ここでは青みのある赤色を例にします（A）。優しさを感じさせたいので、彩度・明度ともにやや高めの色を（B）。無彩色では明度の高いグレーか白が合うでしょう（C）。

柔らかいタッチですが、華やかな印象のあるイラストです。バラの赤を中心に、寒色がバランスよくちりばめられているのがわかります。

COLOR CHART

93-194-208 60-0-20-0	204-125-177 20-60-0-0	229-230-71 15-0-80-0	235-151-80 5-50-70-0	235-110-165 0-70-0-0
176-167-209 35-35-0-0	214-233-196 20-0-30-0	145-210-229 45-0-10-0	243-166-157 0-45-30-0	245-242-233 5-5-10-0
202-91-157 20-75-0-0	113-140-199 60-40-0-0	250-206-157 0-25-40-0	157-201-58 45-0-90-0	131-204-210 50-0-20-0
152-206-151 45-0-50-0	247-236-150 5-5-50-0	173-222-240 35-0-0-0	215-26-116 10-95-20-0	166-145-196 40-45-0-0
221-110-148 10-65-20-0	164-171-214 40-30-0-0	251-203-114 0-25-60-0	168-209-130 40-0-60-0	118-197-171 55-0-40-0
194-112-170 25-65-0-0	132-186-229 50-15-0-0	238-120-31 0-65-90-0	157-201-58 45-0-90-0	113-199-209 55-0-20-0
133-192-219 50-10-10-0	235-97-97 0-75-50-0	255-255-255 0-0-0-0	175-87-157 35-75-0-0	195-217-78 30-0-80-0
89-183-91 65-0-80-0	243-197-23 5-25-90-0	53-81-162 85-70-0-0	244-179-194 0-40-10-0	226-83-119 5-80-30-0
144-121-182 50-55-0-0	244-165-122 0-45-50-0	152-206-151 45-0-50-0	224-192-93 15-25-70-0	229-120-172 5-65-0-0
129-205-228 50-0-10-0	0-134-74 85-30-90-0	127-182-106 55-10-70-0	220-215-30 15-10-90-0	203-82-82 20-80-60-0
110-186-68 60-0-90-0	98-176-227 60-15-0-0	245-206-19 5-20-90-0	219-83-94 10-80-50-0	75-108-179 75-55-0-0
165-212-173 40-0-40-0	235-97-83 0-75-60-0	239-133-125 0-60-40-0	237-121-105 0-65-50-0	137-201-151 50-0-50-0
139-80-60 50-75-80-10	206-113-18 20-65-100-0	103-181-183 60-10-30-0	228-96-83 5-75-60-0	238-185-167 5-35-30-0
227-144-74 0-50-70-0	255-229-95 0-10-70-0	195-123-177 25-60-0-0	65-168-217 65-10-0-0	168-209-102 40-0-60-0
176-67-117 35-85-30-0	205-126-166 20-60-0-0	73-188-189 65-0-30-0	215-215-147 20-10-50-0	200-134-63 20-55-80-0

CHAPTER 3 | 配色の実践 | 13

メタリックな光を感じる配色

物質は光を吸収したり反射することで、その形や色をわたしたちに示してくれます。
ここでは強く光を反射する金属のような、硬質な色の組み合わせを紹介しましょう。

金属には金銀プラチナといった貴金属から、アルミやチタンなどの軽金属、鉄や鉛のような重金属など、さまざまな材質のものがあります。また金属は施される加工によって、あるいは経年変化などの要因によって光沢も一様ではありません。ここでは特定の材質ではなく、金属の放つメタリックなイメージを配色に置き換えてみたいと思います。金属は**反射**[*1]によって光沢を得ています。強く反射する金属の場合は、明暗差のコントラストも非常に強い状態になります(図1)。逆にあまり反射のない金属の場合は、明暗差の弱いグラデーションが広がります(図2)。いずれの場合も色相のイメージは無彩色が中心となり、色相を加えるとすればクールなイメージの寒色や、彩度・明度ともに低い茶系統の色がよいでしょう。全体的に低彩度の配色になりますので、アクセントとして小さな面積の高彩度色を加えると引き立ちます。

抑えられた色味の中のきらめきにも似たグラデーション表現が、有機的な曲線とタイポグラフィと一体となった力強いグラフィック作品の例です。

補色関係である紫と黄色のコントラストと、明暗のコントラストの強い色の取り合わせで、強い光を感じさせる配色の例です。

(図1)光沢の強い金属は明暗差のコントラストが非常に大きく、しかも狭い範囲で明暗を繰り返すという特徴があります。

(図2)経年変化や表面加工によって鈍い光沢を持つ金属もあります。光沢の強いものに比べて重厚感や信頼感などが感じられます。

(図3)金属質な光沢感を出すためには、彩度の低い寒色系の配色で明暗差のコントラストを強くつけるようにします。

＊1　反射

ふだんの生活で何気なく見ている「モノ」の色は、すべて光の反射によるものです。金属の場合はそのものの「色」ではなく、周囲の光を反射することで質感が感じられるのです。

＊2　モード感

スタンダードやトラディショナルなスタイルではなく、これからの新しいスタイルを提案するのが「モード」です。革新的な、あるいは流行の創造を重視したスタイルと言い換えてもいいかもしれません。

この配色は、硬質な印象でクールなイメージのデザインに向いていますが、同時に質の高さや緻密さといったものが感じられ、高級感や**モード感**＊2などを演出するのにも適しています（図3）。

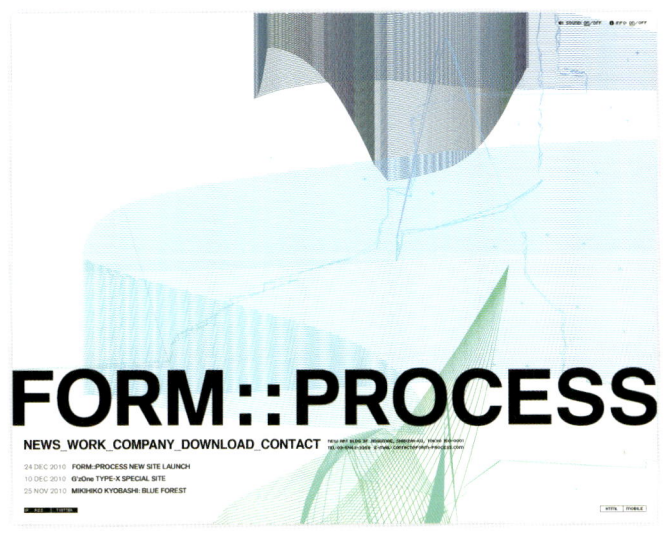

寒色系のメッシュ上のグラフィックが、空気をはらんで浮遊するような軽やかな印象とともに、無機質な美しさを作り出しています。

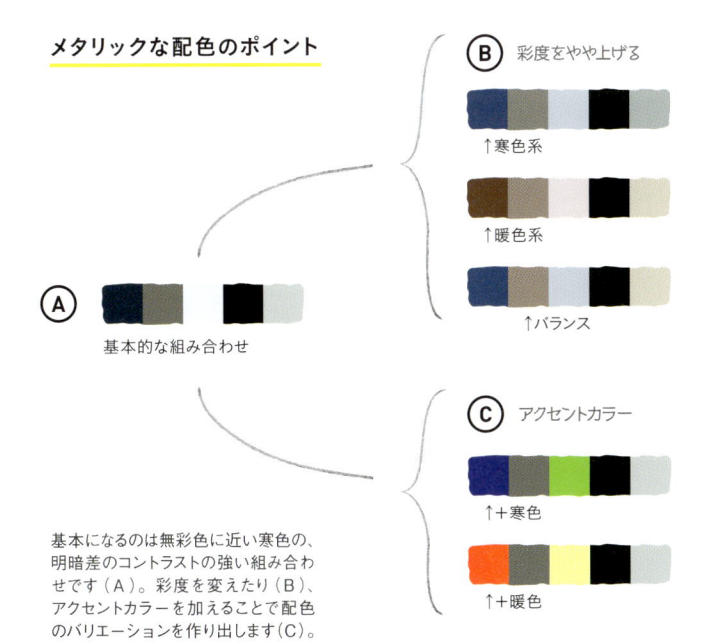

メタリックな配色のポイント

A　基本的な組み合わせ

B　彩度をやや上げる
　↑寒色系
　↑暖色系
　↑バランス

C　アクセントカラー
　↑＋寒色
　↑＋暖色

基本になるのは無彩色に近い寒色の、明暗差のコントラストの強い組み合わせです（A）。彩度を変えたり（B）、アクセントカラーを加えることで配色のバリエーションを作り出します（C）。

COLOR CHART

80-11-16 / 60-100-100-50	49-49-52 / 80-75-70-45	167-170-169 / 40-30-30-0	176-31-36 / 35-100-100-0	124-25-30 / 50-100-100-25
131-143-143 / 55-40-40-0	55-63-61 / 80-70-70-35	46-167-224 / 70-15-0-0	19-16-24 / 90-80-80-65	99-103-107 / 70-60-55-0
26-11-8 / 20-20-20-100	245-243-242 / 5-5-5-0	106-129-139 / 65-45-40-0	166-179-190 / 40-25-20-0	30-47-64 / 90-80-60-40
154-142-195 / 45-45-0-0	0-28-60 / 100-90-50-50	245-243-242 / 5-5-5-0	21-3-1 / 30-30-30-100	154-151-189 / 45-40-10-0
176-46-45 / 35-95-90-0	146-137-123 / 50-45-50-0	252-228-223 / 0-15-10-0	113-97-77 / 60-60-70-15	34-41-32 / 80-70-80-40
22-68-124 / 95-80-30-0	133-134-131 / 55-45-45-0	180-204-218 / 30-15-10-0	21-3-1 / 30-30-30-100	165-187-195 / 40-20-20-0
134-126-128 / 55-50-45-0	189-195-196 / 30-20-20-0	255-255-255 / 0-0-0-0	70-67-64 / 75-70-70-30	234-229-227 / 10-10-10-0
21-3-1 / 30-30-30-100	245-251-254 / 5-0-0-0	62-52-48 / 70-70-70-50	127-165-155 / 55-25-40-0	21-3-1 / 30-30-30-100
223-225-226 / 15-10-10-0	57-66-75 / 80-70-60-30	144-146-151 / 50-40-35-0	76-65-55 / 70-70-70-35	144-146-143 / 50-40-40-0
251-203-103 / 0-25-65-0	92-40-19 / 55-85-100-45	74-87-75 / 75-60-70-20	179-174-169 / 35-30-30-0	201-189-166 / 25-25-35-0
98-104-127 / 70-60-40-0	142-155-179 / 50-35-20-0	234-239-249 / 10-5-0-0	44-56-65 / 85-75-65-35	210-213-236 / 20-15-0-0
158-188-25 / 45-10-100-0	87-158-215 / 65-25-0-0	240-234-12 / 10-0-90-0	68-1-14 / 60-100-90-60	163-31-36 / 40-100-100-5
125-125-125 / 0-0-0-65	211-216-224 / 10-5-0-15	230-0-18 / 0-100-100-0	229-228-234 / 5-5-0-10	165-164-173 / 10-10-0-40
43-50-49 / 80-70-70-50	235-238-232 / 10-5-10-0	75-122-124 / 75-45-50-0	143-51-52 / 45-90-80-15	77-74-82 / 75-70-60-20
9-17-57 / 100-100-50-50	53-53-56 / 80-75-70-40	26-11-8 / 30-30-30-100	96-100-97 / 70-60-60-5	0-38-56 / 100-80-60-50

75

CHAPTER 3 | 配色の実践 | 14

フルーツのような元気が出る配色

みずみずしいフルーツのカラーは、見る人にパワーを与えてくれます。
健康的で生命力のあふれた元気な配色を見てみましょう。

フルーツに含まれる水分や、糖、酵素などは、人間の体に欠かせない栄養でとても大切なものです。このイメージから、フルーツをイメージさせる配色は**健康的**[*1]でみずみずしい印象をもたらします（図1）。

そんなフルーツのカラーの中でも、もっとも元気なイメージがあるのが「オレンジ色」です。オレンジ色は太陽をイメージさせる色でもあり、華やかで大胆、快活といったエネルギッシュな印象を与えてくれます（図2）。また暖色の中でも、オレンジは特に陽気で親しみやすい色として、特に「食」に関連したインテリアや食器、ショップのコーディネートによく使われます。

同じフルーツカラーでも、ベリー系の赤や紫にはやや落ち着いた大人の印象があります（図3）。

食べ物でも少し大人向けのお菓子や、化粧品、ファッションで根強い人気があります。
女性向けと思われがちなフルーツ色の配色ですが、現代の健康志向とも相まって幅広いジャンルで活用されるようになりました。特に大きな面積を使う**環境系のデザイン**[*2]で、場を明るくするフルーツカラーは人気です。

（図1）みずみずしいフルーツの色は、見た人を元気にしてくれるパワーが感じられます。健康的で活動的、かつ親しみやすい色と言えます。

鮮やかでカラフルなドットで作られた、ロゴやイメージの展開例です。健康的で躍動的な生活をイメージさせる配色のデザインです。

＊1 健康的

フルーツの持つ栄養からビタミンカラーという名前もあるくらい、フルーツの効能と色のイメージとは強くリンクしています。ビタミン以外にも食物繊維によるデトックス効果や、美肌などのイメージ作りに効果的です。

＊2 環境系のデザイン

フルーツカラーの与える元気ではつらつとした印象は、大きな面積でよりその効果が高まります。インテリアや外装に用いることで、周囲にいる人の意欲向上やメンタルヘルス改善に役立つと言われています。

（図2）オレンジ色には生命力や活気、エネルギーといったイメージがあります。

（図3）同じフルーツでも、ベリー系の取り合わせは少し大人の印象。健康的なイメージと、やや艶かしいイメージとが混在しています。

フルーツカラー配色のポイント

A base color

色の組み合わせ

B ↑＋柑橘系の色

C ↑＋ベリー系の色

D ↑＋寒色

↑＋無彩色

E ↑＋暖色

この配色のキーになるのはオレンジ色です（A）。さわやかに仕上げたい場合は、ライムやレモンなどの柑橘系のフルーツの色を加えます（B）。ベリー系の色味をプラスすればやや落ち着いた雰囲気に（C）、寒色や無彩色ではシャープなイメージに（D）、暖色系を組み合わせれば甘い印象に仕上ります（E）。

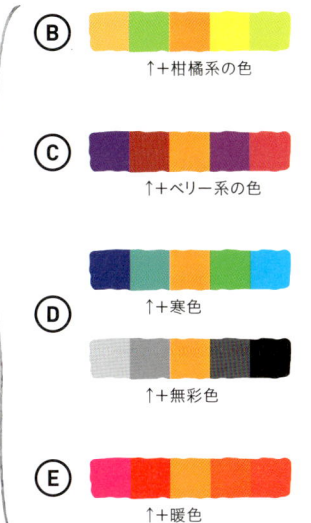

オフィスの内装デザインの例です。いるだけでその場が楽しくなるような、元気なフルーツをイメージさせるカラーで彩られています。

COLOR CHART

CHAPTER 3 | 配色の実践 | 15

パールのような光沢の配色

キラキラとまばゆい光ではなく、パールのようなしっとりとした光沢。
控えめで奥深い、大人の華やかさを表す配色を考えてみます。

配色で「華やか」な印象を出すためには、多くの異なる色相の色を組み合わせる方法が一般的です。しかし色相を多く取り入れた配色は、ともすれば野暮ったく[*1]見えてしまうことも（図1）。ここでは少ない色数でも華やかさが感じられる組み合わせや、彩度をコントロールすることで大人っぽい雰囲気が感じられる配色を考えてみましょう。少ない色数で華やかさを演出するには、ベース色に赤みのある色を選びます。落ち着いた雰囲気にしたい場合には、彩度の低い赤や茶、もし

（図1）彩度の高い色相を多く取り入れた配色は華やかで魅力的ですが、上品さや大人の雰囲気にはなりません。

（図2）見本にしたいのは、金属や宝石とは異なるパールの穏やかな光沢感です。色味や色数が少なくても充分な華やかさが感じられます。

使われている色数は多いのですが、彩度を抑え微妙な明暗の差をしっかりと感じさせることで、美しくまとまりのあるグラフィックになっています。

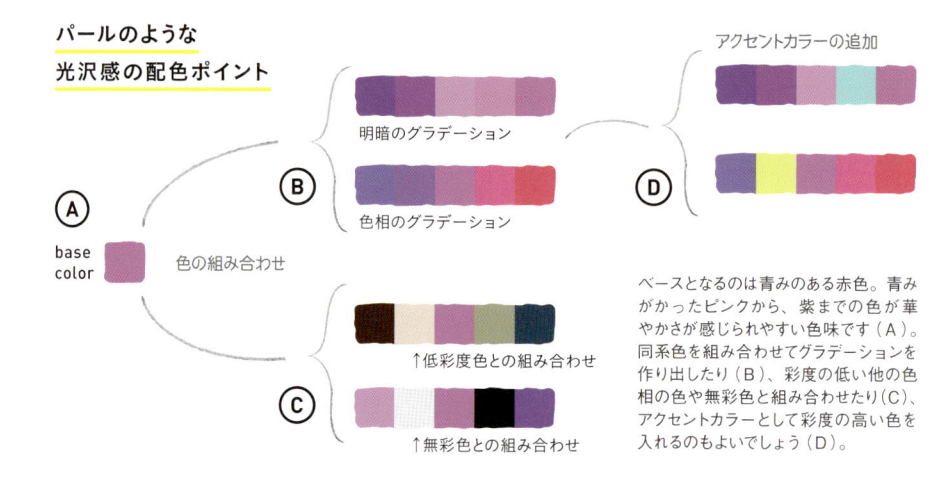

パールのような光沢感の配色ポイント

A base color

B 明暗のグラデーション
色相のグラデーション

C ↑低彩度色との組み合わせ
↑無彩色との組み合わせ

D アクセントカラーの追加

ベースとなるのは青みのある赤色。青みがかったピンクから、紫までの色が華やかさが感じられやすい色味です（A）。同系色を組み合わせてグラデーションを作り出したり（B）、彩度の低い他の色相の色や無彩色と組み合わせたり（C）、アクセントカラーとして彩度の高い色を入れるのもよいでしょう（D）。

＊1 野暮ったく

「ベタな」と言い換えてもいいかもしれません。色を使い過ぎてしまうと野暮ったく感じられてしまうもの。あえてその路線を狙うのはアリですが、通常は色数をなるべく絞る方向で調整するようにしたいものです。

＊2 柔らかな光沢感

光沢とは「光の反射」です。宝石や金属のようにコントラストが強く反射する素材もありますが、ここで目指すのは明暗の境目がなく段階的（グラデーション状）に移り変わる、そんな光沢感です。

くは青みの入った紫が適しているでしょう。色相を多めに取り入れる場合には、彩度を下げて落ち着かせます。いずれも無彩色との相性もよく、パール調（図2）のつややかな光沢感の表現に向いています。

光沢感を出すために、実際にデザインに金銀などのメタリックな素材を取り入れるのも効果的でしょう。また、**柔らかな光沢感**＊2のあるグラデーションを配色に取り入れることで、シャイニーな印象に仕上げることも可能です（図3）。

（図3）光沢感は光と影の関係によって生み出されます。明暗の差をグラデーション状にコントロールすることで、「光」が感じられます。

青みを加えることで大人のピンクを作り出し、また寒色をアクセントに取り入れて、甘くなりすぎない配色にまとまっています。

やや透明感のある紫とマットな光沢の金や銀との組み合わせで、高級感とエレガントさ、つややかなイメージを感じるボトルデザインです。

COLOR CHART

CHAPTER 3 | 配色の実践 | 16

ノスタルジックな絵本の世界

子どもの頃によく見た絵本のような、やさしくあたたかい色。
懐かしさと安らぎが感じられる、そんな配色を見てみましょう。

子どものための絵本ですが、ただかわいいものばかりではなく、**シュールなストーリー**[*1]だったり、おどろおどろしい絵が入っていたり…かえってそんな方が心を惹き付けられるものだったりします。どこか不思議で懐かしい（図1）…そんな印象の絵本をイメージさせる配色を考えてみましょう。
絵本の配色の特徴は、さまざまな色相の色を取り入れてカラフルに仕上げられていること。こどもの未発達な視覚神経でも、はっきりと認知できるものが多いようです。また数少ない絵の中でより多くの情感を持たせられるよう、掠れや水彩のにじみなど、テクスチャにこだわりがあります（図2）。最近流行のマスキングテープを重ね合わせたような透明感（図3）にも、どこか懐かしい印象が感じられます。

絵本でよく使われている色は黄みがかった青、不透明な濃いグリーン、彩度の高いピンク、赤みの強い黄色など。これらの色をベースにし、色相環からバランスよく色を組み合わせるとよいでしょう。また無彩色はあまり使わず、暖色系の色は明度・彩度を高めに、寒色系の色は明度・彩度を低めにして**ナチュラルな**[*2]イメージで組み合わせます。

（図1）どこか懐かしく不思議な印象。リアルな世界の色とは違う記憶やイメージを再現させた色。そんな配色を考えてみましょう。

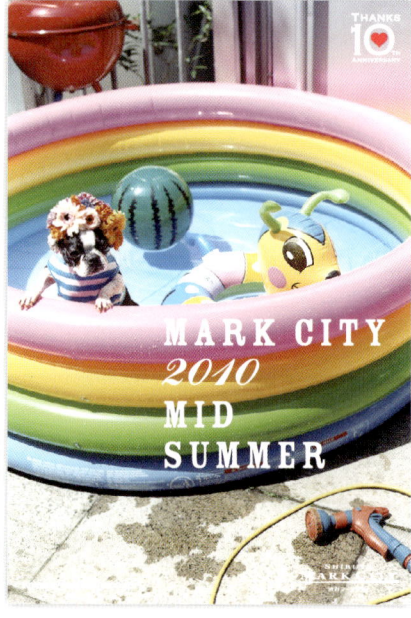

カラフルですが、原色ではなく明度を上げた彩度のやや低めの組み合わせにすることで、ノスタルジックな雰囲気に仕上げたポスターです。

白地の面積を大きく取ることで、華やかでもさわやかな抜け感と優しさを感じるWebデザインの例です。

*1　シュールなストーリー

起承転結や設定などまるでない代わりに情感や情景が豊かで、予測不能な驚きの展開や、淡々とした繰り返しなどが続く絵本の世界。内容がシュールなほど子どもは惹き付けられるものなのかもしれません。

*2　ナチュラルな

黄色系統の色が明度・彩度ともに高く、青色系統の色が明度・彩度ともに低いのが自然界にある配色です。この関係が逆になると、怪しく不思議な印象に変わります。

印象的なグリーンとテクスチャ感が手作りのイメージを感じさせるビジュアルです。

（図2）掠れやにじみ、絵の具の筆あと、紙のざらつきといったテクスチャが、この配色のイメージをより強調してくれます。

（図3）マスキングテープやセロファンなどが作り出す透明感も、優しさや柔らかさ、あたたかさを感じさせてくれる要素のひとつです。

絵本イメージの配色のポイント

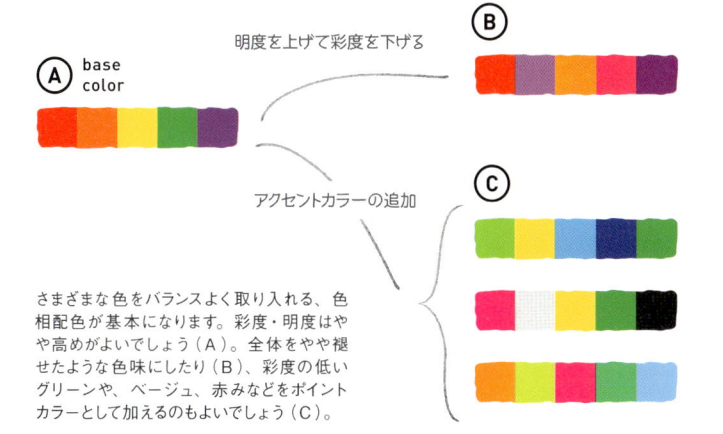

Ⓐ base color

Ⓑ 明度を上げて彩度を下げる

Ⓒ アクセントカラーの追加

さまざまな色をバランスよく取り入れる、色相配色が基本になります。彩度・明度はやや高めがよいでしょう（A）。全体をやや褪せたような色味にしたり（B）、彩度の低いグリーンや、ベージュ、赤などをポイントカラーとして加えるのもよいでしょう（C）。

COLOR CHART

139-183-162 50-15-40-0	238-172-106 5-40-60-0	93-33-19 55-90-100-45	163-45-36 40-95-100-5	245-243-242 5-5-5-0
137-26-39 45-100-90-20	219-95-118 10-75-35-0	108-33-109 70-100-30-0	33-111-114 85-50-55-0	231-119-34 5-65-90-0
79-177-199 65-10-20-0	255-255-255 0-0-0-0	240-180-75 5-35-75-0	226-71-42 5-85-85-0	66-136-131 75-35-50-0
39-67-64 85-65-70-35	34-113-56 85-45-100-5	248-192-133 5-30-50-0	228-96-52 5-75-80-0	138-26-31 45-100-100-20
46-182-170 70-0-40-0	35-41-24 80-70-90-60	231-176-33 10-35-90-0	225-57-34 5-90-90-0	245-243-242 5-5-5-0
112-19-24 50-100-100-35	56-161-219 70-20-0-0	108-133-65 65-40-90-0	145-159-98 50-30-70-0	229-108-102 5-70-50-0
117-124-107 60-50-0-0	226-95-153 5-75-5-0	170-195-81 40-10-80-0	247-248-218 5-0-20-0	116-40-72 60-95-60-15
223-0-80 5-100-50-0	225-68-126 5-85-20-0	155-114-176 45-60-0-0	151-207-172 45-0-40-0	238-230-126 10-5-60-0
239-236-100 10-0-70-0	99-18-22 55-100-100-40	163-45-36 40-95-100-5	0-82-126 95-70-35-0	0-185-239 70-0-0-0
157-55-108 45-90-35-0	120-186-183 55-10-30-0	213-178-16 20-30-95-0	190-158-127 30-40-50-0	129-28-33 50-100-100-20
224-53-99 5-90-40-0	180-202-146 35-10-50-0	157-67-106 45-85-40-0	84-134-172 70-40-20-0	214-207-144 20-15-50-0
202-91-157 20-75-0-0	202-228-195 25-0-30-0	113-199-209 55-0-20-0	0-157-218 75-20-0-0	77-67-152 80-80-0-0
200-22-30 20-100-100-0	176-157-203 35-40-0-0	104-169-207 60-20-10-0	231-176-33 10-35-90-0	231-118-0 5-65-100-0
58-167-194 70-15-20-0	225-81-151 5-80-0-0	240-132-74 0-60-70-0	239-228-68 10-5-80-0	255-255-255 0-0-0-0
187-161-203 30-40-0-0	89-119-166 70-50-0-0	213-128-178 15-60-0-0	221-107-87 10-70-60-0	244-164-102 0-45-60-0

CHAPTER 3 | 配色の実践 | 17

ポップで軽やかな配色

はっきりとしたコントラストを持ちながら、気取らず軽やかな印象のポップな配色。
この配色では「白」の使い方が重要なポイントになります。

ポップの語源は「ポピュラー（populer）」で、それまでよしとされていた重厚な ハイカルチャー[*1] のファッションやインテリアや音楽を、もっと大衆的で親しみやすいものへと変えた1960年代のアートの流れです（図1）。

当時は彩度の高い色をコントラスト高く組み合わせ、ややどぎつい印象のものが主流でしたが時代に合わせて少しずつイメージを変え、現代ではシンプルで色数も少なく、より軽やかなイメージに仕上げることが多いようです。

色は明度が高いと軽く感じられ、逆に明度が低い色は重く感じられるものです。現代的なポップなイメージを作り出すには、白の面積を多くしてその他の色とのコントラストをはっきりとさせます（図2）。色数は少ない方がより現代的ですが、その分その色の「形状」には工夫が欲しいところ。シンプルでも洗練された直線や曲線で塗り分けられていたり、ドットやストライプのようなパターンに 白を組み合わせ[*2] るのも、このイメージには合った手法でしょう（図3）。またデザインがシンプルな分、蛍光インキや補色同士の組み合わせ、パールの入った塗料、ホログラム加工など、素材感にこだわって質感を高める方法も有効です。

（図1）初期のポップアートではコミックの拡大模写や、スープ缶、洗剤などの大量生産品をモチーフにした作品がよく知られています。

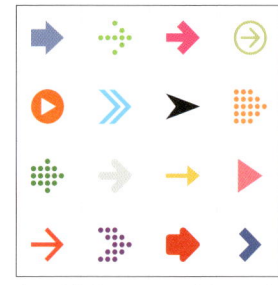

（図2）矢印のアイコンデザインの例です。明るい彩度の高い色と、はっきりした形状。そして白地を多く取ることで軽やかなイメージに仕上がっています。

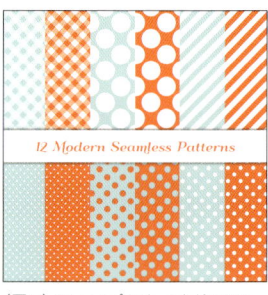

（図3）ストライプやドットなどのパターンに白を取り入れることで、色の間に空間が生まれ軽やかな印象に変化します。

シリーズ製品のボトルデザインの例です。シンプルで力強いデザインのマークを使い、白を基調としたソリッドでクールな印象になっています。

*1　ハイカルチャー

クラシック音楽や古典絵画、高等教育など、いわゆる上流階級の人にしか享受できなかったタイプの芸術・文化・学問をハイカルチャーと呼びます。ポップカルチャー（大衆文化）や、サブカルチャーと対比される定義です。

*2　白を組み合わせる

色を組み合わせてパターンを作ることで「混色効果」が生まれます。例えば赤と白のストライプの場合、見た人にそれらを混ぜ合わせたピンクのイメージを与えることができます。

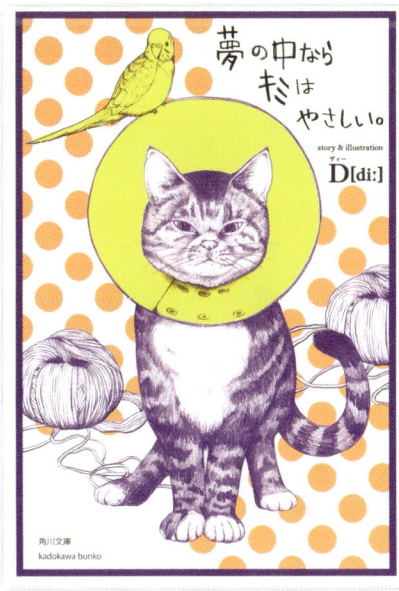

ポップ感あふれるBookデザインの例です。鮮やかな色彩をダイナミックに配していますが、色数は絞られておりすっきりと見えます。

紫と黄の補色関係の色彩が白地にテンポよく使われ、新しさと魅力的な親しみやすさとが感じられます。

軽やかなポップイメージの配色のポイント

A　base color

B　同系色の組み合わせ

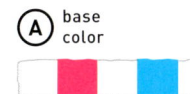

色の組み合わせ

C　補色関係の組み合わせ

基本になるのは白と、彩度の高い色2〜3色の組み合わせパターンです（A）。使う色は彩度の高い純色に近い色。同系色を組み合わせると、よりシャープなイメージに（B）。補色関係、または補色に近い色の組み合わせでは、華やかな印象に変わります（C）。

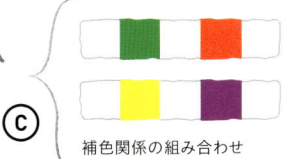

COLOR CHART

CHAPTER 3 | 配色の実践 | 18

羊毛フェルトのやわらか配色

あたたかさと堅牢さに加え、やわらかな風合いが魅力のフェルト。
ここではそんなフェルトの手触りのようなイメージの配色を考えてみましょう。

やわらかい手触り、あたたかいぬくもり。特に**寒い季節**[★1]には、自然にそんなイメージを求めてしまうものです（図1）。羊毛に着色を施し、石鹸水や熱で圧縮して作り出されるフェルト製品は、実際に衣服やインテリアにしたときに保温性が高いという実用的な面だけではなく、人の心をふんわり包み込むような素朴さとやわらかさでも人気があります（図2）。

フェルトには染料によって、彩度の高い激しい印象の色のものから、羊毛の天然の色を活かしたものまでさまざまな色合いがあります。特徴的なのは色と色との境界にできるにじみのような**毛足のボケ**[★2]と、毛が絡み合うことで生まれる微妙な濃淡の変化でしょう（図3）。漂白していない原毛をイメージさせる生成り〜ベージュ系の色をベースにすることで、よりナチュラルで素朴なイメー

（図1）羊の種類にもよりますが、一般的な羊の原毛は完全な白ではなくアイボリーから茶系統の色をしています。

ピンク、水色、黄色などのキャンディカラーを全体のやさしいグラデーションが包み込むような柔らかい配色デザインです。

羊毛フェルトのイメージの配色

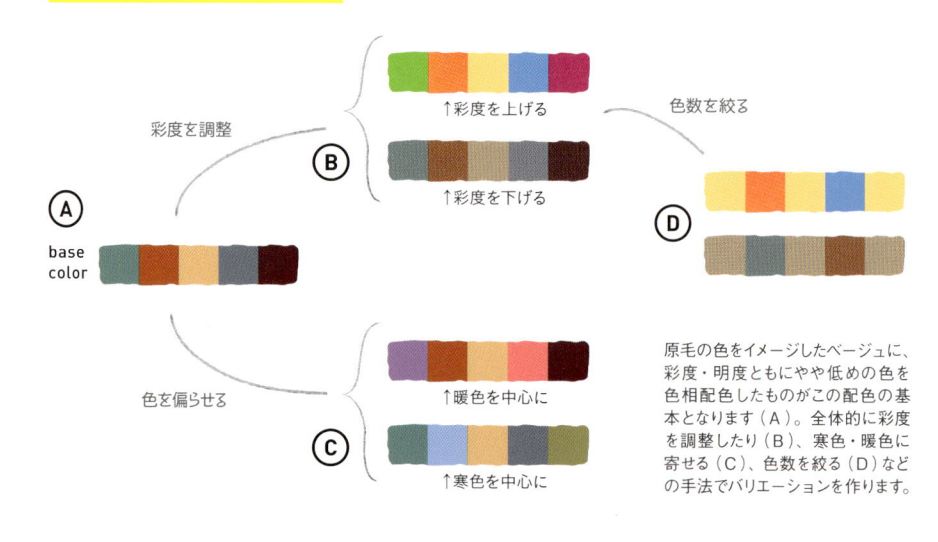

A base color

B 彩度を調整　↑彩度を上げる　↑彩度を下げる

色数を絞る　D

C 色を偏らせる　↑暖色を中心に　↑寒色を中心に

原毛の色をイメージしたベージュに、彩度・明度ともにやや低めの色を色相配色したものがこの配色の基本となります（A）。全体的に彩度を調整したり（B）、寒色・暖色に寄せる（C）、色数を絞る（D）などの手法でバリエーションを作ります。

＊1　寒い季節

季節感とデザインは切り離して考えることが難しいものですが、逆に季節に引っ張られ過ぎてもアイディアの幅を狭めてしまうことになります。暑い季節に暑さをより強調する配色や、季節感を排除した配色というものもあります。

＊2　毛足のボケ

フェルトは細かい毛が絡み合って作られるため、色と色との境界はグラデーション状になり、また1つの色の中でもその毛の絡まり具合で微妙な濃淡が生まれます。これらの現象がふんわりとした、柔らかい印象につながっています。

COLOR CHART

ジになります。

またフェルトは染料の発色がよいのも特徴のひとつです。組み合わせる色は彩度が高い色を、さまざまな色相からバランスよく取り入れると明るい印象に仕上がります。逆に色数を絞ったり彩度を下げる、あるいは寒色系でまとめるとシックで品のよいぬくもり感が表現できます。

（図2）フェルトのやわらかな風合いを活かしたクラフトは、そのナチュラル感とやさしさでとても人気があります。

（図3）フェルトの質感は、微妙な濃淡の変化と色の境界にあるにじみのようなボケ足が作り出しています。

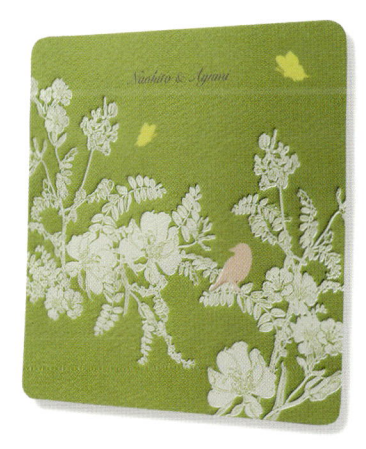

フロッキーと呼ばれるふんわりとした素材感のある印刷手法を用いた例です。色数は少ないですが、明るく楽しげな印象があります。

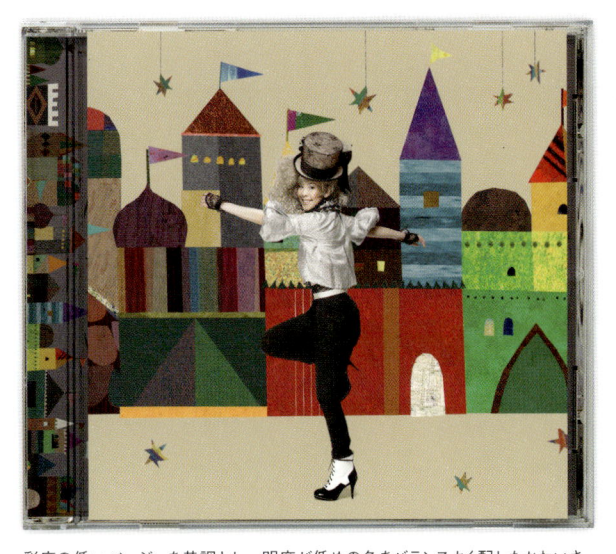

彩度の低いベージュを基調とし、明度が低めの色をバランスよく配したかわいさの中にもシックな印象のCDジャケットに仕上がっています。

CHAPTER 3 | 配色の実践 | 19

エコロジーを感じさせる配色

人間の生活と自然との調和を表す言葉として定着した感のあるエコロジー。
基本になるのは土、植物、木といった自然の色です。

本来は「生態学」を表す「エコロジー（Ecology）」という言葉が、人間生活と自然との調和、あるいは自然環境を保護するための義務といった意味合いのキーワードとして使われ始めたのが1970年代頃。それが今では、社会生活の中の当たり前のこととして受け入れられるようになってきています。

エコロジーが声高に叫ばれていた時代には、あらゆる場所でイメージカラーである彩度の高いグリーン★1が多用されていましたが（図1）、今のエコロジーは楽しみながらできる持続性★2の高いイメージに変化しているようです（図2）。色で言えば、グリーンに白や生成りなどの明度の高い色を組み合わせて軽快感を出したり、色使いを控えることで木目や紙の質感を強調したり、明度の高いグリーンでさわやかな軽さを感じさせるといった傾向があります。

地球をイメージさせる水や空気の青、木の幹、土の色などもエコロジーを感じさせる色です。また、テクノロジーがエコロジーにつながるという考え方も浸透してきたため、無彩色とグリーンや青を組み合わせてシャープに仕上げるのもよい方法でしょう（図3）。いずれの場合も色数はあまり多くない方がこのイメージにはマッチします。

（図1）少し前までによく見られたエコロジーのイメージです。「今」の時代には色や表現が少し押し付けがましい印象に感じられます。

ラクロスのスティック組み合わせて文字にしたビジュアルです。飾らないナチュラルなグリーンのやさしさが印象的です。

折られた紙の合間から覗き見えるほんのりとしたやさしいカラーが、控えめな美しさとナチュラルな印象を感じさせる例です。

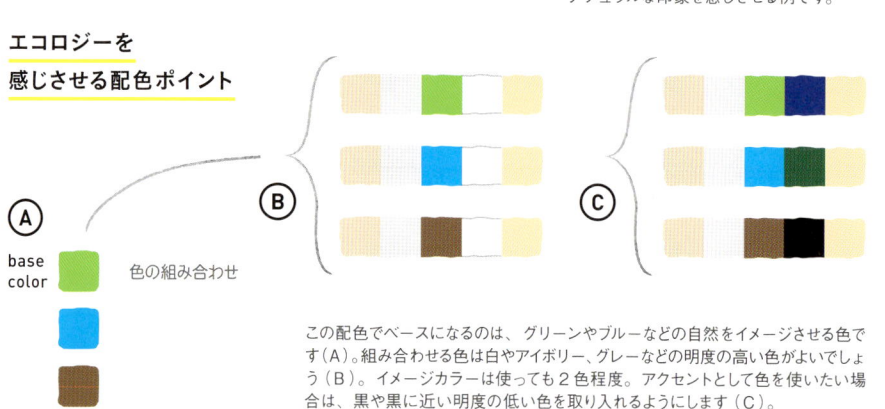

エコロジーを感じさせる配色ポイント

A base color
色の組み合わせ

B

C

この配色でベースになるのは、グリーンやブルーなどの自然をイメージさせる色です（A）。組み合わせる色は白やアイボリー、グレーなどの明度の高い色がよいでしょう（B）。イメージカラーは使っても2色程度。アクセントとして色を使いたい場合は、黒や黒に近い明度の低い色を取り入れるようにします（C）。

＊1　彩度の高いグリーン

声高にエコロジーを叫ぶときには、彩度の高いグリーンを用いることが多かったようですが、実際の自然界にあるグリーンはあまり彩度の高い色ではありません。

＊2　持続性

1992年の第1回地球環境サミットにおいて、「持続可能な発展」という考え方が初めて発表され、環境保全と社会利益、経済的なメリットのいずれもがバランスを取りながら発展して行くことが望ましいという考え方が今の主流になっています。

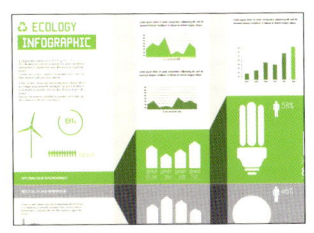

（図2）今は同じようにグリーンを使っていても、白や生成などの明度の高い色を多く組み合わせて、軽やかな印象にする傾向にあります。

（図3）テクノロジーとエコロジーも、かつては相反するもののようにイメージされていましたが、今はこの両者の融合が共通の認識になってきています。

無加工の白木のような、柔らかく自然で優しいイメージのアイボリーが基調となった心いやされる美しい広告デザインの例です。

高原野菜の生産者のためのさまざまなツールのデザインです。シンプルなデザイン要素ですが、野菜やそれに込めた生産者の思いが伝わります。

COLOR CHART

| 64-99-152 | 83-134-185 | 174-208-230 | 39-86-45 | 92-137-52 |
| 80-60-20-0 | 70-40-10-0 | 35-10-0-0 | 85-55-100-25 | 70-35-100-0 |

| 32-105-52 | 12-67-36 | 25-122-59 | 111-186-44 | 142-196-62 |
| 85-45-100-15 | 90-60-100-40 | 85-40-100-0 | 60-0-100-0 | 50-0-90-0 |

| 255-251-199 | 92-110-47 | 158-182-58 | 178-90-61 | 114-69-53 |
| 0-0-30-0 | 70-50-100-10 | 45-15-90-0 | 35-75-80-0 | 55-75-80-25 |

| 93-194-200 | 0-133-60 | 143-191-62 | 181-208-127 | 226-229-172 |
| 60-0-20-0 | 85-30-100-0 | 50-5-90-0 | 35-5-60-0 | 15-5-40-0 |

| 144-184-61 | 168-209-130 | 192-214-149 | 85-46-21 | 245-243-242 |
| 50-10-90-0 | 40-0-60-0 | 30-5-50-0 | 60-80-100-45 | 5-5-5-0 |

| 89-143-53 | 183-175-12 | 217-229-120 | 215-215-147 | 82-165-220 |
| 70-30-100-0 | 35-25-100-0 | 20-0-60-0 | 20-10-50-0 | 65-20-0-0 |

| 7-84-46 | 8-63-33 | 10-40-19 | 245-243-242 | 26-11-8 |
| 90-55-100-25 | 90-60-100-45 | 90-70-100-60 | 5-5-5-0 | 20-20-20-100 |

| 56-116-79 | 100-160-86 | 227-222-123 | 160-198-146 | 224-213-165 |
| 80-45-80-5 | 65-20-80-0 | 10-10-60-0 | 40-10-50-0 | 15-5-40-0 |

| 33-109-54 | 37-133-131 | 61-27-18 | 164-86-35 | 235-227-189 |
| 85-45-100-10 | 80-35-50-0 | 65-85-90-60 | 40-75-100-5 | 10-10-30-0 |

| 56-87-43 | 51-59-58 | 248-235-125 | 247-248-218 | 192-155-48 |
| 80-55-100-25 | 80-70-70-40 | 5-5-60-0 | 5-0-20-0 | 30-40-90-0 |

| 235-238-232 | 213-218-184 | 190-177-170 | 213-218-188 | 192-155-48 |
| 10-5-10-0 | 20-15-30-0 | 30-30-30-0 | 20-15-30-0 | 30-40-90-0 |

| 61-98-173 | 201-215-206 | 157-183-81 | 121-137-95 | 226-238-197 |
| 80-60-0-0 | 25-10-20-0 | 45-15-80-0 | 60-40-70-0 | 15-0-30-0 |

| 31-64-31 | 90-116-48 | 130-179-40 | 169-209-107 | 254-235-190 |
| 85-60-100-45 | 70-45-100-10 | 55-10-100-0 | 40-10-70-0 | 0-10-30-0 |

| 233-196-92 | 171-180-78 | 245-219-144 | 26-11-8 | 219-155-38 |
| 10-25-70-0 | 40-20-80-0 | 5-15-50-0 | 20-20-20-100 | 15-45-90-0 |

| 98-55-0 | 160-181-87 | 0-138-199 | 201-202-202 | 239-239-239 |
| 0-50-90-75 | 40-10-70-25 | 80-25-0-10 | 0-0-0-25 | 0-0-0-10 |

CHAPTER 3 | 配色の実践 | 20

工作機械を思わせるアナログ感

現代の電気工学的な仕組みではなく、歯車やベルトで動く仕組みの機械。
鉄とオイルと重厚感を持つこの機械のイメージを配色で表すとどうなるでしょうか。

クリーンルームで生み出され、ひとつのノイズさえも許されない電子機器の磨きかけられた美しさ、というもの魅力的なものですが、一方で昔ながらの機械式の製品にもなぜか惹きつけられてしまうものです（図1）。重々しい振動や騒音、油や立ち上る蒸気、金属がこすれる匂い、あるいはデジタルの時代になって失われつつあるアナログの映像フィルムや計器など（図2）。デジタル製品にはない豊かな情感や作り手のこだわりが残っているように感じられます。ここではそんなアナログ感のある配色デザインを考えてみます。

機械をイメージさせるのは無彩色、もしくは無彩色に近い明度の低い色です。暗いトーンの組み合わせは重厚感があり、不均等なグラデーションや、錆などのテクスチャ感がよく合います（図3）。映像などのメディアには、ノイズやにじみ、ゆがみ、ヨゴレ、カスレなどの**エラー**[★1]の表現が、アナログ感を強調します。実際に**活字や銀塩写真**[★2]、版画、エンボスなどのアナログな手法を取り入れるのもよいでしょう。アクセントカラーとしては、純色に近い彩度の高い色を組み合わせたり、色あせしたような印象の赤みの少ない色を取り入れます。

アナログ感のあるモノクロの画像と、コントラストの効いた黄色×黒の組み合わせが目を引くグラフィック作品です。

（図1）歯車やねじなどの部品、あるいはさびや摩耗、音や油の匂いなど。機械には電子機器にはない魅力が感じられます。

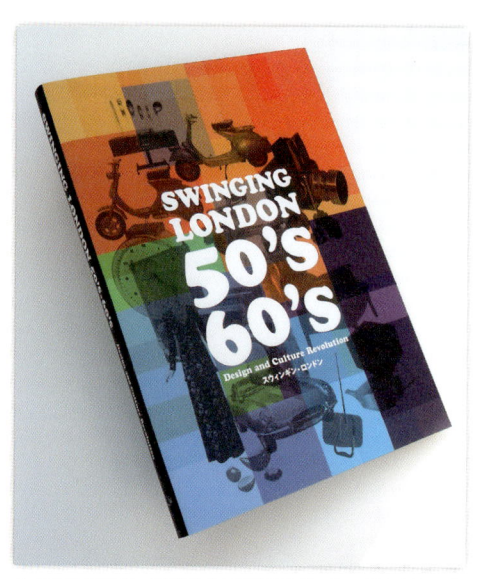

モノクロの画像に、透明感のある彩度の高い色の組み合わせが、レトロな時代感を表現するデザインの例です。

グレーの濃淡だけで表現されたグラフィック、金属の重厚感や作り出される印刷物の味わいなどを感じとることができます。

*1 エラー

コンピュータのエラーは処理がストップしてしまい、どうにもなりませんが、アナログ作業におけるエラーは、「表現」として成り立つことも、さらにはそれが珍重されることもあります。

*2 活字や銀塩写真

今ではあまり見ることができませんが、鋳造の活字を紙に押し当てて印刷することで生まれる微妙な凹凸や、フィルムから紙に画像を焼き付ける際の光の加減による変化などは、とても味わい深いものです。

（図2）計器類も今ではほとんどがデジタルになりましたが、アナログならではの正確さもあったように思えます。

（図3）写真のフィルムには、現像してみないとわからないヨゴレやカスレ、色合い、にじみなどの現象があります。

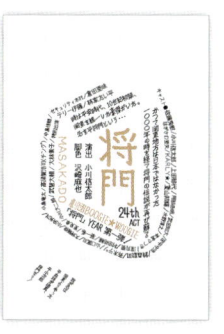

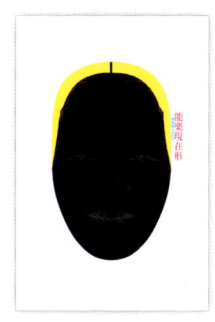

現代的でありながら、文字の選び方や配置、絞り込まれた色の使い方がアナログのぬくもり感を伝えてくれます。

アナログ感のある配色のポイント

A base color

色の組み合わせ

B ↑明度の高い色の組み合わせ

C ↑彩度の高い色との組み合わせ

D ↑明度の高い色の組み合わせ

E ↑インキ色との組み合わせ

黒または黒に近い明度の低い茶やブルーグレーが、この配色のベースカラーになります（A）。組み合わせるのは純白ではないアイボリーがかった白や、ベージュ、グレーなど（B）。彩度の高い色（C）や、色あせしたような明度の高めの色（D）、印刷のずれを思わせるインキ色（E）も相性がよい組み合わせです。

COLOR CHART

10-44-81 100-90-50-25	196-102-44 25-70-90-0	236-224-147 10-10-50-0	10-46-64 95-80-60-40	69-189-207 65-0-20-0
79-100-174 75-60-0-0	172-56-34 35-90-100-5	132-135-139 55-45-40-0	23-114-107 85-45-60-5	42-90-48 85-55-100-20
155-160-160 45-30-35-0	53-37-21 70-75-90-60	62-60-48 75-70-80-40	109-86-60 60-65-80-20	45-37-30 75-75-80-60
110-78-69 60-70-70-20	209-143-42 20-50-90-0	47-41-23 80-80-100-50	53-78-69 80-60-70-30	144-160-134 50-30-50-0
201-57-65 20-90-70-0	58-115-55 80-45-100-5	236-212-67 10-15-80-0	52-114-161 80-50-20-0	109-86-60 60-65-80-20
245-243-242 5-5-5-0	18-134-176 80-35-20-0	20-148-74 80-20-90-0	58-42-34 70-75-80-55	163-57-36 40-90-100-5
159-160-160 0-0-0-50	26-11-8 20-20-20-100	220-221-221 0-0-0-20	230-0-18 0-100-100-0	89-87-87 0-0-0-80
26-11-8 20-20-20-100	255-255-255 0-0-0-0	231-176-23 10-35-90-0	245-217-95 5-15-70-0	223-225-226 15-10-10-0
26-11-8 20-20-20-100	111-186-44 60-0-100-0	157-141-139 45-45-40-0	235-97-32 0-75-90-0	124-108-113 60-60-50-0
15-53-104 100-90-40-5	38-46-45 80-70-70-55	255-255-255 0-0-0-0	210-152-42 20-45-90-0	106-27-20 50-95-100-40
158-147-92 45-40-70-0	163-31-36 40-100-100-5	64-73-82 80-70-60-20	50-44-59 80-80-60-45	26-11-8 20-20-20-100
58-51-67 80-80-60-35	211-194-193 20-25-20-0	106-113-180 65-55-0-0	138-49-31 45-90-100-20	86-33-28 60-90-90-45
109-121-135 65-50-40-0	139-170-189 50-25-20-0	176-199-217 35-15-10-0	47-55-54 80-70-70-45	26-11-8 20-20-20-100
31-44-92 100-100-50-0	28-40-87 100-100-50-10	23-46-89 100-95-50-10	26-87-108 90-65-50-5	0-106-104 90-50-60-5
40-164-109 75-10-70-0	234-85-32 0-80-90-0	231-50-120 0-90-20-0	189-119-26 30-60-100-0	47-55-54 80-70-70-45

CHAPTER 3　配色の実践　21

アジアのパワーあふれる配色

中国を始め、世界の中でもアジアは特に注目の高い地域です。
活気あふれるこのアジアのイメージを配色で表してみましょう。

儒教や仏教とともに文化を伝搬させたアジア大陸。中でも中国、韓国、日本などの東アジアでは、肥沃な土壌や豊かな海洋資源で発展を遂げてきました。ヨーロッパやアフリカ、アメリカなどとはまったく異なる思想、文化を育んだこの地域はいま経済的にも世界から注目を集めています。

東アジアの配色の特徴は、宗教と深く絡み合っています。**陰陽五行説**[★1]によれば、青は木、赤は火、黄色は土、白は金、黒は水。また**仏教**[★2]では青は地、黄色は水、赤は火、白は風、黒は空を表します。これらを取り入れ、またそれぞれに願いや祈りを込めて用いられることで、東アジアの色の基本は形成されてきました（図1）。
宗教観に裏打ちされたこれらのカラーは、今の時代に見てもパワーにあふれたものとなってい

（図1）宗教とともに東アジアに広まった文化では、赤や青、黄色、黒などが激しくぶつかり合うパワフルな配色が見られます。

（図2）仏教では象は神の使いとされていることが多いようです。赤や黄色、金などで彩色された仏教画は、見た人に強いパワーを感じさせます。

（図3）さまざまな色相の色を多数取り入れた、いわゆる「極彩色」も、アジアではよく見られる配色です。

黄色と赤を使った直接的に中国をイメージさせる配色の映像例です。華やかさと力強さが感じられます。

*1 陰陽五行説

中国の春秋戦国時代に、陰陽思想と五行思想とが重なり合って生まれたとされています。暦を表したり、吉凶を調べる占いのような役割があり、日本には5、6世紀頃に伝わり、陰陽道として独自に発展しました。

*2 仏教

もともとはインドで発祥した仏教が、中国を経て日本にも伝来したとされていますが、装飾や色の捉え方もさまざまで、寺院や僧のありかたなどには各国の政治的な思惑も大きく影響しているように思われます。

す（図2）。アジアのエネルギーを伝えたい配色では、前述の5色に加えてピンクや紫、オレンジ、黄緑といった中間調の色、また金や銀を取り入れ、色数を豊富にするとよいでしょう（図3,4）。あるいは中国で特にめでたい色として好まれている赤と黄色を中心とした配色も、誘目性が高く強いパワーが感じられるアジア配色と言えます。

（図4）東アジアのお祭りや宗教儀式においては、特に華やかな彩りが見られます。

アジアのパワーあふれる配色のポイント

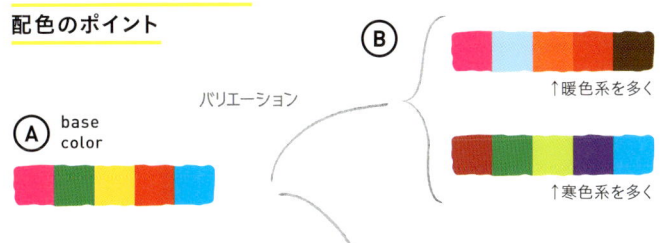

A base color

パリエーション

B
↑暖色系を多く
↑寒色系を多く

色の組み合わせ

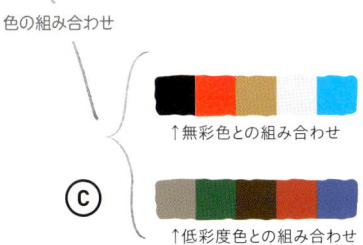

C
↑無彩色との組み合わせ
↑低彩度色との組み合わせ

基本になるのは彩度の高い色の組み合わせです（A）。暖色系統の色を多くしたり少なくしたり（B）、無彩色や無彩色に近い明度の低い色と組み合わせるのもよいでしょう（C）。色の組み合わせはさまざまですが、明度は中程度より低くすることと、全体的な彩度は下げないようにします。

COLOR CHART

91

CHAPTER 3 | 配色の実践 | 22

テクノポップ・フューチャーポップ

配色やデザインのイメージは、音楽に例えると説明しやすくなります。
ここでは80年代に流行したのとは少し異なる、現在のテクノポップイメージの配色を考えます。

テクノロジーとポップミュージックが融合し、シンセサイザーを使った「テクノポップ」として流行したのは80年代のことでした。この流れは音楽だけでなく、アート界、グラフィック界でも同様で、**CG**★1 を多用したデジタルアートのムーブメントが時代を席巻したものです（図1）。

今ではデジタルツールが表現として定着したこともあり、ことさら「テクノ」を強調するものではなく、ファッション、音楽、アートの世界でひとつのジャンルとして認知されています。グラフィカルな観点からは、3Dのサイバーなイメージやリアリティの追求から解放され、フラットでより軽快な表現に変化しました（図2）。配色もダークな寒色中心のものから、ピンクや水色、明るいグリーンなど自由で明るいイメージになっています（図3）。特に日本ではアニメなどサブカルチャーの影響から、純色からやや明度を明るくし、ピンクを強調した独特の配色が散見されるようになりました。また**ボカロ**★2 に代表されるメディアミックス、不特定多数の手による創作活動など、新たな形の文化へと進化を続けています。

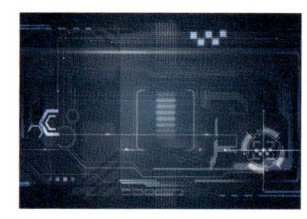

（図1）少し前のテクノイメージは、コンピュータらしい無機質なデザインと配色のものが多くありました。

スマートフォンのためのスキンシールのデザインです。2次元的なベタなイメージに浅めの配色がよく合っています。

バーチャルアイドル「メーウ」のCDジャケットデザインです。ピンクと水色の2色をキーカラーにポップに仕上げられています。

＊1　CG

コンピュータ・グラフィックス（computer graphics）は、リアルな表現を追い求めて進化してきましたが、近年は2次元的な表現や鉛筆や絵の具で描いたようなタッチの再現など、幅広い描画方法が用いられるようになってきています。

＊2　ボカロ

音声合成技術、ボーカロイドの略称。メロディと歌詞を入力すると、あらかじめサンプリングされた人の音声を合成することができます。この技術によって、架空の歌手像を作り出したり、ひとりバンド演奏も可能になりました。

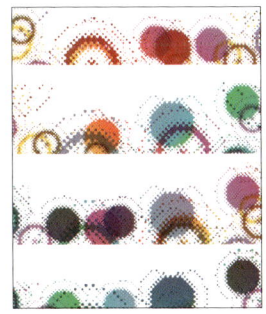

（図2）現在のテクノポップは、よりフラットで色もカラフルに変化しています。

（図3）アニメやサブカルの影響も受け、メディアも固定されない新しい表現に生まれ変わりつつあります。

マゼンタ、シアンに黒を加え、シンプルなフューチャーイメージを表現しています。ドットなどのパターンもこのイメージにピッタリな表現です。

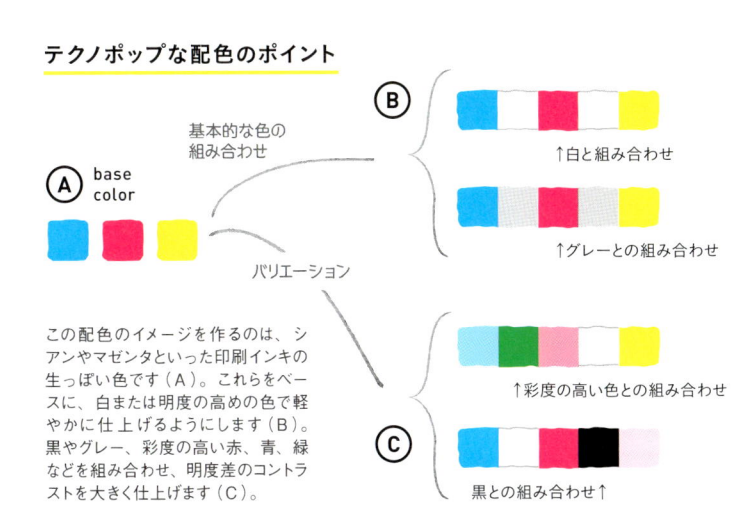

テクノポップな配色のポイント

A　base color

基本的な色の組み合わせ

B
↑白と組み合わせ
↑グレーとの組み合わせ

バリエーション

C
↑彩度の高い色との組み合わせ
↑黒との組み合わせ

この配色のイメージを作るのは、シアンやマゼンタといった印刷インキの生っぽい色です（A）。これらをベースに、白または明度の高めの色で軽やかに仕上げるようにします（B）。黒やグレー、彩度の高い赤、青、緑などを組み合わせ、明度差のコントラストを大きく仕上げます（C）。

COLOR CHART

93

CHAPTER 3 | 配色の実践 | 23

影を感じる黒の使い方

黒という色には、見やすさやシャープな印象、シンプルな美しさがあります。
ここでは光と影の「影」の色としての黒の使い方をご紹介しましょう。

無彩色はどんな色彩にも合う「万能色」と言ってもいい色です。中でも黒は、デザイン全体に使えば重厚で高級感のあるイメージに、部分的に使えば見やすくシャープに引き締める効果がある**便利な色**★1。また、色の中ではもっとも明度が低く、光を感じない闇・影の色というイメージもあります（図1）。ステンドグラスや**影絵**★2のようなこの黒の使い方は、黒以外の色をひときわ鮮やかに見せ、テーマをより象徴的に感じさせ（図2）、またデザインに奥行きを感じさせる効果があるためよく用いられる手法でもあります。

黒を影の色として感じさせるためには、それ以外の色を鮮やかに明るくしておく必要があります。光の色としては黄色系統の色がもっとも自然に感じられるものですが、黒との組

すべての要素がシルエットで象徴的に表現され、シンプルな色の構成が美しいデザインの例です。

（図1）黒は影の色。どんな色彩を持っているものも、その影の色はほぼ等しく黒になります。

シルエットと実写、美しいグラデーションと黒いシルエットの組み合わせが幻想的なデザインです。

*1 便利な色

困ったら黒、というケースは実際のデザインの作業の中でも多いものです。黒には他の色のイメージを壊さないという利点がありますが、一方で多用しすぎると重い、つまらないといった印象につながることもあります。

*2 影絵

ここではシルエットと言い換えてもよいでしょう。輪郭だけで細部を描かないシルエットの手法は、ヨーロッパで伝統的にポートレイトなどに使用されていました。地形や標識などにも用いられています。

み合わせにおいては赤系や緑系、あるいは一般的には「影」の色として認知されやすい青系統の色でも、相対的に明るく見せる効果がもたらされます。
デザインの中に光と影の関係を作り出すことで、表現は深みを増します。明るさの中にある激しい影から、ほの暗い中に生じる静かな影まで（図3）、組み合わせる色によってその「影」のイメージもさまざまに変化させることができます。

放射状のテクスチャのある色に、絵を黒で重ねて作り出されたデザイン。放射状のイエローが力強さを感じます。

（図2）シルエットによる表現は、そのモノをより象徴的に表すのに適した手法です。

（図3）リアルな「影」の他に、平面的な「影」や人の心の「影」のような心象風景をも表すことができます。

影を感じる黒を使った配色ポイント

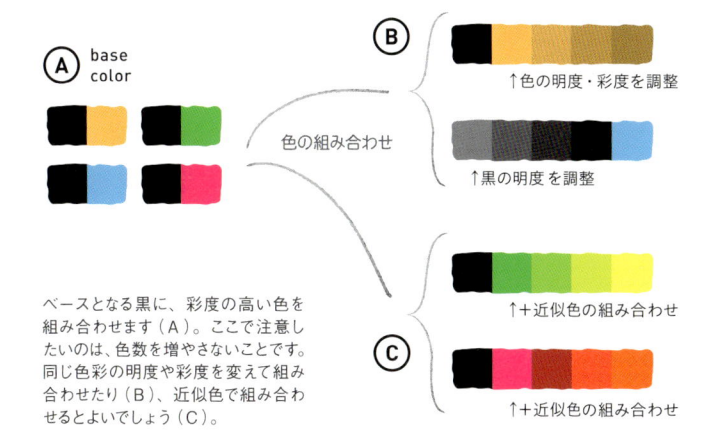

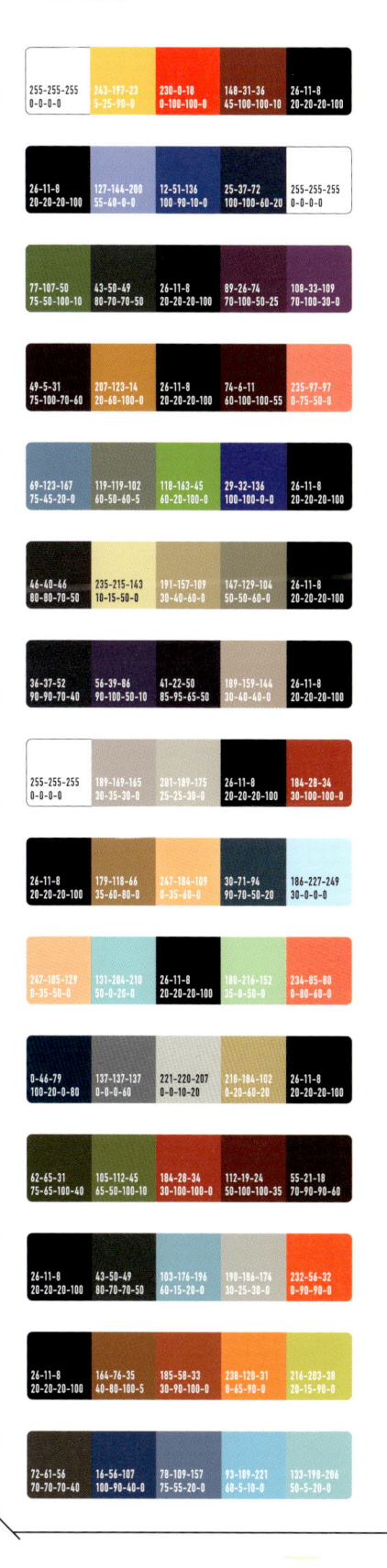

A base color

色の組み合わせ

B
↑色の明度・彩度を調整
↑黒の明度を調整

C
↑+近似色の組み合わせ
↑+近似色の組み合わせ

ベースとなる黒に、彩度の高い色を組み合わせます（A）。ここで注意したいのは、色数を増やさないことです。同じ色彩の明度や彩度を変えて組み合わせたり（B）、近似色で組み合わせるとよいでしょう（C）。

COLOR CHART

255-255-255 0-0-0-0	243-197-23 5-25-90-0	230-0-18 0-100-100-0	148-31-36 45-100-100-10	26-11-8 20-20-20-100
26-11-8 20-20-20-100	127-144-200 55-40-0-0	12-51-136 100-90-0-0	25-37-72 100-100-60-20	255-255-255 0-0-0-0
77-107-50 75-50-100-10	43-50-49 80-70-70-50	26-11-8 20-20-20-100	89-26-74 70-100-50-25	108-33-109 70-100-30-0
49-5-31 75-100-70-60	207-123-14 20-60-100-0	26-11-8 20-20-20-100	74-6-11 60-100-100-55	235-97-97 0-75-50-0
69-123-167 75-45-20-0	119-119-102 60-50-60-5	118-163-45 60-20-100-0	29-32-136 100-100-0-0	26-11-8 20-20-20-100
46-40-46 80-80-70-50	235-215-143 10-15-50-0	191-157-109 30-40-60-0	147-129-104 50-50-60-0	26-11-8 20-20-20-100
36-37-52 90-90-70-40	56-39-86 90-100-50-10	41-22-50 85-95-65-50	189-159-144 30-40-40-0	26-11-8 20-20-20-100
255-255-255 0-0-0-0	189-169-165 30-35-30-0	201-189-175 25-25-30-0	26-11-8 20-20-20-100	184-28-34 30-100-100-0
26-11-8 20-20-20-100	179-118-66 35-60-80-0	247-184-109 0-35-60-0	30-71-94 90-70-50-20	186-227-249 30-0-0-0
247-185-129 0-35-50-0	131-204-210 50-0-20-0	26-11-8 20-20-20-100	100-216-152 35-0-50-0	234-85-80 0-80-60-0
0-46-79 100-20-0-80	137-137-137 0-0-0-60	221-220-207 0-0-10-20	218-184-102 0-20-60-0	26-11-8 20-20-20-100
62-65-31 75-65-100-40	105-112-45 65-50-100-10	184-28-34 30-100-100-0	112-19-24 50-100-100-35	55-21-18 70-90-90-60
26-11-8 20-20-20-100	43-50-49 80-70-70-50	103-176-196 60-15-20-0	190-186-174 30-25-30-0	232-56-32 0-90-90-0
26-11-8 20-20-20-100	164-76-35 40-80-100-5	185-58-33 30-90-100-0	238-120-31 0-65-90-0	216-203-38 20-15-90-0
72-61-56 70-70-70-40	16-56-107 100-90-40-0	78-109-157 75-55-20-0	93-109-221 60-5-10-0	133-198-206 50-5-20-0

CHAPTER 3 | 配色の実践 | 24

華やかな光の色のイメージ

ネオンサインやライトアップなど、光の演出には人を魅了し惹き付ける力があります。
ここでは、配色でその魅力を再現する方法を探ってみましょう。

光の美しさは昼の明るいところにも存在していますが、暗い中で見る強い光とその色はまた全く**趣の異なる魅力**★1を感じさせるものです。夜の繁華街やネオンサイン、花火やライトアップされた建築物など、夏の熱気と湿気の中では幻想的に、あるいは空気の澄んだ冬の夜空には透明感と輝きを増して見る人を魅了します（図1）。

明るい場所ではほとんど無色にしか感じられない光の色も、暗い中では鮮やかにさまざまな色合いで再現されます。この配色のキーになるのも、ベース色の黒や黒に近い青みの色です（図2）。組み合わせる光の色は彩度の高いもの、色相は多いほど華やかになります。色相を抑えてブルー系統に偏ればサイバーなイメージに。黄色系統の色に寄れば、ナチュラルで活気ある印象になります。

光には拡散する特性があります。これを再現するには、グラデーションを用いるとよいでしょう（図3）。グラデーションで光の強弱やまたたき、反射などの効果をプラスすることで、より光らしいイメージが強調されます。また補色同士の組み合わせや、色同士を重ね合わせてより明るくなる**スポットライト**★2のような演出も、この配色には向いています。

色彩豊かな室内の風景ですが、不思議なインテリアと全体的に青みがかった色調が幻想的な雰囲気を醸し出しています。

黒いバックに人物と光の軌跡が美しいデザインです。光の強さや蛍光色でシャープな都会のイメージが作られています。

＊1　趣の異なる魅力

周囲が暗くなると色や形はあいまいになります。夜の灯りはそんな中で強烈に人の目を惹き付ける力があり、特に人の「動き」への関心が高まると言われています。またその色によって個性を表現しやすくなるのです。

＊2　スポットライト

スポットライトは基本的に、R（レッド）、B（ブルー）、G（グリーン）の光の三原色でさまざまな色を表現します。これらの3色をすべて集めると、色を感じない白い光になります。

（図1）ネオンサインや夜の光は幻想的で、人を惹き付ける魅力があります。

華やかなネオンサインと夜景に浮かび上がる、洋服や靴の色彩が鮮やかで力強く、印象に鮮烈に残る作品です。

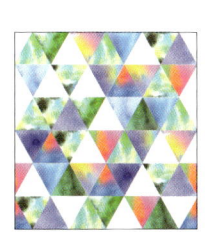

（図2）同じような光の色でも、ベースが明るい色のときと暗い色のときでは見え方が異なります。

（図3）光には、反射や拡散といった特性があります。このような特性をグラデーションを使って再現することで、よりイメージが強調されます。

華やかな光の配色ポイント

A　base color

色の組み合わせ

B

色相を絞る

色相を増やす

暖色中心の組み合わせ

寒色中心の組み合わせ

補色同士の組み合わせ

ベースカラーとして欠かせないのが、黒または黒に近い濃紺や濃茶などの明度の低い色です（A）。ここに彩度の高い色を組み合わせて配色します（B）。加える色相の数は多くても構いませんが、この配色の場合ベースカラーよりも面積が多くなることはありません。

COLOR CHART

97

CHAPTER 3 | 配色の実践 | 25

優等生なトラディショナル配色

どの時代でも人気のあるファッションのひとつが「トラッドスタイル」です。
幅広い年代の人に指示される、トラディショナルの魅力を探ってみましょう。

「トラディショナル」は、「伝統的な」という意味です。どんな文化でも伝統的なものはありますが、ここでは**イギリスに代表される**★¹ヨーロッパのトラディショナルな配色について考えてみます。
トラディショナルな印象を強く感じる例としては、落ち着いたインテリア（図1）が挙げられます。伝統的な色柄を使ったカーペット、ナチュラルな色使いの壁、深みのある赤や青、緑の家具。実際に古いイギリスの家具などは人気がありますが、それを模して作られた新しいものも多く出回っています。また、学校の制服やいわゆる「トラッドスタイル」の洋服など、ファッションのジャンルでもトラディショナルな色柄は、時代を問わない人気があります（図2,3）。

この配色では、ベースに濃紺や濃茶、深いグリーンなどの明度の低い色を用いるのが特徴です。そのベースに、**ユニオンジャック**★²を思わせる赤や青を組み合わせます。また全体に暗い色調になりすぎないよう、白やクリーム色を上手に取り入れるとよいでしょう。白の分量を多くすることで、比較的現代的な軽やかなトラディショナルカラーになります。

全体を茶系のイメージで統一し、周囲にわずかな面積のカラーを配置しています。面積は小さいですが白の配置が効いています。

英国の有名百貨店のロゴとカラーをそのままタイトルに使った例。グリーンとベージュもトラディショナルな組み合わせです。

（図1）トラディショナルなスタイルのインテリアの例。家具は、茶や紺、緑などの明度の低い色が多いようです。

（図2）スコットランドの民族衣装。タータンチェックやアーガイル模様なども、トラディショナルな印象があります。

（図3）学生服には、トラディショナルな色や形が用いられます。また軍隊の制服なども、基本は伝統的な色デザインになっています。

*1 イギリスに代表される

日本のファッションでは、トラッドスタイルはイギリス（ブリティッシュ・トラッド）よりもアメリカ（アメリカン・トラッド）を参考にしているそうです。この他にフレンチ・トラッド、イタリアン・トラッドもあるそう。

*2 ユニオンジャック

正確には「ユニオンフラッグ」と呼ばれる、イギリスの国旗。白地に赤い十字のセント・ジョージ・クロスと、スコットランドの青地に白のセント・アンドリュース・クロスとが合わさったデザイン。

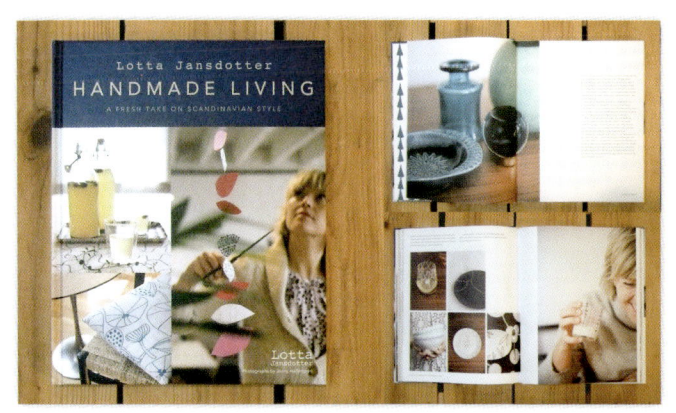

COLOR CHART

キーカラーのブルーが美しい書籍デザインの例です。デザイン全体は明度が高く軽やかですが、ブルーが入ることで引き締まって見えます。

ユニオンジャックカラーの背景に、トラディショナルなファッション。白の面積が大きく、さわやかな印象です。

トラディショナルな配色ポイント

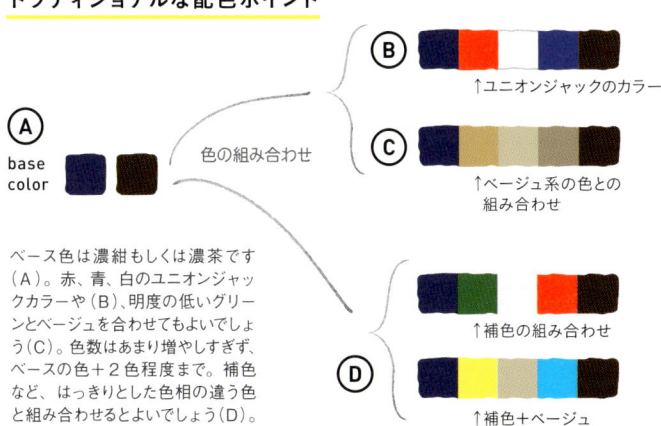

A base color

B ↑ユニオンジャックのカラー

C ↑ベージュ系の色との組み合わせ

D ↑補色の組み合わせ / ↑補色＋ベージュ

ベース色は濃紺もしくは濃茶です（A）。赤、青、白のユニオンジャックカラーや（B）、明度の低いグリーンとベージュを合わせてもよいでしょう（C）。色数はあまり増やしすぎず、ベースの色＋2色程度まで。補色など、はっきりとした色相の違う色と組み合わせるとよいでしょう（D）。

CHAPTER 3 | 配色の実践 | 26

ピュアなふんわりイメージ

赤ちゃんの肌のように、やわらかく透明感のあるつややかな配色。
見る人を自然にやさしい気持ちにさせる、そんな配色について考えてみましょう。

みずみずしさ★1 や透明感にあふれた赤ちゃんの肌には、誰もが思わず触れてみたくなるような美しさがあります。じっと見ていると、自然と優しい気持ちになれるもの（図1）。
ピュアなやさしさを表すのは、彩度・明度ともに高い色です。特に**ベビーカラー**★2 と呼ばれるピンク、水色、グリーン、クリーム色は、よくベビー用品にも用いられるカラー。この配色で色を選ぶ基準としては、赤ちゃんの肌に直接触れる色としてふさわしいかどうか？を、考えてみるように

淡いグリーンの背景の微妙なグラデーションがニュアンスを感じるデザイン例。ごく少量の彩度の高い色や、黒が全体の印象を引き締めています。

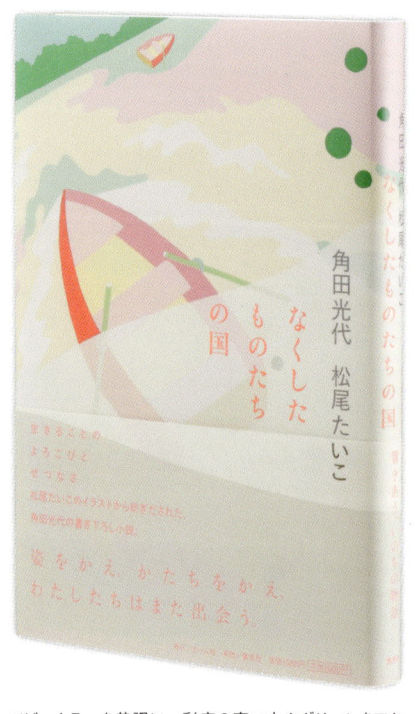

ベビーカラーを基調に、彩度の高い赤やグリーンをアクセントにしたブックカバーデザイン。文字にも色を使うことで全体の雰囲気も柔らかく見えます。

ピュアでふんわりした配色のポイント

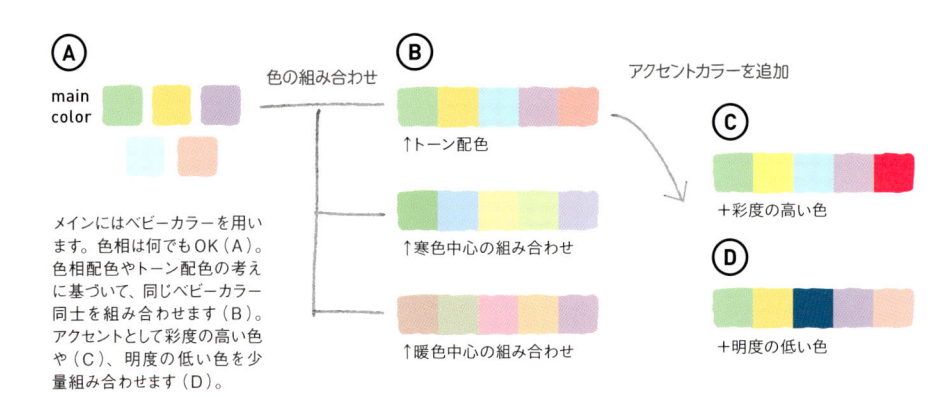

A main color

B ↑トーン配色
↑寒色中心の組み合わせ
↑暖色中心の組み合わせ

色の組み合わせ

アクセントカラーを追加

C ＋彩度の高い色

D ＋明度の低い色

メインにはベビーカラーを用います。色相は何でもOK（A）。色相配色やトーン配色の考えに基づいて、同じベビーカラー同士を組み合わせます（B）。アクセントとして彩度の高い色や（C）、明度の低い色を少量組み合わせます（D）。

＊1　みずみずしさ

赤ちゃんの肌はきめが細かく張りがあるので、光が乱反射して美しく見えるのだそう。女性の化粧品は、赤ちゃん肌のようなみずみずしさを演出するために、粒子の細かい顔料や、光を反射するラメなどを入れています。

＊2　ベビーカラー

繊細な赤ちゃんの肌に合う明度の高い色がベビーカラーと呼ばれますが、実際の赤ちゃん～幼少期は目の機能がまだ充分に発達していないため、刺激の強い純色に近い色の方を好むと言われています。

するとよいでしょう（図2）。

ベビーカラーは、白やアイボリーと組み合わせることで、よりピュアなイメージを高めることができます。グレーや黒などの無彩色は本来あまりこの配色にはなじみませんが、部分的に引き締めたりクールなイメージをスパイス的に追加するのに使われます。また、明度の高い色だけで組み合わせるとぼんやりとした印象になってしまいますので、アクセントとしてやや明度の低い色を組み合わせるようにします。アクセントカラーには、寒色・暖色どちらでも合いますが分量をごく控えめにしておくことと、色をあまり濁らせないよう彩度を保つことがポイントです（図3）。

（図1）ここでは、赤ちゃんの肌をイメージしたピュアでふんわりとしたイメージの配色を考えます。

（図2）ベビーカラーと呼ばれる、彩度と明度がともに高い色の組み合わせが、この配色の基本カラーです。

（図3）ベビーカラーの組み合わせはやわらかな印象ですが、グラフィックに応用する際には明度の低い色も組み合わせてメリハリを出す必要があります。

ブルーからグリーンのグラデーションが美しい本の装丁です。大きな面積で赤みのあるベージュを用い、シンプルな中にも暖かみが感じられます。

COLOR CHART

241-142-29 0-55-90-0	130-127-187 55-50-0-0	100-192-171 60-0-40-0	215-231-175 20-0-40-0	231-51-110 0-90-30-0
111-186-44 60-0-100-0	183-211-50 35-0-90-0	227-235-164 15-0-45-0	227-235-164 0-10-20-0	211-237-251 20-0-0-0
207-167-205 20-40-0-0	147-210-211 45-0-20-0	237-232-150 10-5-50-0	236-235-194 10-5-30-0	236-213-96 10-15-70-0
102-191-151 60-0-50-0	147-210-211 45-0-20-0	126-206-244 50-0-0-0	147-210-211 45-0-20-0	215-231-175 20-0-40-0
238-121-72 0-65-70-0	211-222-241 20-10-0-0	207-167-205 20-40-0-0	224-223-189 15-10-30-0	191-222-174 30-0-40-0
55-148-137 75-25-50-0	120-186-183 55-10-30-0	190-223-194 30-0-30-0	249-211-227 0-25-0-0	186-121-177 30-60-0-0
228-183-191 10-35-15-0	197-164-204 25-40-0-0	242-154-99 0-50-60-0	224-203-140 15-20-50-0	237-241-176 10-0-40-0
235-109-154 0-70-10-0	74-154-170 70-25-30-0	211-237-251 20-0-0-0	181-171-115 35-30-60-0	235-225-169 10-10-40-0
154-142-195 45-45-0-0	225-163-199 10-45-0-0	186-227-249 30-0-0-0	165-212-173 40-0-40-0	248-245-176 5-0-40-0
227-174-206 10-40-0-0	93-118-135 70-50-40-0	167-211-152 40-0-50-0	193-219-129 30-0-60-0	209-165-144 20-40-40-0
238-121-72 0-65-70-0	211-222-241 20-10-0-0	207-167-205 20-40-0-0	224-213-165 15-15-40-0	191-222-174 30-0-40-0
225-210-121 15-15-60-0	165-212-173 40-0-40-0	242-156-151 0-50-30-0	175-192-227 35-20-0-0	180-216-152 35-0-50-0
211-222-241 20-10-0-0	116-164-85 60-20-80-0	170-207-82 40-0-80-0	243-212-161 5-20-40-0	242-214-199 5-20-20-0
87-159-215 65-25-0-0	89-118-186 70-50-0-0	129-205-228 50-0-10-0	116-198-190 55-0-30-0	136-201-161 50-0-45-0
244-164-102 0-45-60-0	252-214-140 0-20-50-0	255-252-219 0-0-20-0	186-227-249 30-0-0-0	211-237-251 20-0-0-0

CHAPTER 3 配色の実践 | 27

アメコミタッチの明朗な配色

アクションヒーローの活躍から、かわいいキャラクターの姿まで。
アメリカンコミックにはたくさんのドラマが詰まっています。

アメリカンコミック（アメコミ）は19世紀後半に始まり、1930年代以降に大量に印刷されるようになった、アメリカのマンガ本・雑誌です。『スーパーマン』に代表されるヒーローアクション、冒険・探検ものから、『スヌーピー』のような動物・人間ドラマまで、当時の子どもたちだけでなく今も世界中の人たちに愛されるたくさんのキャラクターを生み出しました（図1）。

キャラクターの生き生きとした描写もさることながら、アメコミには独特の彩色や表現方法の魅力があります。黒いインキで描かれた、太くて力強い線。赤・黄・青の**三原色のべた塗り**★¹、極端に変形された擬音（図2）、大きな印刷のアミ点（図3）など。これらの特徴は当時、大量生産するための印刷技術や分業制度の副産物でしたが、今ではそれを**手間をかけて再現する**★²こともあるほど表現方法として定着しています。

ポイントは、CMY（シアン、マゼンタ、イエロー）のインキ色をあまり混色せずに使うこと。中間色や彩度の低い色は用いません。デザイン的には全面的に色で覆い、紙の白地も「白」色として活用します。この配色は、企業のロゴなどにもよく見られます（図4）。

（図1）アメコミの色彩は力強い黒の輪郭線で縁取り、インキの生っぽい色で塗り分けるのが特徴です。

（図2）変形した文字の擬音、効果線やマーク、フチ取り、影など。大げさな表現がそこかしこにちりばめられます。

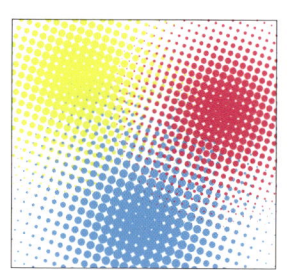

（図3）色の変化は「アミ点」と呼ばれる点で表現されます。この手法と別にグラデーションも用いられます。

（図4）企業やショップ、キャラクターのロゴは、はっきりと見やすいことが求められます。この配色法にはコミックと通ずるものがあります。

アメコミタッチの配色ポイント

Ⓐ base color

Ⓑ 中間調を追加

Ⓒ
↑色あせ風
↑暖色中心
↑寒色中心

線の黒、紙の白、そしてCMYのインキ色（Ⓐ）。さらにそれぞれのインキの中間色を追加したものが、この配色の基本的なカラーになります（Ⓑ）。これらの組み合わせに、やや赤みを抑えてレトロなイメージを追加したり、彩度をやや控えめにしたり、寒色中心、暖色中心のバリエーションを作ります（Ⓒ）。

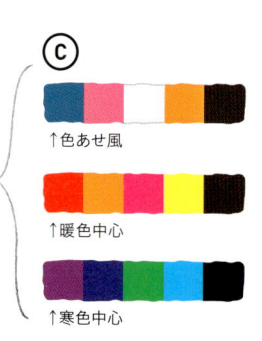

＊1　三原色のべた塗り

当時の印刷技術や印刷用紙の質では、微妙な色の変化を再現するのは難しかったこともあり、3つのインキの組み合わせを数種類に絞って限られた色の中で配色していました。

＊2　手間をかけて再現

ポップアートの旗手、アンディー・ウォーホルやロイ・リキテンシュタインもアメコミの絵柄を絵の具で再現し、アメリカを代表するアート作品を作り出しました。

COLOR CHART

寒色系の色を中心にした、ややサイバーな印象のコミックタッチの配色です。赤系統の色の面積を抑えることで、現代的に仕上がっています。

赤と黄色のダイナミックな配色が、ポジティブな女性向けファッションのイメージにピッタリマッチした作品です。

CHAPTER 3 | 配色の実践 | 28

神秘的な光の色

活力にあふれ、みなを力強く包み込む太陽の光。闇を照らす月明かりのやさしさ。
そんな、神秘的でやわらかな「光」を象徴した配色を考えてみます。

光はわたしたちの暮らしを照らし、ものを見るために不可欠な存在です。舞台を演出するスポットライトの劇的で鋭い光から、真っ暗な空に孤高にたたずむ星のような光まで、光は実にさまざまな表情を持っています。ここではそんな光の中でも、やさしさや神秘性を感じさせるような光を取り上げます。

神秘性を感じる光の代表格は、太陽と月でしょう（図1）。太陽は生物に光と熱を与え、太古の昔から人々にとって活力の源としてとらえられてきました。太陽を神としてあがめる風習もギリシャやエジプト、日本などの世界各地で多く見られます。一方、月はおだやかで精神的な存在として認知され、**女性的な**★1 イメージが強いようです。太陽や月のような自然界の光源は**全方位**★2 を照らし、大気によって拡散したぼわっとしたにじみのある明るさが特徴です（図2）。そのためこの光を表現する際は、グラデーションを用いて光の強弱や微妙な色の変化を表現するとよいでしょう。太陽光をイメージした場合は赤からオレンジ、黄色にかけての暖色系等が向いています。より神秘的な月の表現では、青から紫にかけての寒色系になります（図3）。

（図1）太陽と月は光を与えてくれる存在として、その神秘性とともに昔から人々にあがめられてきました。

黄色みのある電球の光が神々しさを感じるグラフィック。全体の明暗差は大きいですが、グラデーションが美しい調和をもたらしています。

（図2）太陽や月の光は大気や水蒸気によって拡散し、微妙な色の変化の陰影を作り出します。

（図3）青みの光は月のイメージ、赤み黄みの光には太陽のイメージがあります。

*1 女性的

世界的に太陽が男神で、月が女神という構図が多いようですが、日本では天照大神が太陽神で女神となっており、必ずしも太陽＝男性的というイメージではないようです。

*2 全方位

光には強い方向性（指向性）を持ったものもあります。例えばLEDやスポットライトなど。人工的な光源でも電球は指向性が低く、「全方位性」と呼ばれるタイプの光です。

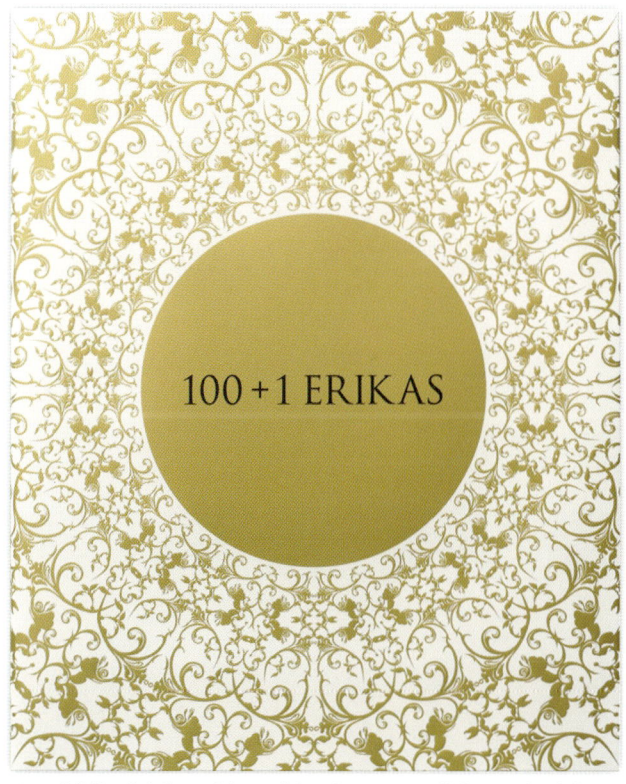

COLOR CHART

68-1-14 60-100-90-60	228-96-6 5-75-100-0	224-38-19 5-95-100-0	184-28-34 30-100-100-0	30-18-16 10-10-10-100
110-78-69 60-70-70-20	82-55-70 70-80-60-30	64-42-67 80-90-60-30	55-19-52 80-100-60-45	33-17-49 90-100-60-50
47-55-45 80-70-80-45	201-223-211 25-5-20-0	46-95-111 85-60-50-5	156-157-148 45-35-40-0	24-39-47 90-70-70-50
30-18-16 10-10-10-100	46-42-101 95-100-40-0	83-38-138 80-95-0-0	70-83-162 80-70-0-0	101-129-192 65-45-0-0
158-114-98 45-60-60-0	39-26-32 80-85-75-60	170-133-70 40-50-80-0	33-35-42 85-80-70-55	102-136-158 65-40-30-0
222-207-198 15-20-20-0	134-126-120 55-50-50-0	22-30-63 90-80-50-0	89-132-127 70-40-50-0	124-173-176 55-20-30-0
62-0-49 45-100-0-75	99-0-83 45-100-0-50	130-0-109 45-100-0-25	146-0-123 45-100-0-10	156-1-131 45-100-0-0
50-41-35 75-75-80-55	82-62-27 65-70-100-40	146-137-123 50-45-50-0	124-46-30 50-90-100-25	86-20-14 55-95-100-50
93-42-65 65-90-60-30	75-113-50 75-45-100-10	56-87-43 80-55-100-25	22-39-56 85-70-50-60	38-31-30 80-80-80-60
64-41-37 70-80-80-50	38-31-30 80-80-80-60	72-61-47 70-70-80-40	84-79-59 70-65-80-25	120-112-85 60-55-70-5
31-42-102 100-100-40-0	25-37-72 100-100-60-20	16-25-58 100-100-60-40	160-138-35 45-45-100-0	25-37-72 100-100-60-20
30-18-16 10-10-10-100	110-22-27 50-100-100-30	149-54-36 45-90-100-10	162-26-59 45-100-70-15	39-24-57 90-100-60-40
157-183-01 45-15-80-0	122-136-63 60-40-90-0	186-70-45 30-85-90-0	130-38-31 45-95-100-20	43-9-6 70-90-90-70
105-64-108 70-85-40-0	66-67-90 80-75-50-20	145-138-139 50-45-40-0	86-66-50 65-70-80-35	38-31-30 80-80-80-60
90-50-42 60-80-80-40	145-165-81 50-25-80-0	179-211-170 35-5-40-0	176-220-213 35-0-20-0	247-248-218 5-0-20-0

どこか宗教的な神秘性と、清潔で現代的な爽やかさとが一体化した、光の変化が美しいブックカバーのデザイン例です。

神秘的な光の配色ポイント

A base color

明度グラデーション／展開 B

色相グラデーション展開 C

ベースカラーは明度が低めの黄色、青、赤、紫などが光をイメージしやすいでしょう（A）。この配色はグラデーションがポイントになります。ベースの色を徐々に明るくするグラデーション（B）、色相が微妙に遷移するグラデーション（C）などの組み合わせを作ります。何よりも、色数を最小限に抑えることがポイントです。

サイバーイメージの配色

インターネットやコンピュータグラフィックスなどが作り出すサイバーな世界。
配色のポイントとなるのは、彩度の高い色と無彩色との組み合わせです。

わたしたちの身近で便利なツールの多くには、わずかなニュアンスの違いや空気感などといったアナログな存在のものとは一線を画したデジタルの世界が広がっています（図1）。そんな**サイバースペース**★1での生活も、今や「新しいもの」から「当たり前のもの」となり、現実と同じかそれ以上に身近で奥深いものとして認知されるようになりました。そんなサイバー空間をイメージさせる配色と言えば、モニタの光の色である鮮やかなグリーンやブルーと黒。あるいは電子回路★2のパーツのグリーンやオレンジ、シルバーなどの色を組み合わせたものなどでしょう（図2）。また、蛍光色やメタリックな色の組み合わせもこのイメージに合います。デザイン的にはシンプルで、規則性のあるレイアウトがこのイメージにマッチしますが、あまりにも整然とし過ぎたデザインは単調にも感じられがちです。デジタルなイメージの中にもどこかノイズや手のあとを感じさせるようなアナログ感や有機性を取り入れたり、多少濁りのある色、ナチュラルなイメージなどを組み合わせるといった工夫をすることで、よりモダンなイメージに仕上がるでしょう（図3）。

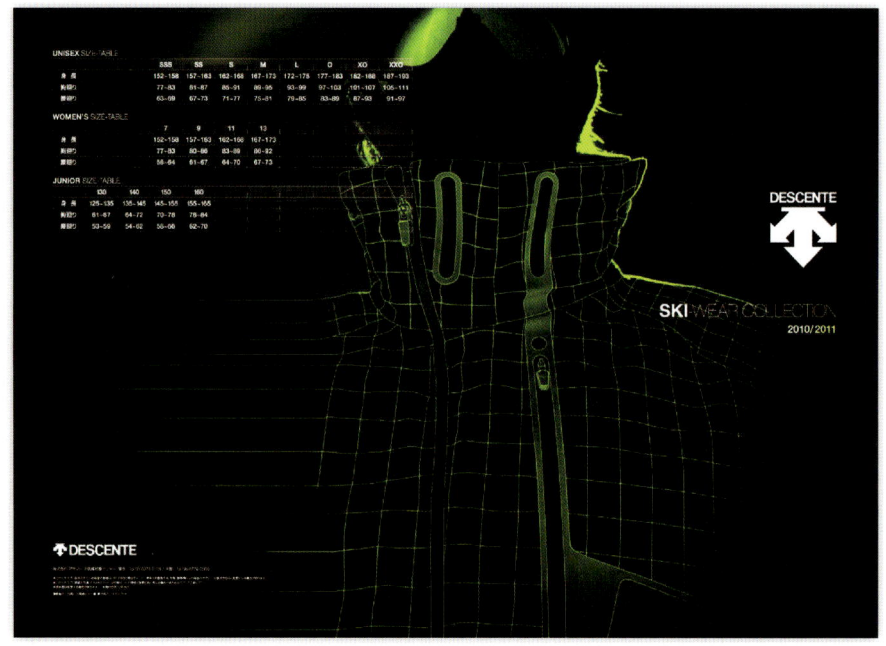

ダークな背景に蛍光グリーンが効いたデザイン。ミニマムな色使いが、テクノロジーとスポーツのイメージを融合させています。

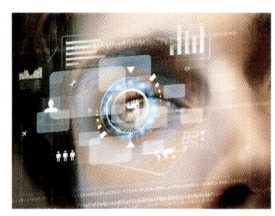

（図1）インターネットを代表とする、デジタルがベースとなった世界。ノイズやエラーを許さないクリーンなイメージです。

（図2）デジタルの世界を作り出すのは、コンピュータです。そのパーツをイメージさせるグラフィックや配色がよく使われます。

（図3）無機質なイメージの配色でも、どこかに有機性や手のあとを感じさせるような配色がイマっぽいと言えます。

*1 サイバースペース

現実の空間ではなく、コンピュータやネットワークの中に存在する仮想的な空間です。SF小説で好まれる題材で、現実とは異なる種類の危険や戦いなどが取り上げられます。

*2 電子回路

基板と呼ばれるグリーンの板にプリントや半田ごてで電子部品を固定して作られます。基板の色に特に意味はないようですが、この鮮やかなグリーンは、電子部品の色として広く認知されています。

大きなグリーンの面積が、目に鮮やかに写るブックカバーデザインです。グリッドに沿い、計算されたテキストの配置が美しい。

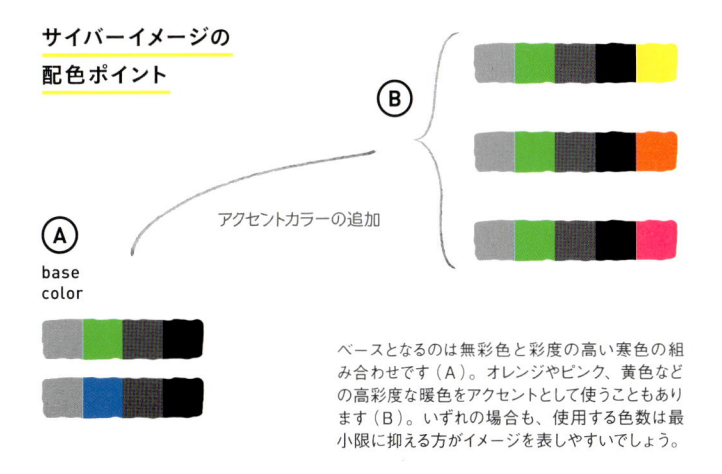

サイバーイメージの配色ポイント

Ⓐ base color

Ⓑ アクセントカラーの追加

ベースとなるのは無彩色と彩度の高い寒色の組み合わせです（A）。オレンジやピンク、黄色などの高彩度な暖色をアクセントとして使うこともあります（B）。いずれの場合も、使用する色数は最小限に抑える方がイメージを表しやすいでしょう。

COLOR CHART

231-226-179 0-0-30-15	80-0-71 50-100-0-60	89-87-87 0-0-0-80	121-172-84 50-0-75-20	220-221-221 0-0-0-20
51-59-58 80-70-70-40	167-170-169 40-30-30-0	255-255-255 0-0-0-0	131-204-210 50-0-20-0	46-167-224 70-15-0-0
113-199-209 55-0-20-0	47-55-54 80-70-70-45	132-135-139 55-45-40-0	212-211-202 20-15-20-0	230-26-105 0-95-30-0
30-18-16 30-30-30-100	50-52-33 70-60-80-60	86-89-86 70-60-60-20	156-149-143 45-40-40-0	183-211-50 35-0-90-0
66-123-191 75-45-0-0	117-124-187 60-50-0-0	89-195-225 60-0-10-0	100-192-171 60-0-40-0	122-194-131 55-0-60-0
9-73-113 95-75-40-5	30-18-16 10-10-10-100	211-161-42 20-40-90-0	255-226-0 0-10-90-0	245-243-242 5-5-5-0
62-52-48 70-70-70-50	93-97-94 70-60-60-10	156-149-143 45-40-40-0	195-216-45 30-0-90-0	225-97-32 0-75-90-0
121-107-175 60-60-0-0	124-80-157 60-75-0-0	11-49-143 100-90-0-0	79-100-174 75-60-0-0	110-155-197 60-30-10-0
30-18-16 10-10-10-100	14-49-50 90-70-70-50	15-83-77 90-60-70-20	38-160-143 75-15-50-0	188-226-232 30-0-10-0
133-203-191 50-0-30-0	222-216-221 15-15-10-0	244-234-228 5-10-10-0	168-161-148 40-35-40-0	43-50-49 80-70-70-50
85-26-62 70-100-60-30	128-42-111 60-95-30-0	190-168-148 30-35-40-0	245-243-242 5-5-5-0	30-18-16 10-10-10-100
126-49-142 60-90-0-0	227-144-74 0-50-70-0	206-207-42 25-10-90-0	131-204-210 50-0-20-0	223-225-226 15-10-10-0
143-195-31 50-0-100-0	51-59-58 80-70-70-40	146-137-123 50-45-50-0	212-211-202 20-15-20-0	243-152-28 0-50-90-0
46-126-127 80-40-50-0	113-199-209 55-0-20-0	200-22-30 20-100-100-0	129-28-33 50-100-100-20	30-18-16 10-10-10-100
34-41-40 80-70-70-60	80-111-52 70-50-100-5	183-211-50 35-0-90-0	207-220-40 25-0-90-0	76-64-70 70-60-60-35

107

CHAPTER 3 | 配色の実践 | 30

北欧イメージの配色

インテリアやファブリックで、女性を中心に大人気の北欧デザイン。
その明るさと透明感で、幅広い層に好感の持たれる配色イメージです。

北欧は日照時間が短く、そのわずかな光を最大限に楽しむために昔からクリアで明るい色が好まれてきたそうです。また自然との調和を忘れず、地域の文化を大切にするその精神が世界中から注目されています。特にインテリアやファブリック、おもちゃ、雑貨などの分野では「**北欧デザイン**★1」というジャンルが確立しており、日々の暮らしを心地よく過ごすために取り入れられています（図1）。北欧イメージの配色では、さまざまな色相で彩度・明度がやや高めの色が好んで使われます。グリーンやブルーは、ナチュラルな木の色とも相性がよく、北欧イメージの基本カラーと言えるでしょう（図2）。また白・グレー・アイボリーを組み合わせることで、鮮やかな色の透明感がより引き立ちます。デザイン自体は大柄ではっきりとした色の変化がある方がよいでしょう。花柄や水玉、幾何学模様（図3）の他、刺繍や織物などの手芸品から得たモチーフなども使われます。
モダンからレトロなイメージまで、**テイストを変化**★2させることができるのもこの配色のよいところです。

（図1）北欧の「色」は、わずかな太陽の光を楽しむために、明るく鮮やかになったと言われています。

（図2）インテリアでも北欧デザインは人気です。シンプルでありながら、無機質にならずナチュラルな素材との相性もいいのが特徴です。

半透明でカラフルなマスキングテープが重なり合う、色彩の美しさを前面に出したブックデザインの例です。

（図3）幾何学模様や自然をモチーフにしたプリントファブリックでは、明暗差のある大胆な配色が見られます。

＊1　北欧デザイン

アイスランド、スウェーデン、デンマークなどを始めとした欧州北部の5ヵ国から生み出されるデザイン。機能的でシンプルなのに、どこかユーモアやあたたかさが感じられるのが特徴です。

＊2　テイストを変化

このイメージの配色は、明度の高い色で組み合わせるとモダンでより透明感の感じられるテイストに、明度を下げると重厚でしっとりとした民族性を感じさせます。

明るいブルーとオレンジとが爽やかさと、ナチュラルな雰囲気を感じさせます。無彩色の分量が絶妙なデザインです。

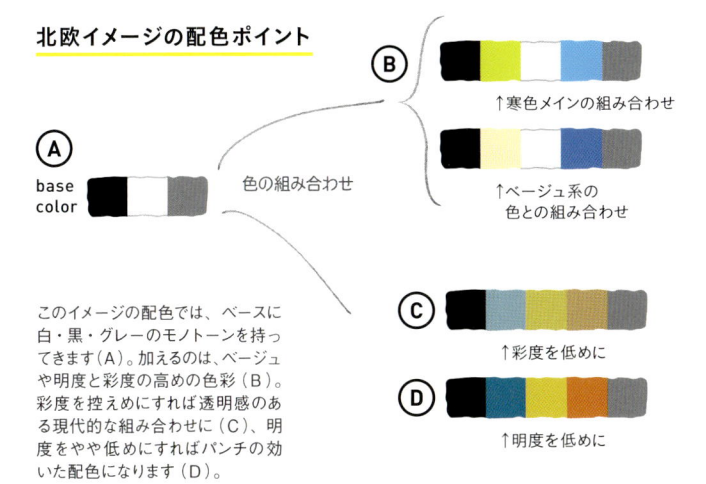

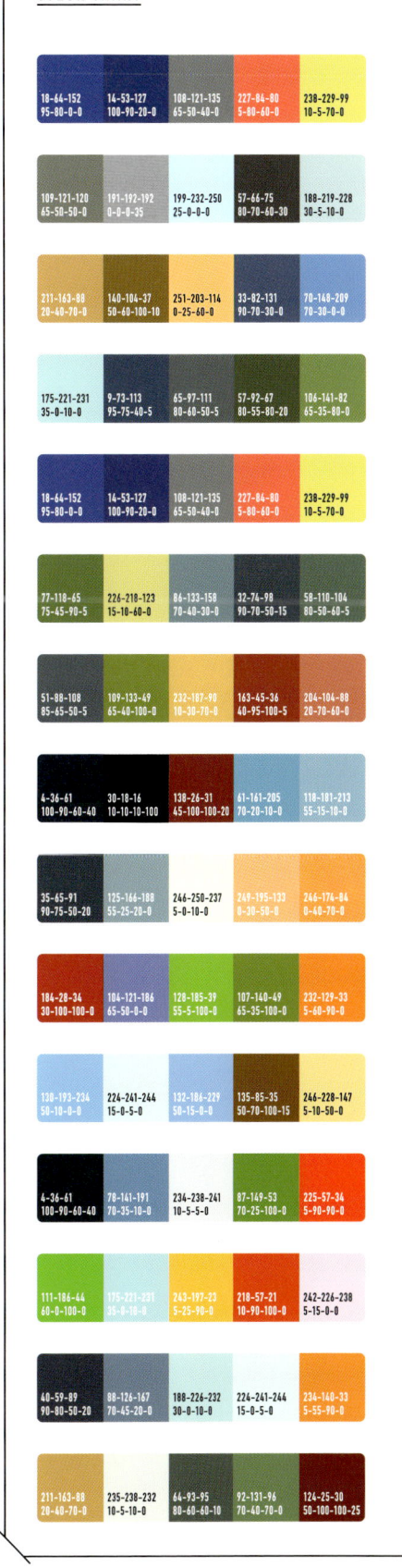

北欧イメージの配色ポイント

Ⓐ base color

色の組み合わせ

Ⓑ ↑寒色メインの組み合わせ
↑ベージュ系の色との組み合わせ

Ⓒ ↑彩度を低めに

Ⓓ ↑明度を低めに

このイメージの配色では、ベースに白・黒・グレーのモノトーンを持ってきます（A）。加えるのは、ベージュや明度と彩度の高めの色彩（B）。彩度を控えめにすれば透明感のある現代的な組み合わせに（C）、明度をやや低めにすればパンチの効いた配色になります（D）。

COLOR CHART

18-64-152 / 95-80-0-0	14-53-127 / 100-90-20-0	108-121-135 / 65-50-40-0	227-84-80 / 5-80-60-0	238-229-99 / 10-5-70-0
109-121-120 / 65-50-50-0	191-192-192 / 0-0-0-35	199-232-250 / 25-0-0-0	57-66-75 / 80-70-60-30	188-219-228 / 30-5-10-0
211-163-88 / 20-40-70-0	140-104-37 / 50-60-100-10	251-203-114 / 0-25-60-0	33-82-131 / 90-70-30-0	70-148-209 / 70-30-0-0
175-221-231 / 35-0-10-0	9-73-113 / 95-75-40-5	65-97-111 / 80-60-50-5	57-92-67 / 80-55-80-20	106-141-82 / 65-35-80-0
18-64-152 / 95-80-0-0	14-53-127 / 100-90-20-0	108-121-135 / 65-50-40-0	227-84-80 / 5-80-60-0	238-229-99 / 10-5-70-0
77-118-65 / 75-45-90-5	226-218-123 / 15-10-60-0	86-133-158 / 70-40-30-0	32-74-98 / 90-70-50-15	58-110-104 / 80-50-60-5
51-88-108 / 85-65-50-5	109-133-49 / 65-40-100-0	232-187-90 / 10-30-70-0	163-45-36 / 40-95-100-5	204-104-88 / 20-70-60-0
4-36-61 / 100-90-60-40	30-18-16 / 10-10-10-100	138-26-31 / 45-100-100-20	61-161-205 / 70-20-10-0	110-181-213 / 55-15-10-0
35-65-91 / 90-75-50-20	125-166-188 / 55-25-20-0	246-250-237 / 5-0-10-0	249-195-133 / 0-30-50-0	246-174-84 / 0-40-70-0
184-28-34 / 30-100-100-0	104-121-186 / 65-50-0-0	128-185-39 / 55-5-100-0	107-140-49 / 65-35-100-0	232-129-33 / 5-60-90-0
130-193-234 / 50-10-0-0	224-241-244 / 15-0-5-0	132-186-229 / 50-15-0-0	135-85-35 / 50-70-100-15	246-228-147 / 5-10-50-0
4-36-61 / 100-90-60-40	78-141-191 / 70-35-10-0	234-238-241 / 10-5-5-0	87-149-53 / 70-25-100-0	225-57-34 / 5-90-90-0
111-186-44 / 60-0-100-0	175-221-231 / 35-0-10-0	243-197-23 / 5-25-90-0	210-57-21 / 10-90-100-0	242-226-238 / 5-15-0-0
40-59-89 / 90-80-50-20	88-126-167 / 70-45-20-0	188-226-232 / 30-0-10-0	224-241-244 / 15-0-5-0	234-140-33 / 5-55-90-0
211-163-88 / 20-40-70-0	235-238-232 / 10-5-10-0	64-93-95 / 80-60-60-10	92-131-96 / 70-40-70-0	124-25-30 / 50-100-100-25

109

CHAPTER 3 | 配色の実践 | 31

大きな色面のインパクト配色

色を考えるときに外せない要素のひとつが、色の面積です。
ここでは大きな面積がもたらす色のパワーについて考えてみましょう。

色には人の感情に訴える力があります。見る人をあたたかい気持ちにさせる色、元気を与える色、料理や商品を引き立てる色、心を鎮める色。そんな色のパワーをデザインに最大限に発揮させようと思った場合に選びたいのが、<u>ドミナントカラー配色</u>★1 です（図1）。
ドミナントカラー配色は、ひとつのデザインを特定の色で埋め尽くす手法。キーになる色を決め、その色と近似色のみでデザイン全体を配色します。この配色は色のメッセージ性を高めるだけでなく、特定の部分のみ色相を大きく変えて際立たせる

ことができるのが利点です。
選ぶ色は赤・青・黄などの色相のはっきりとわかるものがよいでしょう（図2）。中間色や無彩色に近い色でも構成は可能ですが、色面で人を惹き付ける力は弱くなります。メインカラーと組み合わせる色は2パターンあります。文字などの<u>可読性</u>★2 が大事な部分や、それほど目立たせたくない部分には無彩色。アクセントとして引き立たせたい部分には、メインカラーの補色または補色に近い色を選びます（図3）。

（図1）色相をとりどりに組み合わせたデザインは華やかですが、色ひとつひとつの力や全体の集中力には欠けます。

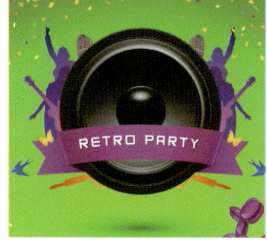

（図2）色の面積を大きくするデザインでは、色相のはっきりとした色を使うのが効果的です。

大きな色面の配色ポイント

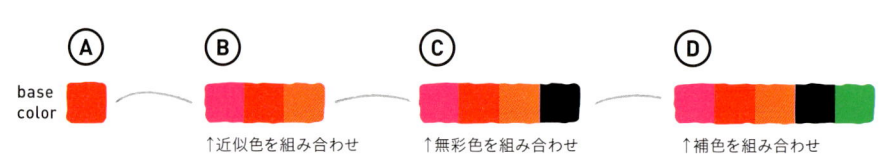

A　base color
B　↑近似色を組み合わせ
C　↑無彩色を組み合わせ
D　↑補色を組み合わせ

ベースは、はっきりした色であればどんな色でも構いません。ここでは赤で説明します（A）。選んだ色に同系色を組み合わせます（B）。さらに無彩色（C）、そしてアクセントカラーを補色または補色に近い色から選びます（D）。

*1 ドミナントカラー配色

「支配された」という意味の言葉で、何らかの色相でデザイン全体を覆い尽くすことを指します。完全に単色の場合もありますが、色相・彩度・明度をすこしずらした同系色で組み合わせることが多いです。

*2 可読性

文字などの読みやすさ。文章やロゴ、商品などははっきりと見やすい状態になっている必要があります。配色では明暗差をつけることで、可読性を担保します。

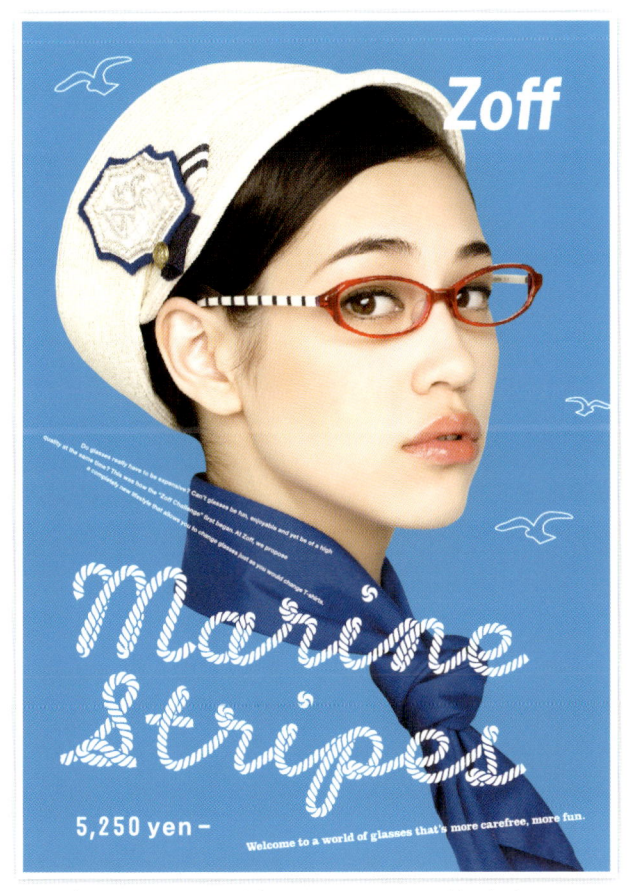

明るいブルーの大きな色の面が印象的なビジュアルです。メガネの赤がアクセントとして効果的に使われています。

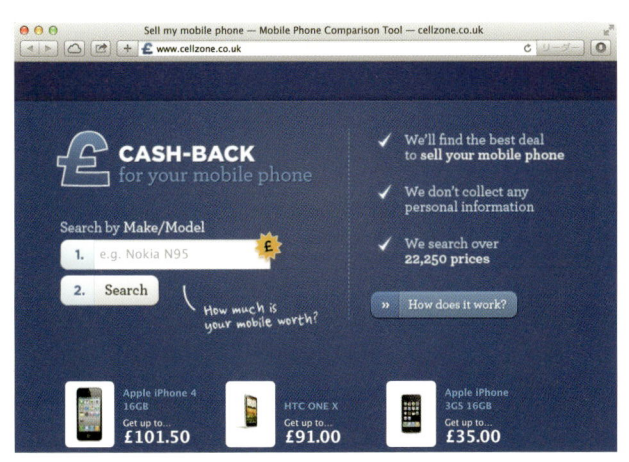

（図3）ドミナント配色では、無彩色または同系色の他にアクセントとして目立たせたい場所に補色を組み合わせます。

COLOR CHART

18-64-152 95-80-0-0	16-25-58 100-100-40-40	31-44-92 100-100-50-0	63-52-22 70-70-100-50	129-109-40 55-55-100-10
65-100-140 80-60-30-0	61-107-138 80-55-35-0	129-151-163 55-35-30-0	154-166-168 45-30-30-0	237-161-60 5-45-80-0
209-142-4 20-50-100-0	207-123-14 20-60-100-0	187-91-30 30-75-100-0	184-28-34 30-100-100-0	203-82-82 20-80-60-0
32-104-100 85-50-60-10	36-95-48 85-50-100-20	120-119-73 60-50-80-5	85-52-21 60-75-100-45	37-17-1 75-85-100-70
30-60-130 95-85-20-0	30-35-128 100-100-10-0	57-113-135 80-50-40-0	31-138-118 80-30-60-0	8-128-60 85-35-100-0
134-40-61 50-95-70-15	121-111-58 60-55-90-5	118-100-55 60-60-90-10	120-80-35 55-70-100-20	118-51-27 50-85-100-30
25-37-72 100-100-60-20	153-151-201 45-40-0-0	99-96-135 70-65-30-0	146-32-136 50-95-0-0	93-24-18 65-95-100-45
122-138-93 60-45-70-0	17-111-161 85-50-20-0	183-211-50 35-0-90-0	66-64-61 75-70-70-35	231-50-120 0-90-20-0
11-111-173 85-50-10-0	7-134-189 80-35-0-0	63-184-236 65-5-0-0	186-227-249 30-0-0-0	255-255-255 0-0-0-0
207-167-205 20-40-0-0	138-40-120 55-95-20-0	156-106-148 45-65-20-0	105-62-130 70-85-20-0	236-235-194 10-5-30-0
224-38-34 5-95-90-0	137-26-39 45-100-90-20	44-0-13 70-100-80-70	71-16-51 70-100-60-45	230-120-0 0-65-100-0
69-189-207 65-0-20-0	46-167-224 70-15-0-0	118-197-171 55-0-40-0	87-182-111 65-0-70-0	111-186-44 60-0-100-0
90-67-152 75-80-0-0	68-49-143 85-90-0-0	77-67-152 80-80-0-0	171-172-23 40-25-100-0	240-234-12 10-0-90-0
179-99-32 35-70-100-0	135-61-36 50-85-100-15	86-20-14 55-95-100-50	30-18-16 10-10-10-100	231-36-32 0-95-90-0
83-38-138 80-95-0-0	44-65-152 90-80-0-0	33-143-73 85-25-90-0	140-163-184 50-30-20-0	212-221-225 20-10-10-0

サイケデリックな配色

彩度の高い色は、人の目に強い刺激を与えます。
そんな刺激的な色を組み合わせた配色が極彩色、サイケデリックな配色です。

もともとは、幻覚剤によってもたらされる感覚や浮遊感をビジュアルや音で表現するのが「サイケデリック」の表現でした。現実にはあり得ないような高彩度な色がぶつかり合い、渦巻くサイケデリックなグラフィカル表現は、1960年代から70年代に大流行しました（図1）。**ヒッピー文化**★1 などとも呼ばれ、東洋やインドなどのアジアからの影響も大きかったようです（図2）。
サイケデリックな色の組み合わせは、黄色・紫・ピンク・黄緑などの高彩度な色や、蛍光色・金・銀・ホログラムなどを多用した「**極彩色**★2」です。

この配色には超現実感とでも呼ぶべき力強さがあり、刺激性が強く見た人の印象に強く残ります。反面、危うさや不安感、反社会的なイメージも強く、好き嫌いがはっきりと分かれるところでもあるでしょう（図3）。
このイメージのデザインでは、現実感のない不思議なものの組み合わせや人工的な加工などがよく合います。写真を合成する場合でも、ナチュラルに仕上げるのではなくわざと切り取ったときにできたラインを残したり、色相の違いなどを強調するような処理が向いていると言えるでしょう。

印刷物をカラーコピーしたようなにじみやノイズ、人工的な色が非日常の不思議な魅力の配色となっています。

黄色の背景に紫を中心としたグラデーションカラーが、サイケなイメージを醸し出しています。

（図1）1960年代のサイケデリックブームでは、絵の具のチューブから絞り出したままのような原色の配色が流行しました。

（図2）インドやアジアの宗教観やその色使いが影響を与えたと言われています。

（図3）明度の高い色を組み合わせることで、明るいイメージに仕上げることも可能です。

＊1　ヒッピー文化

当時の価値観や制度などよりも、人間性を大切に生きようとするムーブメントから生まれました。アメリカの西海岸から世界中へと広がり、音楽、ファッション、アートのジャンルで、独特の文化を生み出しました。

＊2　極彩色（ごくさいしき）

鮮やかな色を何色も使っていて、人目を惹くけばけばしい彩りのことを指します。この言葉自体はあまりいい意味では使われませんが、妖しい魅力のある配色でもあります。

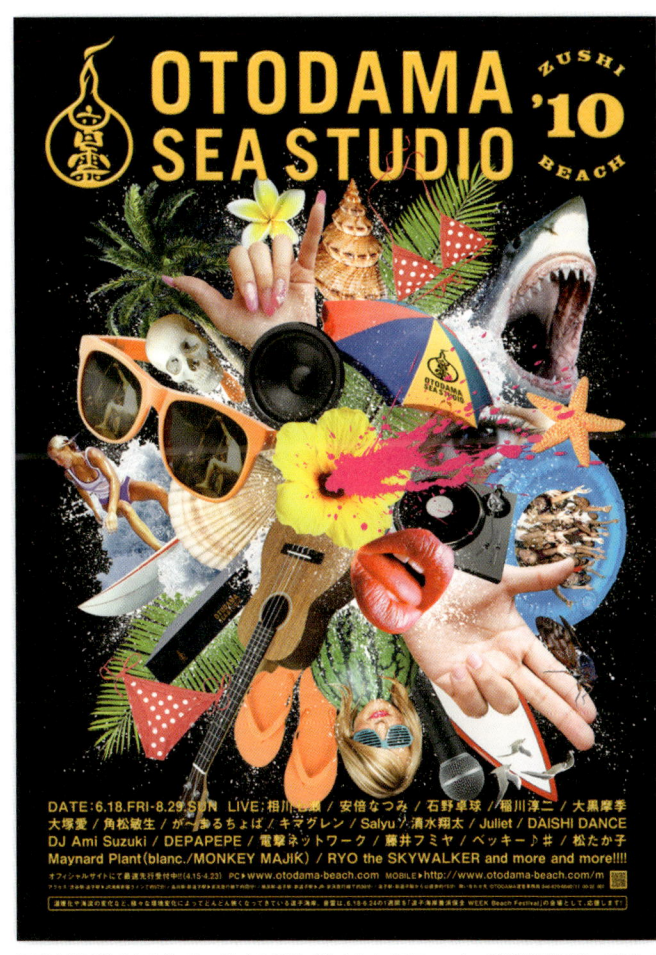

写真を切り貼りする「コラージュ」の手法で作られたグラフィック。放射線状に迫ってくるインパクトある作品です。

サイケデリックな配色のポイント

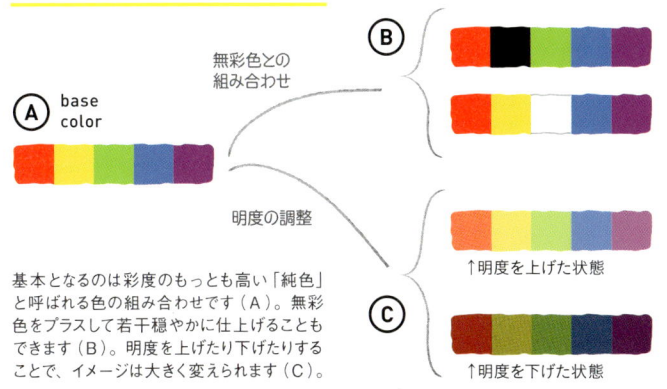

A base color

B 無彩色との組み合わせ

C 明度の調整

↑明度を上げた状態

↑明度を下げた状態

基本となるのは彩度のもっとも高い「純色」と呼ばれる色の組み合わせです（A）。無彩色をプラスして若干穏やかに仕上げることもできます（B）。明度を上げたり下げたりすることで、イメージは大きく変えられます（C）。

COLOR CHART

235-202-27 10-20-90-0	174-28-135 35-95-0-0	200-17-61 20-100-70-0	110-186-68 60-0-90-0	224-38-19 5-95-100-0
30-18-16 10-10-10-100	254-235-190 0-10-30-0	240-132-55 0-60-80-0	103-53-102 70-90-40-5	77-166-53 70-10-100-0
90-67-152 75-80-0-0	62-179-112 70-0-70-0	124-25-30 50-100-100-25	227-84-11 5-80-100-0	239-236-100 10-0-70-0
218-82-120 10-80-30-0	235-97-51 0-75-80-0	131-168-83 55-20-80-0	243-197-23 5-25-90-0	28-156-189 75-20-20-0
176-90-163 35-70-0-0	130-127-187 55-50-0-0	147-210-211 45-0-20-0	157-200-21 45-0-100-0	126-49-142 60-90-0-0
113-199-209 55-0-20-0	125-70-152 60-80-0-0	53-52-114 90-90-30-5	92-181-69 65-0-100-0	247-247-198 5-0-30-0
136-71-152 55-80-0-0	66-123-191 75-45-0-0	237-109-52 0-70-80-0	226-207-32 15-15-90-0	110-186-68 60-0-90-0
127-190-38 55-0-100-0	231-176-33 10-35-90-0	228-96-6 5-75-100-0	225-57-17 5-90-100-0	30-18-16 10-10-10-100
146-72-152 50-80-0-0	25-47-114 100-95-30-0	92-181-49 65-0-100-0	235-202-27 10-20-90-0	227-84-11 5-80-100-0
238-120-31 0-65-90-0	16-139-150 80-30-40-0	249-231-0 5-5-90-0	73-172-53 70-5-100-0	223-46-139 5-90-0-0
104-59-147 70-85-0-0	226-71-50 5-85-80-0	47-90-158 85-65-10-0	58-180-131 70-0-60-0	114-175-45 60-10-100-0
224-37-47 5-95-80-0	112-87-163 65-70-0-0	67-177-73 70-0-90-0	231-119-34 5-65-90-0	113-199-209 55-0-20-0
70-140-56 75-30-100-0	26-49-104 100-95-40-0	90-67-152 75-80-0-0	136-201-161 50-0-45-0	208-46-139 15-90-0-0
134-29-55 50-100-75-15	84-19-46 65-100-70-40	40-35-92 95-100-40-15	225-57-17 5-90-100-0	185-45-34 30-95-100-0
24-127-196 80-40-0-0	32-174-229 70-10-0-0	170-206-54 40-0-90-0	110-58-29 55-80-100-30	228-96-34 5-75-90-0

上品で濃密な配色

色には具体的な「密度」を測る単位や規格はありません。
しかし見るほどに微妙な変化が感じられる、そんな濃密な配色があります。

デジタル画像は「画素★1」と呼ばれる色の粒で構成されています。画素数が多く、密度の高い画像には上質な印象があり、微妙な濃淡の変化を表すことが可能です。配色による密度感も画素と同様に、豊かな色調を持っていることがその条件となります（図1）。

高密度なイメージを作り出すには、ひとつの色相の中でどれだけ微妙な色の変化をつけられるかがポイントになります（図2）。色相をたくさん取り入れた多色配色ではなく、ベースになる色に色相・彩度・明度に少しずつ変化をつけて用いることで、深みや味わい、見応えが生まれるのです。そのためこの配色では、グラデーション技法がよく用いられます。それも明暗差を直線的にグラデーションにしたようなシンプルなものではなく、色相や彩度、明度が有機的に変化するような複雑なものが向いているでしょう（図3）。

この配色を用いると、重厚感や高級感を演出することができます。色調のレンジ★2を幅広くすることで、白に近い色から黒に近い色まで明暗差を大きくすることが可能です。

（図1）画素数とダイナミックレンジ（諧調幅）が大きいと、密度感の高い画像になります。

（図2）ひとつの色相でも明度や彩度の微妙な変化があることによって、見応えのある濃密な印象が得られます。

大きな写真を用いたディスプレイの例。照明と商品、写真とガラス面のデザインとの複雑な濃淡の絡み合いが魅力的です。

（図3）無機質なグラデーションではなく、自然界の中にある微妙な色の変化を活かしたデザインにするとよいでしょう。

濃密な配色のポイント

base color

Ⓐ

Ⓑ
↑暖色系の組み合わせ
↑寒色系の組み合わせ

Ⓒ
↑＋エンジのアクセント
↑＋ブルーのアクセント

ベースとなるのは、黒または黒に近い暗色です（A）。色相や明度・彩度を変化させたカラーを組み合わせます（B）。アクセントカラーとしてまったく異なる色相を取り入れることもありますが（C）、色相の数は極力控えた方がよいでしょう。

＊1 画素
デジタル画像が持つ色情報の最小単位(ピクセル)。デジタルカメラの性能を決めるひとつの重要な要素としても知られています。画素数が多いほど密度が高くなり、精彩な画像が得られます。

＊2 レンジ
範囲、幅のこと。識別可能な信号の最小値と最大値の大きさのことを「ダイナミックレンジ」と呼び、オーディオ機器やカメラなどの性能を表します。

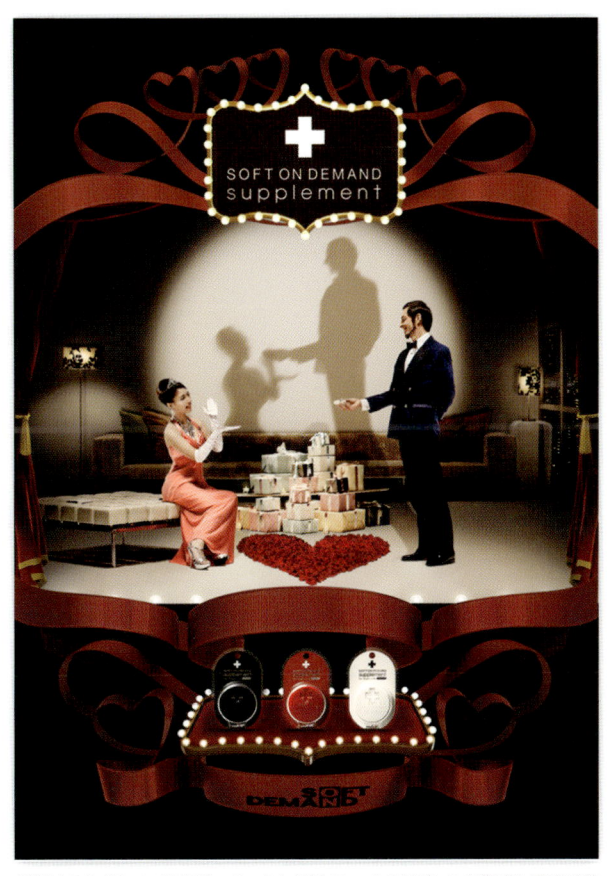

COLOR CHART

61-54-71 80-80-60-30	55-97-47 80-50-100-20	215-195-39 20-20-90-0	138-38-31 45-95-100-20	30-18-16 10-10-10-100
30-18-16 10-10-10-100	0-145-153 80-25-40-0	230-119-90 5-65-60-0	226-71-64 5-85-70-0	87-9-14 55-100-100-50
22-83-48 90-60-100-20	122-143-46 60-35-100-0	100-192-171 60-0-40-0	30-172-75 75-0-90-0	0-121-99 90-40-70-0
30-18-16 10-10-10-100	24-39-47 90-80-70-50	0-71-66 90-60-70-35	133-121-42 55-50-100-5	157-163-116 45-30-60-0
143-185-84 50-10-80-0	109-133-49 65-40-100-0	35-59-31 85-65-100-45	68-56-26 70-70-100-45	118-107-42 60-55-100-10
46-45-102 90-90-30-20	231-36-24 0-95-95-0	30-18-16 10-10-10-100	55-78-40 80-60-100-30	51-15-48 80-100-60-50
134-147-79 55-35-80-0	65-67-46 70-60-80-45	163-45-36 40-95-100-5	59-37-25 70-80-90-50	132-114-70 55-55-80-5
255-219-63 0-15-80-0	191-173-67 25-25-80-10	181-106-38 0-55-80-35	130-64-100 10-65-0-55	0-69-58 100-60-80-35
46-89-167 85-65-0-0	116-169-45 60-15-100-0	157-200-21 45-0-100-0	194-58-30 25-90-100-0	171-44-34 35-95-100-5
197-112-44 25-65-90-0	126-49-142 60-90-0-0	46-63-97 95-100-45-0	0-134-74 85-30-90-0	54-143-166 75-30-30-0
191-185-156 30-25-40-0	129-102-53 55-60-90-10	83-85-49 70-60-90-25	46-32-21 75-80-90-60	105-81-35 60-65-100-25
47-40-38 80-80-80-50	110-113-117 65-55-50-0	213-199-140 20-20-50-0	209-143-42 20-50-90-0	157-29-34 40-100-100-0
162-30-54 40-100-80-5	29-40-87 100-100-50-10	206-207-42 25-10-90-0	116-28-79 60-100-50-15	204-93-23 20-75-100-0
05-33-37 60-90-80-45	76-97-69 75-55-80-15	236-234-172 10-5-40-0	134-147-62 55-35-90-0	30-47-64 80-80-60-40
55-20-26 70-90-80-60	96-111-131 70-55-40-0	83-85-49 70-60-90-25	206-114-60 20-65-80-0	87-9-14 55-100-100-50

劇場風のライティングがドラマチックなデザイン。赤のリボンの光沢感と濃淡が美しく映えています。

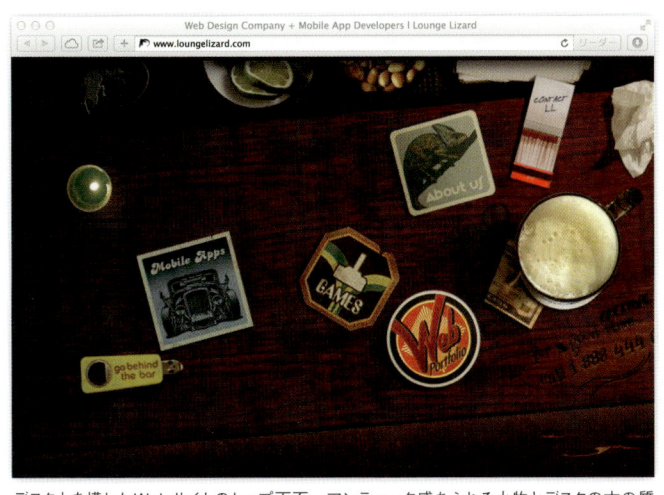

デスク上を模したWebサイトのトップ画面。アンティーク感あふれる小物とデスクの木の質感が重厚な雰囲気を作り出しています。

CHAPTER 3 | 配色の実践 | 34

懐かしさを感じる褪色感

色材を用いて着色したものは、日光や空気、経年変化によって色が褪せます。
あえて褪色したような色を使い、レトロでノスタルジックな雰囲気に仕上げることもできます。

グラフィックの世界には時の経過によって動いたり、変化するといった「時間」の概念はありませんが、加工や色使いによってデザイン的に「時間」をイメージさせることは可能です。そんな表現を使うために覚えておきたいのが、「褪色」や「変色」です（図1）。

褪色は、主に紫外線を浴びることや時間が経過することで色がだんだん抜ける（薄くなる）現象です。基本的にどんな色でも褪色は起きますが、印刷物の場合マゼンタとイエローは特に**色が抜けやすく**★1、逆にシアンとブラックは抜けにくいといった具合に色材による特性があります。また、紙やプラスチック製品、衣類では**黄ばみ**★2、黄変などといった変色の現象も起きます。

ミニマムな中にも華やかさや力強さを感じる、古さと新しさが同居したような印象のブックカバーデザインです。

左右対称に置かれた少女の写真と、タイトルにあるほのかなグラデーションが神秘性を感じさせます。

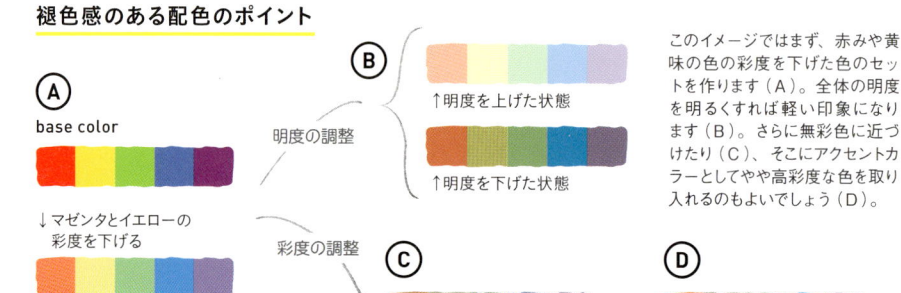

褪色感のある配色のポイント

A base color

↓マゼンタとイエローの彩度を下げる

明度の調整

B
↑明度を上げた状態
↑明度を下げた状態

彩度の調整

C
↑彩度を下げる

D
↑部分的に高彩度色を混ぜる

このイメージではまず、赤みや黄味の色の彩度を下げた色のセットを作ります（A）。全体の明度を明るくすれば軽い印象になります（B）。さらに無彩色に近づけたり（C）、そこにアクセントカラーとしてやや高彩度な色を取り入れるのもよいでしょう（D）。

＊1　色が抜けやすく

色材の中でもブルーやブラックは化合物として結合が強いため、太陽光（紫外線）によって破壊されにくい特性があります。また、今の印刷インキは褪色しにくいよう工夫されています。

＊2　黄ばみ

紙や布にできる黄ばみは、空気や紫外線による化学反応で発生します。通常の印刷用紙は黄ばみが起きないよう、漂白剤や表面加工を施すことが多いようです。

このような変化は一般的には「劣化」としてとらえられますが、逆にその劣化をイメージさせる配色を使うことで、見た人に「時間」の概念を印象づけることが可能になります。このイメージの再現には、対象とする色の変化がどのようなものなのか、よく観察・分析する必要があるでしょう（図2）。無彩色やセピアカラーを取り入れて「時間」を感じさせる場合もあります（図3）。

（図1）褪色や変色といった経年変化は、見る人に時間の流れを感じさせます。

（図2）褪色を画像加工で再現した例。マゼンタやイエローを減らす加工をしています。

（図3）セピアや無彩色のモノトーンをカラーの中に取り入れることで、時代感を感じさせることも可能です。

ハイコントラストに仕上げられた写真とレトロな書体が、60年代アメリカをイメージさせるビジュアル例。

COLOR CHART

212-211-202 20-15-20-0	157-140-123 45-45-50-0	100-128-109 65-45-60-0	237-174-144 5-40-40-0	223-204-161 15-20-40-0
162-215-212 40-0-20-0	226-218-123 15-10-60-0	231-36-24 0-95-95-0	177-219-194 35-0-30-0	136-171-218 50-25-0-0
90-69-79 70-75-60-20	179-189-160 35-20-40-0	235-236-213 10-5-20-0	190-160-148 30-35-40-0	117-93-90 60-65-60-10
148-63-67 45-85-70-10	147-143-76 50-40-80-0	198-153-156 25-45-30-0	82-98-111 75-60-50-5	94-35-97 75-100-40-5
120-80-35 55-70-100-20	191-222-174 30-0-40-0	218-226-74 20-0-80-0	239-133-109 0-60-50-0	224-54-87 5-90-50-0
179-181-156 35-25-40-0	88-82-78 65-60-60-30	168-161-148 40-35-40-0	61-103-114 80-55-50-5	160-216-239 40-0-5-0
136-125-74 55-50-80-0	243-212-161 5-20-40-0	236-163-122 5-45-50-0	204-93-57 20-75-80-0	163-57-46 40-90-90-5
223-182-36 15-30-90-0	211-212-211 20-15-15-0	255-255-255 0-0-0-0	39-101-114 85-55-50-5	26-53-86 95-85-50-20
178-183-191 35-25-20-0	0-94-173 90-60-0-0	7-65-91 95-75-50-20	107-91-30 30-75-100-0	211-183-153 20-30-40-0
99-36-31 55-90-90-40	218-145-39 15-50-90-0	160-198-109 50-0-70-0	99-177-199 65-10-20-0	72-39-80 80-95-50-20
66-77-91 80-70-55-15	57-113-135 80-50-40-0	168-191-143 40-15-50-0	244-209-118 5-20-60-0	243-199-91 5-25-70-0
102-186-168 60-5-40-0	202-214-188 25-10-30-0	255-233-169 0-10-40-0	117-101-93 60-60-60-10	228-96-83 5-75-60-0
223-24-115 5-95-20-0	27-104-206 70-0-20-0	127-187-87 55-5-80-0	233-196-92 10-25-70-0	227-84-51 5-80-80-0
243-222-185 5-15-30-0	244-233-219 5-10-15-0	90-56-34 60-75-90-40	201-215-206 25-10-20-0	209-155-123 20-45-50-0
84-91-107 75-65-50-5	115-49-84 60-90-50-15	163-76-70 40-80-70-5	122-194-131 55-0-60-0	202-167-45 25-35-90-0

CHAPTER 3 | 配色の実践 | 35

コクのあるローキー配色

影の部分の色を意識して丹念に描写することで、
深みとコクのあるビジュアルになります。

人は暗がりの中では、わずかな光の変化にも敏感になるものです。影の中にせり上がってくるリアルな立体感や、暗色の中に垣間見える色の鮮やかさなど、輝く太陽の下では気づかない深く静かな世界を表現するのが、「ローキー★1」と呼ばれる写真の技法（図1）。ディテール★2の豊かな暗部の描写が多くの面積を占め、ドラマティックに見える他、わずかに存在する明るい部分に視線が集まります。配色でこのような効果を得るためには、デザイン全体を明度の低い色で配分する必要があります。また暗部の諧調を豊かにすることと、最小限の面積に抑えた明度の高い色や彩度の高い色がデザインの中心（もっとも伝えたいポイント）に来るようにコントロールしましょう。

この配色の考え方は舞台の照明に似ています。舞台ではまったく光のない状態を基本とし、周囲のセットなど必要な部分に最小限の光を与え、注目させたい部分にスポットライトをあてます（図2）。また暗部のディテールを再現する手法は、映画でもよく用いられています。いずれも表現としてはうわべだけでなく、感情や人・モノの奥にあるものを浮き立たせるために考えられた方法です（図3）。

真っ赤なグラデーションカラーが印象的ですが、写真部分は明暗差のはっきりと出し、ドラマチックに仕上げています。

(図1)「ローキー」は全体を暗めに撮影して、重厚感や心象風景などを表す写真のテクニックです。

(図2) 舞台の照明は、闇の中から必要な要素だけを浮き彫りにし、さらに色や光の形で演出を加えます。

(図3) 劇場で観る映画の光と影、色の表現は、家庭用のテレビでは再現できない豊かさを持っています。

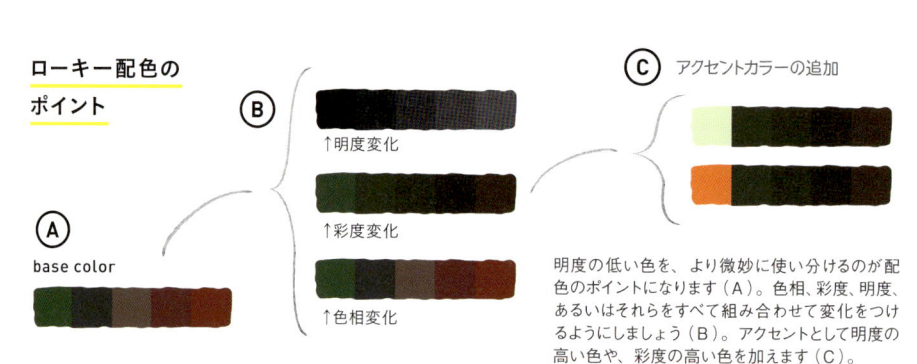

ローキー配色のポイント

Ⓐ base color

Ⓑ
↑明度変化
↑彩度変化
↑色相変化

Ⓒ アクセントカラーの追加

明度の低い色を、より微妙に使い分けるのが配色のポイントになります（A）。色相、彩度、明度、あるいはそれらをすべて組み合わせて変化をつけるようにしましょう（B）。アクセントとして明度の高い色や、彩度の高い色を加えます（C）。

*1 ローキー
具体的にはカメラの露出を絞って、入る光を抑えることで暗い画面に仕上げる手法です。結果的に適正な露出より低くなってしまった「アンダー」と呼ばれる現象とは分けて考えられています。

*2 ディテール
細部、詳細。写真やイラスト、グラフィック作品などを評する際に用いるほか、文学や映画のストーリーなどの内面の描写力の評価にも使われる言葉です。

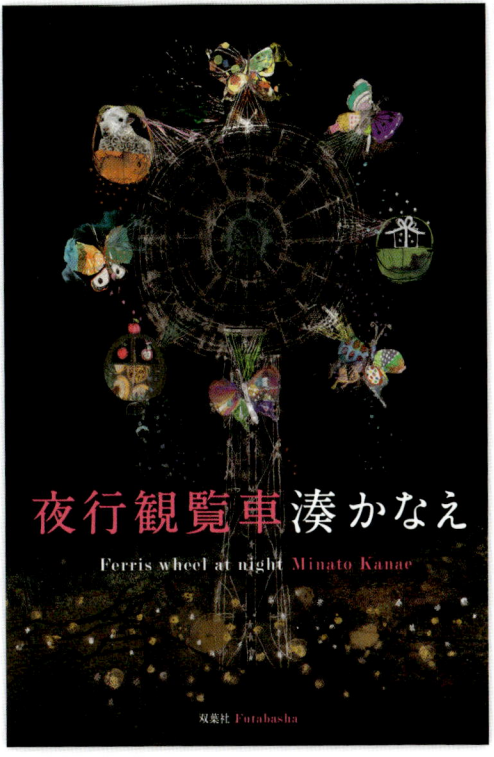

観覧車のコラージュが幻想的なブックカバーデザインです。暗色部分の静けさの中に「何か」ありそうな深い表現が魅力的です。

COLOR CHART

0-50-84 100-75-40-40	189-195-196 30-20-20-0	0-140-180 80-30-20-0	20-57-68 90-70-60-40	0-103-131 90-55-40-0
118-22-35 50-100-90-20	169-143-106 40-45-60-0	63-67-38 70-75-80-50	143-117-98 50-55-60-5	30-18-16 10-10-10-100
51-59-58 80-70-70-40	153-181-177 65-20-30-0	100-187-186 60-5-30-0	22-57-59 90-70-70-40	107-128-124 65-45-50-0
90-76-54 65-65-80-30	147-129-104 50-50-60-0	38-31-30 80-80-80-60	30-18-16 10-10-10-100	110-78-69 60-70-70-20
120-72-56 55-75-80-20	192-183-117 30-25-60-0	235-189-142 0-70-20-0	59-45-65 80-85-60-35	221-175-89 15-35-70-0
89-69-109 75-80-40-5	96-45-112 75-95-30-0	61-27-9 65-85-100-60	29-13-44 90-100-60-55	68-38-85 85-100-50-10
154-85-61 45-75-80-5	46-47-84 90-90-50-20	66-100-127 80-60-40-0	50-74-65 80-60-70-35	254-236-210 0-10-20-0
91-55-79 70-85-55-20	114-96-40 60-60-100-15	63-52-22 70-70-100-50	45-37-14 75-75-100-60	37-16-9 75-85-90-70
92-158-186 65-25-20-0	133-198-206 50-5-20-0	120-112-99 60-55-60-5	114-69-53 55-75-80-25	67-31-30 65-85-80-55
162-31-40 40-100-95-5	118-21-43 50-100-80-30	225-81-151 5-80-0-0	137-53-124 55-90-20-0	30-18-16 10-10-10-100
221-226-230 5-0-0-15	81-78-77 10-10-10-80	42-33-31 10-10-10-95	243-230-0 5-0-100-5	72-79-93 30-15-0-75
89-63-100 40-55-0-60	120-67-84 0-55-10-65	0-40-85 100-50-0-70	22-103-114 65-0-20-60	0-87-29 75-0-90-65
30-18-16 10-10-10-100	223-46-139 5-90-0-0	50-91-135 85-65-30-0	89-118-186 70-50-0-0	113-199-209 55-0-20-0
53-32-28 70-80-80-60	110-58-29 55-80-100-30	44-65-75 85-70-60-30	59-76-138 85-75-20-0	15-54-117 100-90-30-0
10-40-19 90-70-100-60	124-122-46 60-50-100-0	79-42-17 60-80-100-50	212-83-21 15-80-100-0	175-200-232 35-15-0-0

CHAPTER 3　配色の実践　36

無彩色の魅せる配色

無彩色には、知的でストイックな印象があります。
色味を極限まで抑えた、魅力的な配色について考えてみましょう。

無彩色とは彩度のない色。つまり色味が感じられない白、グレー、黒のことを指します。「困ったら無彩色（あるいは黒）」とよく言われるように、無彩色はどんな色とも組み合わせできる万能色ですが、**配分や質感**★1 によっては冷たさやさみしさを感じさせてしまう色でもあります。

無彩色を魅力的に感じさせるには、無彩色に加えてわずかに色味を感じることのできる程度の無彩色に近い色を組み合わせるのが有効です（図1）。たとえわずかな色味であっても、無彩色の中にあることでその**存在は強調**★2 されます。

逆に完全な無彩色の中に、完全な有彩色を組み合わせる方法もあります（図2）。この場合の有彩色は、面積を極力小さくすることでアクセントとして機能します。

また、ひとくちに「無彩色」と言っても、明度の高い組み合わせと、明度の低い組み合わせでは印象がまったく違ってきます（図3）。軽やかさややさしさを感じさせたい場合は、明度を高く。逆に重々しさや強さ、格調の高さなどを演出したい場合は明度を低く組み合わせるとよいでしょう。無彩色の組み合わせでは、微妙な明度の変化も人の目にはっきりと感じさせることができます。

しっとりとした質感の無彩色に、ナチュラルな生成りの糸やペーパーでアクセントを加えたボトルデザイン。

（図1）同じグレーでも、黄みや青み、赤みといった色をわずかに感じられるものもあります。彩度を抑えた組み合わせではその違いがよくわかります。

（図2）無彩色の中にはっきりとした有彩色を取り入れることで、アクセントカラーの効果が高まります。

光の当たり方によって柔らかくその表情を変化させるデザイン。エンボスの文字がミニマムな中にも質の高さを感じさせます。

（図3）同じ無彩色の組み合わせでも、明度の高い低いによって、人に与えるイメージは大きく変化します。

＊1　配分や質感

無彩色を大きく配置すると、無機質な印象が強調されます。柔らかさや有機的な印象が欲しい場合は、明度に変化を付ける（濃淡）とよいでしょう。マットな質感の素材では柔らかさが感じられます。

＊2　存在は強調

彩度対比と呼ばれる現象によって、無彩色の中の有彩色はより強調されて感じられるものです。わずかな変化をやさしく見せたり、強い対比を作り出して鮮烈な印象を与えることも可能です。

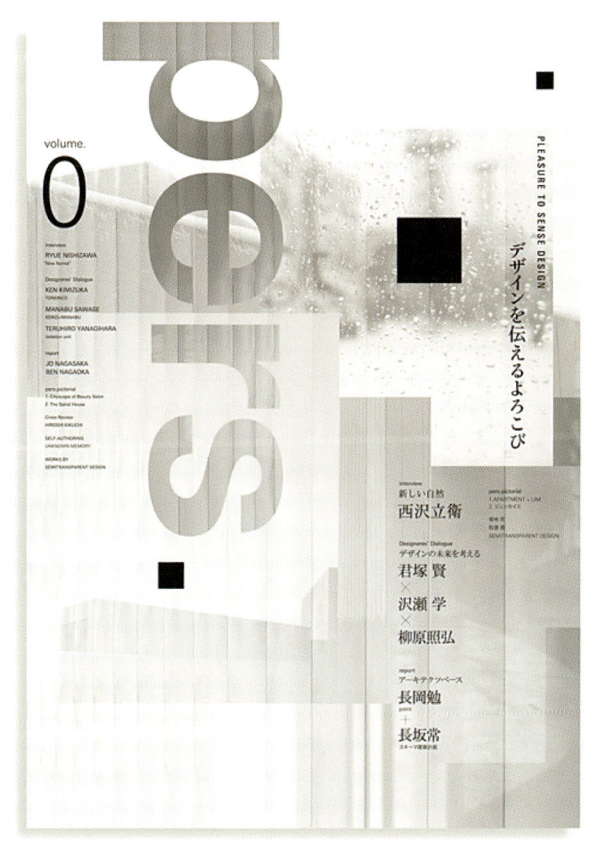

わずかに明度の異なる無彩色を組み合わせて作り出した、透明感あふれる美しいブックデザインの例です。

無彩色をメインにした配色のポイント

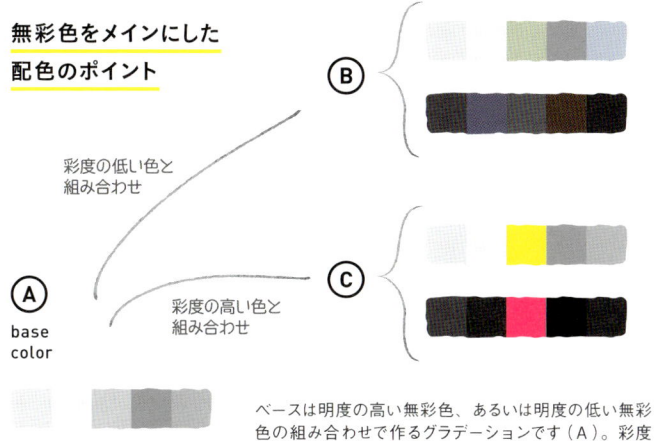

Ⓐ base color

Ⓑ 彩度の低い色と組み合わせ

Ⓒ 彩度の高い色と組み合わせ

ベースは明度の高い無彩色、あるいは明度の低い無彩色の組み合わせで作るグラデーションです（A）。彩度の低い有彩色を組み合わせるか（B）、アクセントとして強い有彩色を組み合わせてもよいでしょう（C）。

COLOR CHART

102-100-100 0-0-0-75	76-73-72 0-0-0-85	230-230-230 0-0-0-15	30-18-16 10-10-10-100	201-202-202 0-0-0-30
64-54-45 60-60-65-60	96-87-83 40-40-40-55	155-143-136 35-35-35-20	218-206-191 10-15-20-10	30-18-16 10-10-10-100
47-39-37 0-0-0-95	109-108-111 5-5-0-70	90-34-21 40-80-80-60	173-173-178 5-5-0-40	237-236-242 5-5-0-5
148-151-145 35-25-30-25	99-100-93 55-45-50-30	171-196-173 30-5-30-15	47-45-61 75-70-50-55	77-98-106 70-50-45-25
58-66-70 80-70-65-30	144-146-151 50-40-35-0	178-183-191 35-25-20-0	144-146-151 50-40-35-0	91-86-81 70-65-65-15
178-174-178 35-30-25-0	190-186-183 30-25-25-0	201-199-197 25-20-20-0	223-224-217 15-10-15-0	235-238-232 10-5-10-0
85-87-85 60-50-50-40	132-140-123 40-25-40-30	209-210-195 15-10-20-10	246-241-214 5-5-20-0	233-71-77 0-85-60-0
47-55-54 80-70-70-45	235-97-32 0-75-90-0	109-102-97 65-60-60-5	200-208-210 25-15-15-0	30-18-16 10-10-10-100
230-230-230 0-0-0-15	145-145-127 50-40-50-0	49-49-52 80-75-70-45	0-140-180 80-30-20-0	183-211-50 35-0-90-0
63-60-104 70-65-15-45	57-47-69 65-65-35-60	44-64-54 65-60-40-70	61-107-138 80-55-35-0	78-84-88 75-65-60-15
109-91-107 30-40-15-55	111-118-100 35-20-40-50	51-59-58 80-70-70-40	131-114-101 20-30-35-40	111-107-82 35-30-50-50
91-86-81 70-65-65-15	49-49-52 80-75-70-45	144-146-151 50-40-35-0	38-31-30 80-80-80-60	211-212-211 20-15-15-0
234-238-241 10-5-5-0	190-186-183 30-25-25-0	132-135-139 55-45-40-0	109-102-103 65-60-55-5	157-200-21 45-0-100-0
168-98-105 40-70-50-0	167-160-150 20-20-25-30	176-170-161 15-15-20-10	164-154-155 30-30-25-20	164-146-136 30-35-35-20
245-243-242 5-5-5-0	123-116-117 60-55-50-0	17-31-31 90-80-80-60	151-183-210 45-20-10-0	100-12-16 50-100-100-45

CHAPTER 3 配色の実践 | 37

アニメーション的彩色

リアリティと創作感とが混じり合ったアニメーションの世界。
識別のしやすさから心持ちの表現まで、色の役割は大きいといえるでしょう。

アニメーションやコミックで「色」といえば、**主線**★1 でくっきりと形作られた中にべた塗りされたものが連想されます。キャラクターは、街で実際に歩いている人と同じような背景やファッションを持ちつつも、髪や目の色は現実にはあり得ない鮮やかな色をしているのも大きな特徴と言えるでしょう（図1）。

アニメーションに限らず、物語においてキャラクターの**カラー**★2 というのは、その性格やバックボーンを表現するための重要な要素です。また主人公とライバル、仲間と敵などの構図を作り出すために色で識別できるようにする、といった役割もあります。（図2）。しかし一方、識別の機能が高すぎるとキャラクターが記号的な表現となり、見る人が感情移入しにくくなったり、細やかな心情表現からは遠ざかってしまう場合もあります。

この配色のポイントとしては、ある程度高彩度な色を用いつつ、グラデーションやぼかし、透過などの技術を織り交ぜる。あるいは使用する色相を絞って近似色配色するとよいでしょう（図3）。ピンクや紫、明るい青系統の色をベースにすると、現代的な雰囲気に仕上がります。

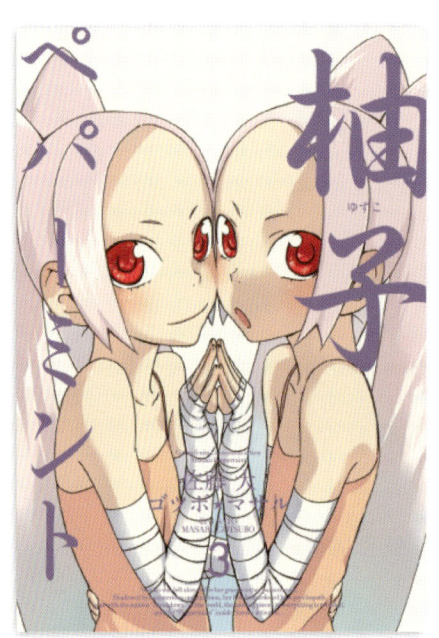

紫から赤への近似色を中心にシンプルな配色を施した例。心理的な奥行きだけでなく、妖しさも表現されています。

躍動感のある構図と愛らしいロゴが印象的ですが、寒色をメインにした配色で引き締まった印象に仕上がっています。

（図1）キャラクター画の色彩の特徴は、鮮やかさとわかりやすさです。

（図2）色彩は識別のためだけでなく、キャラクターの性格を表現する重要な要素です。

（図3）同系色やグラデーション、透過の表現などを加えることで奥行きを表現する手法もよく見られるようになりました。

＊1　主線

しゅせん、おもせんなどと読みます。アニメーションで着色する場合、最初に主線を描いてから塗りの行程に進むのが一般的ですが、くっきりとした均一の主線は子供っぽい印象にもつながります。

＊2　カラー

単なる「色彩」というだけでなく、キャラクターの場合にはその性格や背景描写などの表現を含め、色の持つイメージを最大限に活用しています。

明るい空の背景に少女の鮮やかなキャラクターが浮かび上がる配色。寒色系を中心に甘くなりすぎないキャラクター描写です。

アニメーション的配色のポイント

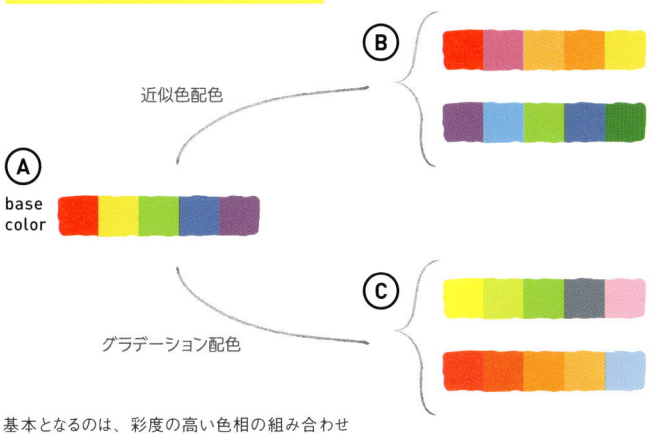

- A base color
- B 近似色配色
- C グラデーション配色

基本となるのは、彩度の高い色相の組み合わせです（A）。スタイリッシュに仕上げたい場合には近似色の配色や（B）、同じ色相でグラデーションを作るとよいでしょう（C）。ピンクやブルーを中心に組み合わせると現代的な印象です。

COLOR CHART

フォーマル感のある配色

正式な、あるいは格式のあるといった意味の「フォーマル」。
配色のポイントは、色数を抑え艶やかさを演出することです。

フォーマルな、という形容詞は主にファッションや作法などに使われます。なにが正式なのかはその**文化**★1 や状況によって異なりますが、ここでは世界的にフォーマルファッションの基準となっている、19世紀ヨーロッパのイメージで配色を考えてみましょう。

フォーマルウエアとして知られているのが、男性のフロックコートや燕尾服。女性の場合はイブニングドレスなど（図1）。色で言えば黒と白がベースで、深紅や鮮やかなブルー、グリーン、金、銀などの組み合わせがこのイメージに合います（図2）。また**装飾性**★2、光沢感などが加わることでフォーマルなイメージは高まります（図3）。

注意したいのは、色数を使いすぎないことと面積のバランスです。メインカラーとサブカラーの組み合わせの場合、その比率に大きく差をつけること。黒や白がベースなら、8:1もしくは9:1くらいの比率で。彩度の高い色をメインで使う場合は、他の色はほとんど使わずごくわずかに無彩色、もしくは金銀を加える程度にしておきましょう。

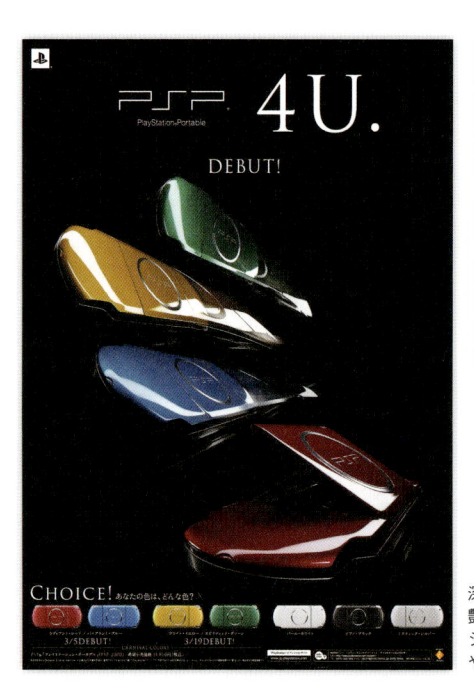

明暗の美しいコントラストでクラス感を感じさせるショップデザインです。わずかな「色」がアクセントになっています。

深い黒の中から浮かび上がる艶やかな「色」が印象的なビジュアルです。製品の美しさや質の良さが伝わります。

（図1）男性のフォーマルウェアは、主に白と黒で構成されます。

（図2）黒または白をベースに、彩度の高い色を少量加えるのがこの配色の基本です。

（図3）華美な装飾や質感、光沢感は、フォーマルな印象を高めてくれます。

＊1　文化

日本でも正装はヨーロッパのものが採用されていますが、和服の正装でも紋を白く染め抜いた黒が基調になっています。伝統的な和服の黒は何度もくり返し染めることで、より黒い黒が得られるのだそうです。

＊2　装飾性

もともとのフォーマルの考え方は王族や貴族、宗教家のものです。威厳と格式を保つために、過度な装飾を持つ文化や時代もありました。現代では無駄なものが削ぎ落とされシンプルなものが好まれる傾向があるようです。

COLOR CHART

30-18-16 10-10-10-100	42-33-31 10-10-10-95	22-36-61 95-90-60-40	43-47-63 85-80-60-40	107-110-113 65-55-50-5
112-19-24 50-100-100-35	74-6-19 60-100-90-55	235-236-213 10-5-20-0	191-184-137 30-25-50-0	223-224-217 15-10-15-0
2-153-59 80-15-100-0	30-18-16 10-10-10-100	170-150-73 40-40-80-0	218-57-36 10-90-90-0	30-18-16 10-10-10-100
30-18-16 10-10-10-100	119-156-46 60-25-100-0	139-26-81 50-100-50-10	51-59-58 80-70-70-40	21-3-1 30-30-30-100
200-8-82 20-100-50-0	33-27-18 80-80-90-65	10-18-50 100-100-60-50	247-248-218 5-0-20-0	169-143-123 40-45-50-0
110-50-29 55-80-100-30	117-101-93 60-60-60-10	168-153-144 40-40-40-0	30-18-16 10-10-10-100	245-243-242 5-5-5-0
30-18-16 10-10-10-100	245-243-242 5-5-5-0	91-86-87 70-65-60-15	184-28-34 30-100-100-0	205-115-121 20-65-40-0
10-34-54 95-85-60-50	55-72-77 80-65-60-30	63-47-38 70-75-80-50	86-72-41 65-65-90-35	255-254-238 0-0-10-0
255-255-255 0-0-0-0	255-226-0 0-10-90-0	200-195-185 0-5-10-30	89-84-79 0-5-10-80	30-18-16 10-10-10-100
79-105-114 75-55-50-5	120-138-111 60-40-60-0	87-89-63 70-60-80-20	61-20-17 65-90-90-60	37-10-7 75-90-90-70
255-255-255 0-0-0-0	107-110-113 65-55-50-5	100-165-49 65-15-100-0	33-109-54 85-45-100-10	30-18-16 10-10-10-100
30-18-16 10-10-10-100	135-118-102 55-55-60-0	75-122-124 75-45-50-0	234-229-218 10-10-15-0	142-155-164 50-35-30-0
31-71-83 90-70-60-20	208-145-119 20-50-50-0	210-57-51 15-90-80-0	62-4-7 65-100-100-60	76-78-116 80-75-40-0
180-135-50 35-50-90-0	82-62-27 65-70-100-40	217-228-128 20-0-60-0	33-78-101 90-70-50-10	0-38-56 100-80-60-50
255-255-255 0-0-0-0	187-85-91 0-70-40-30	0-61-102 100-40-10-60	148-148-149 0-0-0-55	30-18-16 10-10-10-100

衣装も背景も黒という、極限まで絞られた色使いによって見る人の気持ちも引き締まるようなフォーマル感が感じられます。

フォーマル感のある配色のポイント

- **A** base color
- **B**
- **C**

基本になるのは黒です（A）。黒の面積を多くして、白や金銀、彩度の高い色をわずかに加えます（B）。彩度のある色を使う場合は、赤、青、緑などの明度が低い強い印象の色の面積を多くし、わずかに白や黒を組み合わせます（C）。

CHAPTER 3 | 配色の実践 | 39

透明感のある配色

色が重なり影響し合うことで、平面の中にも奥行きが感じられます。
爽やかさや光のイメージを生み出すには、どのような配色が適しているのでしょうか。

初夏の日差しに葉が透けて葉脈が浮かび上がったり、色ガラスを透過した灯りが爽やかさやぬくもりを感じさせるなど、私たちの回りには多くの透明感がもたらす美があります（図1）。

透明というのは、何かの背後に別のものが透けて見えている現象です。つまり、要素がひとつしかない状況では、透明を感じさせることはできません。色で透明感を表す場合も、色と色との重なり合いや徐々に光が変化して行くさまを表現する必要があります（図2）。手法としては2通りあります。ひとつはグラデーションで光のゆらぎを表現する方法。もうひとつは複数の色に対して、その混合色を用意する方法です。

混合色は、例えば青と黄色であれば緑、赤と黄色であればオレンジといった具合に、**減色混合**[1]による色の組み合わせ。平面上では**物理的な透過**[2]は起きませんが、透過しているような錯覚を見る人にもたらすことができます（図3）。グラデーション表現の場合は、背景にとけ込むように色を変化させたり、光を感じさせるような明暗差を表現すると、奥行き感とともに透明感が得られます（図4）。

（図1）光の透過による変化や、奥にあるものが透けて見える美しさは、昔から人の心を魅了してきました。

（図2）先にあるものが透けて見えるのが透明感ですが、どのように透けるかは材質や光の状況によって変化します。

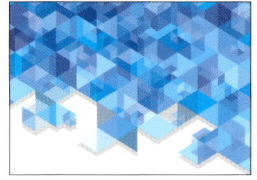

（図3）色面の組み合わせだけでも、その色の組み合わせ方次第で透明感を演出することが可能です。

（図4）グラデーションのみでも、光や透明感を感じさせることはできます。

写真と写真が重なり合い透過する、美しいビジュアル。ライティングボックスに置かれたポジフィルムのようなイメージです。

*1 減色混合

絵の具を混ぜたときに起きる色の変化です。マゼンタとイエローを加えるとレッドに、青に白を加えると水色に変化します。

*2 物理的な透過

モノにはどんなものでも、光が当たることで透過や反射といった現象が起きています。どの程度透過して、どの程度反射するのかはそのモノの材質によって変わります。

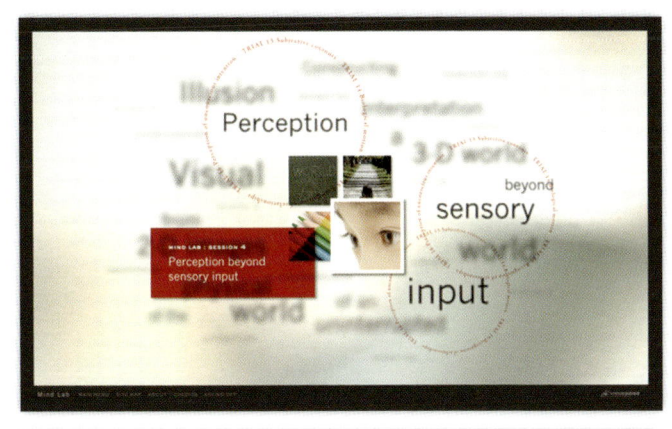

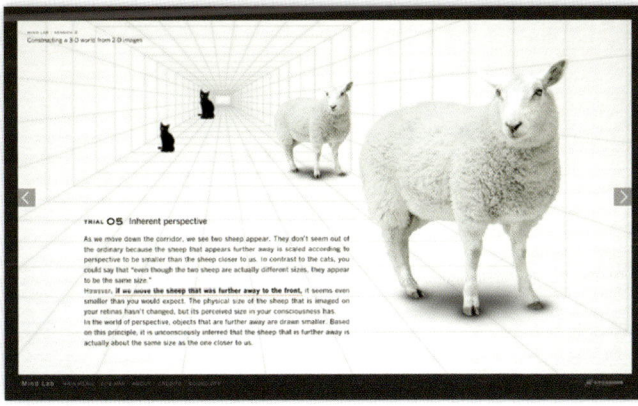

透過やぼかし、遠近法を巧みに取り入れた、吸い込まれてしまうような奥行き感のあるデザインです。

©2009 Japan Science and Technology Agency.

透明感のある配色のポイント

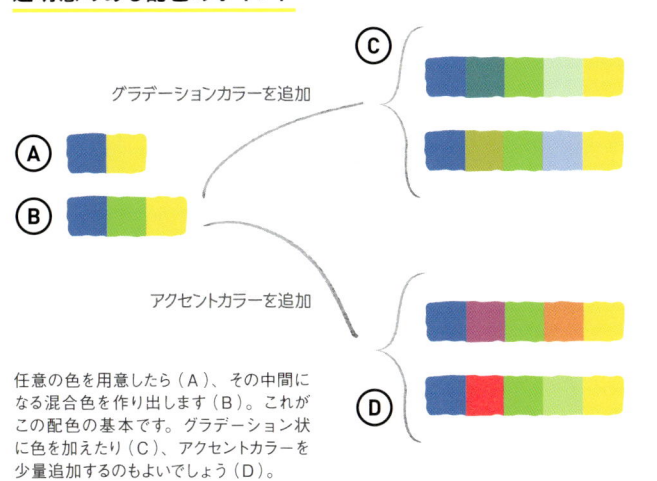

グラデーションカラーを追加

アクセントカラーを追加

任意の色を用意したら（A）、その中間になる混合色を作り出します（B）。これがこの配色の基本です。グラデーション状に色を加えたり（C）、アクセントカラーを少量追加するのもよいでしょう（D）。

COLOR CHART

CHAPTER 3 | 配色の実践 | 40

土や木のたくましい色

大地やその土地に大きく根を張った木には、強い生命力を感じます。
長い長い時間の経過や、たくましさの感じられる。そんな配色を考えてみましょう。

長い時年月をかけて細かくなった砂に、植物や動物の死骸や活動が加わることで「土」ができます。「母なる大地」という言葉があるように、土は動物が生きて行くためのまさに命の源とも呼べる存在です（図1）。

「アースカラー」は、そんな土や木々の色をベースに考えられた配色で、エコロジーのイメージとしてよく用いられています。1970年代には主にベージュ系を中心とした**アースカラー**★1 が流行しました。大地や木をイメージさせる明るめの茶系から、太陽のオレンジ、葉の緑、空や海をイメージしたブルーなどを組み合わせられたものです（図2）。

現代のアースカラーは、この時代のものに比べると全体的に明度を下げて色数を絞る傾向で、より重厚感が増し**哲学的な印象**★2 が強いものになっています。同系色で明暗差や彩度差をわずかに変化させることで、深みのある表現が可能になるでしょう（図3）。

色を加える場合には、彩度の高い色を小さな面積でアクセントとして扱う方法と、加える色の明度を下げてベース色に調和させる方法とがあります。色相は自由で、寒色系でも暖色系でもよく合います。

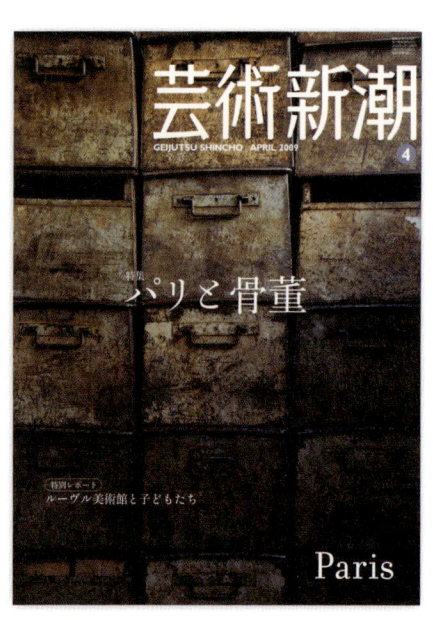

長い時間を経て生まれた、金属の錆から感じ取れるさまざまな表情が静かな鼓動を感じさせるビジュアルです。

ミニマルな中に、光と影や豊かさと乾き、美しさと力強さなどが感じられるブックデザインの例です。

（図1）土や木の持つ色には、生命力やたくましさ、力強さが感じられます。

（図2）70年代のヒッピー文化では、サイケデリックな色とともに自然回帰をイメージしたアースカラーが流行しました。

（図3）現代的なアースカラーはよりシンプルで重厚感のあるイメージです。

＊1　アースカラー

エコロジーや環境保全を表す際にもよく用いられます。アースカラーを活かした配色の場合は、より軽やかに明度の高い色を組み合わせます。

＊2　哲学的な印象

土や樹木ができるまで、あるいは鉄錆といった現象が発生するには一定の時間の経過が必要です。これらをイメージした配色には、長い時間の経過やその中で蓄えられたものを表す効果もあります。

うねりのある有機的な巨大な木の幹のビジュアルと、シンプルなラインやテキストとの対照が美しいデザイン。

青みのピンクやオレンジが、エキゾチックな印象を与えるグラフィック。身体の奥底から発せられるようなパワーを感じます。

土や木をイメージした配色のポイント

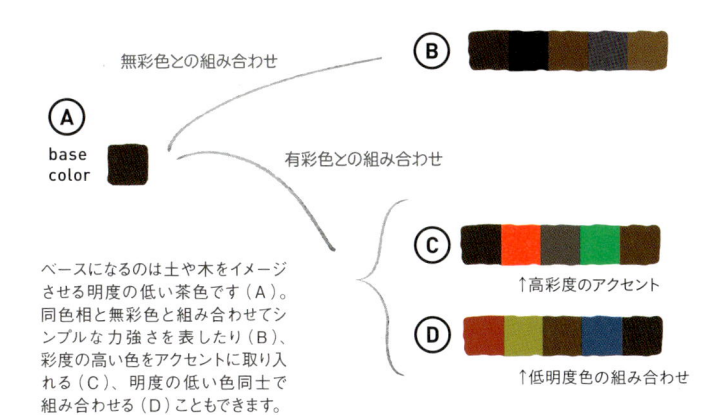

Ⓐ base color

Ⓑ 無彩色との組み合わせ

Ⓒ 有彩色との組み合わせ　↑高彩度のアクセント

Ⓓ ↑低明度色の組み合わせ

ベースになるのは土や木をイメージさせる明度の低い茶色です（A）。同色相と無彩色と組み合わせてシンプルな力強さを表したり（B）、彩度の高い色をアクセントに取り入れる（C）、明度の低い色同士で組み合わせる（D）こともできます。

COLOR CHART

50-41-35 75-75-80-55	134-126-120 55-50-50-0	188-131-115 30-55-50-0	91-43-41 60-85-80-40	62-52-48 70-70-70-50
105-43-40 40-80-70-50	185-50-33 30-90-100-0	211-212-211 20-15-15-0	165-146-89 40-40-70-5	30-18-16 10-10-10-100
134-140-78 55-40-80-0	113-154-167 60-30-30-0	188-188-140 35-20-50-0	115-107-0 0-0-90-70	90-50-42 60-80-80-40
253-238-237 0-10-5-0	237-232-150 10-5-50-0	135-77-46 50-75-90-15	92-40-19 55-85-100-45	30-18-16 10-10-10-100
138-50-52 0-75-50-55	115-107-0 0-0-90-70	0-101-112 85-0-30-55	109-63-0 0-50-100-70	0-52-119 100-70-0-40
26-30-83 100-100-50-15	72-26-44 75-100-80-35	220-232-115 15-0-65-0	136-132-43 55-45-100-0	30-18-16 10-10-10-100
234-228-209 10-10-20-0	240-192-133 5-30-50-0	150-123-85 45-55-70-0	92-40-19 55-85-100-45	163-67-46 40-85-90-5
26-150-213 75-25-0-0	0-49-69 100-80-60-35	41-27-8 75-80-100-65	135-77-36 50-75-100-15	1-96-140 90-60-30-0
16-88-158 90-65-10-0	212-172-90 20-35-70-0	135-85-35 50-70-100-15	210-153-86 20-45-70-0	61-27-9 65-85-100-60
30-18-16 10-10-10-100	58-42-17 70-75-100-55	121-49-35 55-90-100-20	101-64-31 60-75-100-30	170-134-87 40-50-70-0
140-96-37 50-65-100-10	45-45-43 80-75-75-50	120-112-99 60-55-60-5	118-173-143 60-15-50-0	135-77-36 50-75-100-15
0-46-65 100-80-60-40	12-93-111 90-60-50-5	130-49-33 50-90-100-20	140-104-37 50-60-100-10	135-139-63 55-40-100-0
38-31-30 80-80-80-60	96-67-29 60-70-100-35	241-189-63 5-30-80-0	10-46-64 95-80-60-40	192-221-152 30-0-50-0
86-72-31 65-65-100-35	145-177-34 50-15-100-0	48-69-33 80-60-100-40	104-67-26 55-85-100-35	72-42-27 65-80-90-50
124-62-40 50-80-90-25	149-81-35 45-75-100-10	217-136-39 15-55-90-0	144-115-39 50-55-100-5	39-46-29 80-70-90-55

129

清潔感のある配色

表現したい内容によっては、言葉よりも色の方がはるかに簡単であるケースがあります。「清潔感」はその代表的な例といえるでしょう。

清潔感のある美しさは、**ファッションの分野**[★1]でも商業デザインににおいてもひんぱんに求められるものです。特に食品や化粧品、医薬品などのジャンルでは、商品だけでなく会社のイメージとしても常に「清潔」が前提にあります（図1）。

「清潔感」を言葉で表すことは難しいのですが、配色においては非常にシンプルなルールで表現することが可能です。ポイントは2点。白地の面積を大きくすることと、明度彩度が高めな寒色系の色を組み合わせることです。青を中心に配色するとより清潔な印象が、緑を中心にすると清潔さにナチュラルなイメージが加わります（図2）。ベースカラーである白に赤みや黄みを加えてややアイボリーがかったりすると柔らかい雰囲気が生まれ

（図1）清潔感はシンプルな要素に白と寒色系の色味とを組み合わせることで表現することができます。

（図2）グリーン系の色を主体にしたデザインでは、ナチュラルさやエコロジカルな印象が加わります。

白地に明るいブルーが印象的なWebサイトのデザインです。明るい寒色のクールな印象が清潔感につながっています。

＊1　ファッションの分野

デザインと違い、ファッションの場合は材質や手入れが行き届いているかどうか、匂い、そして着ている人のメイクや髪型にまでこだわらなければ清潔感は感じられないかもしれません。

＊2　モニタの発光による色の変化

紙もモニタも、時間が経つほどに黄みが増してきます。また太陽光か蛍光灯といった環境光の影響もあるでしょう。人の目に触れる期間やそのシーンを想定して、テストするようにしたいものです。

ます（図3）。逆に青みの感じられる白を用いると、より清潔感が増しますが冷たい印象にも感じられます。印刷物の場合には、紙の色。Webなどの電子デバイスを対象にした制作物では、**モニタの発光による色の変化**＊2 にも留意するとよいでしょう。
黒やグレーといった無彩色や、暖色系の色相を取り入れることもできますが、面積はなるべく控えめにしてアクセント的に扱うようにします。

（図3）白ではなくアイボリー、そして暖色系の色彩をわずかに加えると暖かみのある雰囲気になります。

天然水を原料にしたお掃除スプレーのボトルデザイン。エコでナチュラル、安心して使えるイメージが感じられます。

清潔感のある配色のポイント

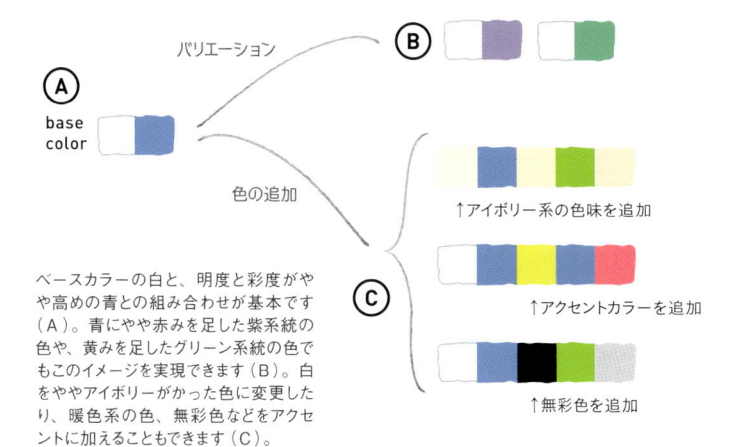

ベースカラーの白と、明度と彩度がやや高めの青との組み合わせが基本です（A）。青にやや赤みを足した紫系統の色や、黄みを足したグリーン系統の色でもこのイメージを実現できます（B）。白をややアイボリーがかった色に変更したり、暖色系の色、無彩色などをアクセントに加えることもできます（C）。

COLOR CHART

CHAPTER 3 | 配色の実践 | 42

不透明感のある配色

不透明な印象の配色は、どこかレトロで優しさが感じられます。
また、奥深さや味わい深さといったイメージも醸し出してくれます。

絵の具や塗料は、**顔料**★1 が主成分となって色を感じさせています。顔料を溶いて画面に定着させるために**展色剤**★2 や、その他の材料を練り合わせます。顔料は色の粒です。顔料のみがぴっちりとすき間なく並べば、下地が透けて見えることはありません。絵の具や塗料に透明感があるのは、水や溶剤で溶くことで顔料と顔料の間にすき間が生まれるからです。また、顔料や展色剤の性質（光の屈折率）によっても透明感は変わります。
不透明色を、色の素材をいじることのできない印刷物やWebなどのデザインで表現するには、色材の材質による特性を使うことができません。こ こでは「現象」としての不透明感を再現する方法を考えてみましょう。日本画やポスターカラーなどの不透明感の強い画材では、絵の具が乾くと顔料の粒子がむき出しになり光が乱反射することで白っぽく見えます。また、補色同士を混合したような濁りのある色も不透明な印象があります（図1）。
不透明な印象の配色は、見る人にどこか懐かしいような暖かみと安心感を感じさせ、はっきりとした色の面がデザインをシャープに見せてくれます（図2）。

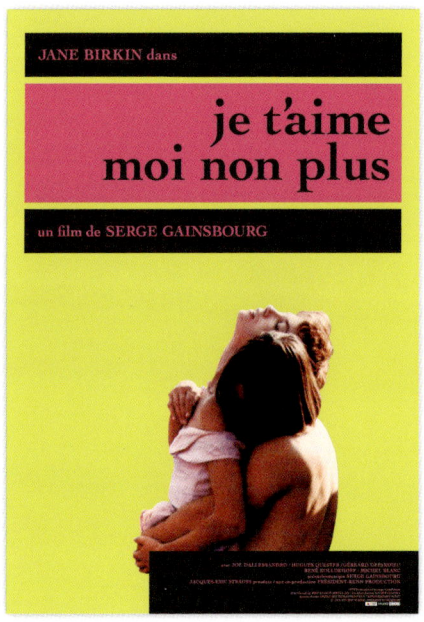

補色に近い関係で色の面を大きく塗り分け、人や文字の「形」を強調したインパクトのあるデザインです。

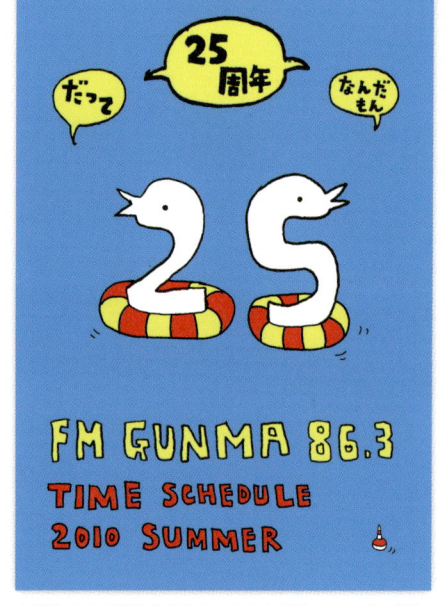

文字もすべて手描きで味わいのあるビジュアルです。青と黄色という補色関係の色に黒の囲み線がつき力強い印象です。

（図1）左は白を混ぜて不透明感を強くしたもの、右は溶剤を混ぜて透明に重ね塗りしたものです。いずれも油絵の具での表現です。

（図2）はっきりとした色面に、やや濁りのある不透明色を塗り分けることで、暖かみと力強さのある印象に仕上がります。

＊1　顔料

鉱物や植物、あるいは化学合成によって得られる色の粉末。溶剤に溶けるものは染料と呼ばれます。材料によって値段も大きく変わり、人体には毒になるものもあります。

＊2　展色剤

日本画では膠（にかわ）、ポスターカラーではゴム、印刷用のインキではビヒクルなどが展色剤として使用されています。顔料はこの展色剤によって固定され、乾いて定着する仕組みです。

不透明な濁りのあるブルーに、繊細なグレーのレース模様が美しいグラフィック。退廃的な美しさが感じられます。

不透明な印象の配色ポイント

A base color

B ↑明度を上げて彩度を下げる

C 無彩色との組み合わせ

D 補色対比を活かした組み合わせ

ベースになるのは彩度の高い色の組み合わせです（A）。これをそのままではなく、全体に白みを加えてやや明度を上げ、同時に少し彩度を落としたものを使います（B）。バリエーションを作るには、白・黒・グレーの無彩色を加えるか（C）、補色関係の色を組み合わせます（D）。

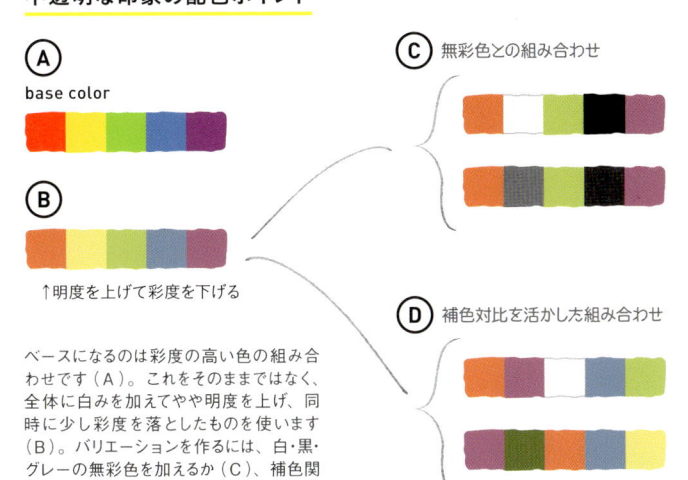

COLOR CHART

88-95-95 25-10-15-70	170-167-133 0-0-30-45	99-123-152 45-20-0-45	131-133-148 20-15-0-50	107-68-48 15-50-55-65
202-57-53 20-90-80-0	195-217-76 30-0-80-0	212-236-234 20-0-10-0	212-182-134 28-30-50-0	134-118-131 55-55-40-0
219-155-64 15-45-80-0	116-198-190 55-0-30-0	178-129-145 35-55-30-0	104-129-167 65-45-20-0	206-215-75 25-5-80-0
91-86-87 70-65-60-15	189-187-191 30-25-20-0	60-76-127 85-75-30-0	234-207-140 10-20-50-0	185-70-69 30-85-70-0
149-54-36 45-90-100-0	236-109-86 0-70-60-0	231-189-133 10-30-50-0	169-168-134 40-30-50-0	103-142-131 65-35-50-0
38-127-157 80-40-30-0	31-161-160 75-15-40-0	32-133-146 80-35-40-0	77-187-170 65-0-40-0	148-209-202 45-0-25-0
137-201-151 50-0-50-0	126-197-178 50-5-35-0	216-38-60 10-95-70-0	235-202-27 10-20-90-0	64-41-45 70-80-70-50
30-18-16 10-10-10-100	170-125-69 40-55-80-0	149-81-35 45-75-100-10	61-151-56 75-20-100-0	88-133-142 70-40-40-0
233-230-243 10-10-0-0	168-177-156 40-25-40-0	155-203-108 45-0-70-0	200-208-210 25-15-15-0	179-165-165 35-35-30-0
125-152-206 55-35-0-0	203-227-174 25-0-40-0	235-97-51 0-75-80-0	110-186-68 60-0-90-0	249-195-133 0-30-50-0
134-28-60 50-100-70-15	184-55-101 30-90-40-0	188-110-46 30-65-90-0	241-204-176 5-25-30-0	93-7-12 50-100-100-50
217-178-205 15-40-0-0	238-134-168 0-60-10-0	208-177-211 20-35-0-0	176-184-221 35-25-0-0	245-178-178 0-40-20-0
199-200-229 25-20-0-0	128-175-104 55-15-70-0	203-227-174 25-0-40-0	199-163-119 25-50-50-0	179-128-116 35-55-50-0
69-184-220 65-5-10-0	55-60-88 85-80-50-20	126-73-133 60-80-20-0	155-148-137 75-25-50-0	31-108-117 85-50-50-5
87-89-69 70-60-75-20	211-212-211 20-15-15-0	61-65-49 75-65-80-40	157-157-130 45-35-60-0	30-18-16 10-10-10-100

CHAPTER 3 | 配色の実践 | 43

統一感のある多色使い

豊かな彩りは見る人の心を弾ませるものです。
多色使いを美しくまとめるには、トーンのコントロールが欠かせません。

デザインに使う色の数が多いほど、見た目に華やかに楽しいものになっていきます。しかし色数が多いほど統一感[*1]や個性は出しにくく、ともすればチープな仕上がりにつながることもあります。統一感のある色使いを考える際のポイントは、使う色のトーンと面積です。トーンとは、色相が異なっても明度や彩度（特に彩度）が揃っていることで同じイメージが感じられる色の集まりです（図1）。多色使いの際には、必ず色のトーンが揃っていることを確認しましょう。また、どれだけ色をたくさん使っていても、ベースになる色の面積を他と比べて大きくしておくことで、全体のイメージをそのベースカラーに寄せることができます（図2）。例えばベースを白や黒、アイボリーといった彩度の低い色にしておけば、多色使いでもシンプル、ナチュラル、スッキリといった印象にまとめることができるのです。

色と色とを直接ぶつけ合わず、間に無彩色を挟むことでスッキリと見せる方法もあります。これはセパレート効果[*2]と呼ばれるもので、鮮やかな色同士が作る衝撃を緩和させるのに有効な手段です（図3）。

たくさんの色を使っていますが、白地の面積を大きくすることで統一感や爽やかさを感じさせます。

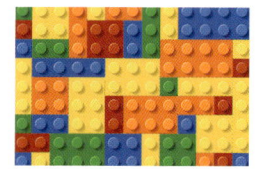

（図1）多色使いでも、明度や彩度を揃えることで統一感が感じられます。これを「トーン」と呼びます。

（図2）ベースカラーに対して色の面積が小さければ、全体のイメージはベースカラーのものになります。

鮮やかな色を用いていますが、全体のイメージには背景のコルクのカジュアルさが効いています。

（図3）間に無彩色を挟むことで、多色使いの激しいイメージは軽減されて穏やかに見えます。

*1　統一感

ここでの統一感は、デザイン全体を見たときに同一の配色イメージが貫かれているかどうかです。デザインの内容によっては、部分的に突出させたい部分があったり、統一感がない方がよい場合もあるでしょう。

*2　セパレート効果

色と色との間に、無彩色を挟み込むことで、色同士の衝突感を和らげる効果があります。無彩色はごくわずかな分量（線など）でも、セパレート効果が生じます。

鮮やかな背景色に、おもちゃのブロックのような文字色が楽しさとにぎやかさを感じさせるビジュアルです。

統一感のある多色配色のポイント

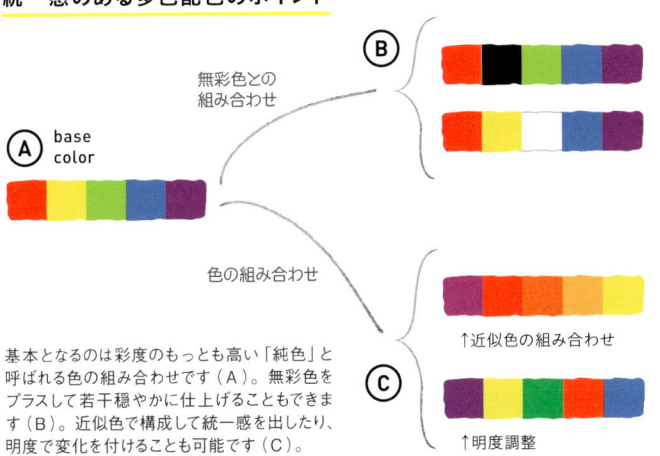

Ⓐ base color

Ⓑ 無彩色との組み合わせ

Ⓒ 色の組み合わせ

↑近似色の組み合わせ

↑明度調整

基本となるのは彩度のもっとも高い「純色」と呼ばれる色の組み合わせです（Ⓐ）。無彩色をプラスして若干穏やかに仕上げることもできます（Ⓑ）。近似色で構成して統一感を出したり、明度で変化を付けることも可能です（Ⓒ）。

COLOR CHART

CHAPTER 3　配色の実践　44

スポーティな配色

強さやたくましさだけでなく、現代のスポーツには爽やかさやクリーンなイメージが重要です。配色でそのイメージを作り出してみましょう。

より高く、より速く、より美しく、より強く…人間の身体にある可能性を感じさせてくれるのがスポーツの世界です。一方配色という観点からは、スポーツは人の希望や期待、願望が込められた世界のように見えます。

スポーツのウェアや用具のデザインでは、情熱やエネルギーを感じさせる「赤」と、冷静さと高い能力を思わせる「青」の2色がよく用いられます（図1）。またフェアネスをイメージする「緑」や「白」、生命力の象徴的な色である「黄」、力強さを感じる「黒」も比較的目にすることが多いでしょう。

また、スポーツの世界ではチームや選手を識別[*1]することも重要です。はっきりとした色相の違い、ミニマムな直線や曲線を用いたデザインを用いることで、遠くからでも一瞬にして見分けることが可能になります。こういったデザインは実際のスポーツのシーンだけでなく、一般の衣料品や医薬品、プロダクトのジャンルにも求められています。清潔感[*2]と躍動感とが両立するスポーティなデザインは、老若男女を問わず幅広い層で好感が持たれるデザインでもあるからです（図2）。

力強いスポーツクラブのグラフィック。寒色だけでなく細い線で描かれたオレンジが全体の印象を親しみやすいものにしています。

© YOMIURI GIANTS

爽やかな水のイメージが爽快感を演出するパッケージデザイン。シンプルで力強いマークも印象的です。

シンプルな色面が、都会的なスポーティ感を感じさせるデザインの例です。質の良さが潔いデザインから感じ取れます。

（図1）はっきりとした色相とシンプルなデザインで、「識別」できることもスポーティなデザインでは重要です。

（図2）スポーツ用品に用いられる色は、強さやフェアネスの精神などへの「期待」が込められています。

＊1　識別

人が色を識別するためには色相の違いに加え、明度の差を大きくして視認性を高めることが重要です。また色の面積も大きくしておく必要があるでしょう。

＊2　清潔感

汚れがない、きれいで手入れが行き届いているといった外見的な印象だけでなく、正しく誠実であるといった内面を表す言葉でもあります。

COLOR CHART

強いコントラストでシルエットが強調された自転車のビジュアル。わずかな面積のグリーンが効果的に使われています。

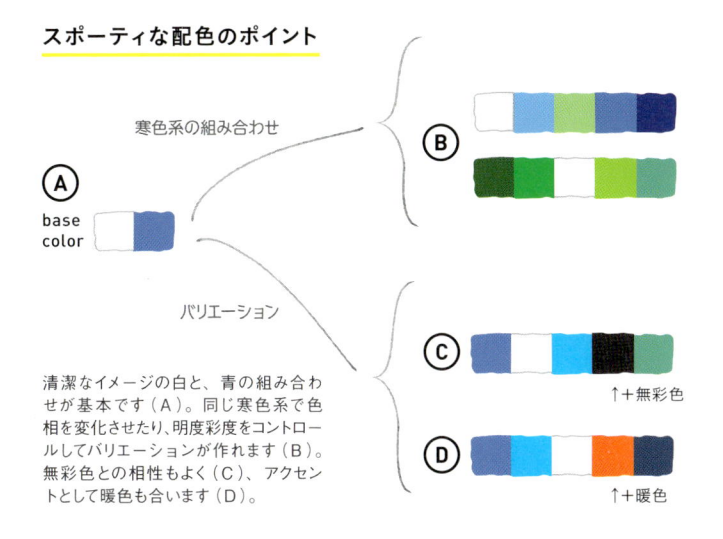

スポーティな配色のポイント

寒色系の組み合わせ

A base color

B

バリエーション

C ↑＋無彩色

D ↑＋暖色

清潔なイメージの白と、青の組み合わせが基本です（A）。同じ寒色系で色相を変化させたり、明度彩度をコントロールしてバリエーションが作れます（B）。無彩色との相性もよく（C）、アクセントとして暖色も合います（D）。

CHAPTER 3 | 配色の実践 | 45

春のイメージの配色

色で季節を表すには、その季節ならではの風物詩を思い浮かべるとよいでしょう。
春は色とりどりの花が咲き、緑が芽吹く心弾む幸福感あふれる美しい季節です。

どんな季節もそれぞれに楽しいものですが、特に春は人間や生き物にとって過ごしやすくよい季節と言えるでしょう。それだけに「春」をイメージした配色は、ファッションにも食べ物にもよく用いられています（図1）。

春をイメージさせるのは、菜の花の黄色や桃の花のピンク色、芽吹いたばかりの木々の緑、そして少し**霞がかった**★1空の水色など。これらを組み合わせることで、楽しげな春のイメージになります（図2）。

この季節の色の特徴は、明度が高くやさしい印象があることです。色の使い方も面と面で強くぶつけるのではなく、グラデーションややわらかな曲線で表現するのが向いているでしょう。また、色だけでなくやわらかな光の表現でも春らしいイメージを作ることができます。

組み合わせとしては、春の色だけでまとめる方法と白や黒、グレーなどの無彩色を取り入れる方法とがあります。無彩色部分の面積が大きいほど、甘さがなくなり大人っぽいイメージに仕上がります。ただし色同士の**コントラスト**★2はあまり大きくしない方が、春らしい柔らかさが表現されるでしょう。

彩度が高い、やや初夏のイメージに近い配色のデザイン。色相の違いは大きいですが、明暗のコントラストは柔らかくまとめられています。

春の柔らかく幸せな空気感が、微妙な色の変化で表現されているブックデザインの例です。

（図1）春は活動を始める季節でもあり、ファッションや食べ物にも取り入れられやすい華やかさがあります。

（図2）花や木の芽の色、そして霞がかったような濁りのある空の青などが春の色です。

（図3）白や黒、グレーなどの無彩色を組み合わせることで、甘さを引き締めることができます。

＊1　霞がかった

春の空に濁りがあるのは、上空と地表との温度差によって起きる空気の対流のせいで砂埃やチリが舞い上がりやすくなっているからだと言われています。

＊2　コントラスト

春の配色でコントラストが強くなると、イメージとしては夏に近づいてしまいます。無彩色が多い場合は、冬のイメージになることもあるでしょう。

彩度を落としたグラデーションカラーが、アンニュイな大人のイメージを感じさせる光感の美しいグラフィックです。

彩度の高い色を多色組み合わせて描かれたイラストで、元気で幸福感のある車のカラーリングになっています。

春イメージの配色ポイント

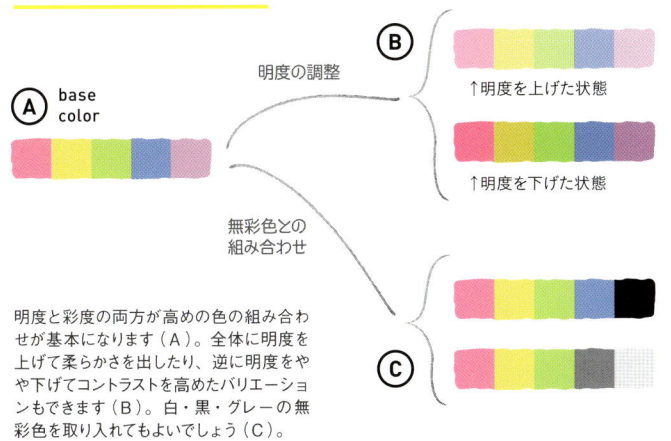

Ⓐ base color

明度の調整 → Ⓑ
- ↑明度を上げた状態
- ↑明度を下げた状態

無彩色との組み合わせ → Ⓒ

明度と彩度の両方が高めの色の組み合わせが基本になります（Ａ）。全体に明度を上げて柔らかさを出したり、逆に明度をやや下げてコントラストを高めたバリエーションもできます（Ｂ）。白・黒・グレーの無彩色を取り入れてもよいでしょう（Ｃ）。

COLOR CHART

168-117-112 / 40-60-50-0	234-217-165 / 10-15-40-0	180-218-169 / 35-5-50-0	176-214-218 / 35-5-15-0	46-150-169 / 75-25-30-0
143-29-34 / 45-100-100-15	241-142-29 / 0-55-90-0	223-234-240 / 15-5-5-0	34-172-56 / 75-0-100-0	70-178-231 / 65-10-0-0
147-120-89 / 50-50-70-0	201-189-175 / 25-25-30-0	254-247-242 / 0-5-5-0	175-220-222 / 35-0-15-0	165-200-186 / 40-10-30-0
229-230-71 / 15-0-80-0	77-67-152 / 80-80-0-0	209-41-26 / 15-95-100-0	69-176-53 / 70-0-100-0	208-34-95 / 15-95-40-0
154-142-195 / 45-45-0-0	244-178-186 / 0-48-15-0	175-221-231 / 35-0-10-0	167-210-141 / 40-0-55-0	245-229-169 / 5-10-40-0
242-226-238 / 5-15-0-0	170-196-103 / 40-10-70-0	246-191-215 / 0-35-0-0	121-96-106 / 60-65-50-5	209-186-215 / 20-30-0-0
228-108-142 / 5-70-20-0	115-36-56 / 55-95-70-25	248-243-153 / 5-0-50-0	235-97-51 / 0-75-80-0	93-131-67 / 70-40-90-0
98-176-227 / 60-15-0-0	151-168-213 / 45-30-0-0	113-199-209 / 55-0-20-0	165-212-173 / 40-0-40-0	180-216-152 / 35-0-50-0
67-160-182 / 70-20-25-0	143-195-31 / 50-0-100-0	101-159-68 / 65-20-90-0	234-96-136 / 0-75-20-0	183-47-140 / 30-90-0-0
222-118-106 / 10-65-50-0	228-233-128 / 15-0-60-0	245-175-126 / 0-40-50-0	217-39-49 / 10-95-80-0	247-247-198 / 5-0-30-0
103-176-196 / 60-15-20-0	228-232-101 / 15-0-70-0	255-255-255 / 0-0-0-0	192-221-152 / 30-0-50-0	140-194-128 / 50-5-60-0
206-147-191 / 20-50-0-0	183-206-80 / 35-5-80-0	241-142-56 / 0-55-80-0	231-176-33 / 10-35-90-0	116-198-190 / 55-0-30-0
195-103-117 / 25-70-40-0	200-231-233 / 25-0-10-0	168-191-143 / 40-15-50-0	226-236-175 / 15-0-40-0	245-218-120 / 5-15-60-0
38-96-173 / 85-60-0-0	102-191-151 / 60-0-50-0	90-67-152 / 75-80-0-0	216-32-95 / 10-95-40-0	237-109-31 / 0-70-90-0
166-116-176 / 40-60-0-0	200-162-144 / 25-40-40-0	181-208-127 / 35-5-60-0	241-217-233 / 5-20-0-0	248-245-176 / 5-0-40-0

CHAPTER 3 | 配色の実践 | 46

夏のイメージの配色

照りつける日差しや、遠く抜ける空の青に生命力や情熱を感じる夏。
日中の健康的なイメージだけでなく、夜の妖しい感じも配色で表現してみましょう。

夏の太陽の下では、淡い色や色の微妙な変化は感じにくくなってしまうもの。強い明暗のコントラストや高い彩度、色相の対比などがなければ光の強さに負けてしまいます。これが夏の配色の大きなポイントになります。

空の色は真っ青、雲は真っ白、そして花は鮮やかな赤や黄色に、木々の葉は緑が濃くなります（図1）。このような自然の夏色は、夏の<u>健康的</u>[★1]なイメージにつながります。一方、人は暑いときほど暑いものは見たくないものです。涼感を誘う海や川の色、氷や冷たい飲み物食べ物の色、明るい木々の緑など、寒色ばかりを組み合わせるのもまた夏のイメージの配色です（図2）。

さらに夏は、昼と夜とのイメージが大きく変化します。健康的な日中の自然な夏色に比べ、夜の遊びをイメージさせるのは人工的な配色。具体

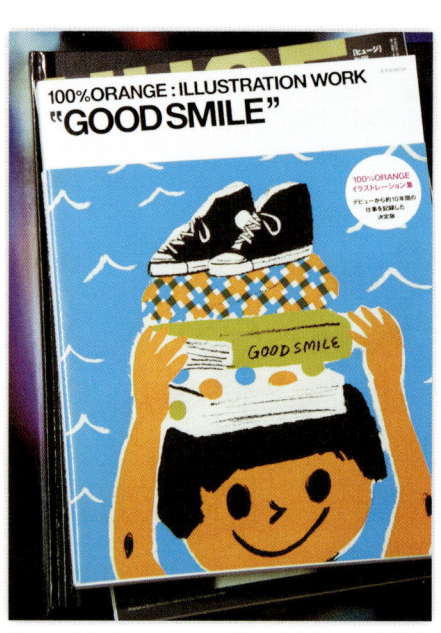

柔らかいテイストのイラストに、鮮やかな青とオレンジが印象的なブックカバーデザインです。

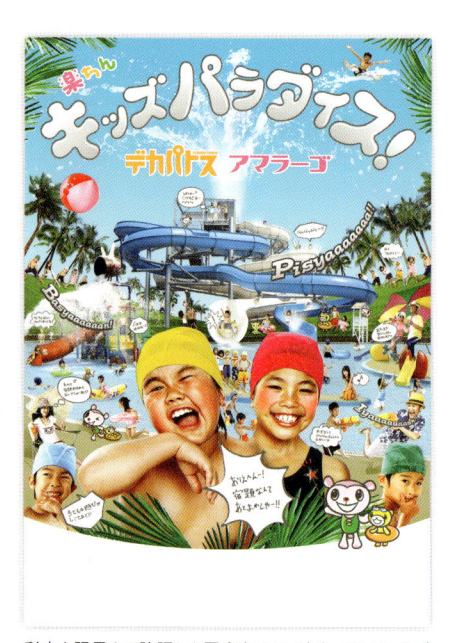

彩度を限界まで強調した写真をメインビジュアルにしたグラフィックの例。エネルギーと楽しさにあふれています。

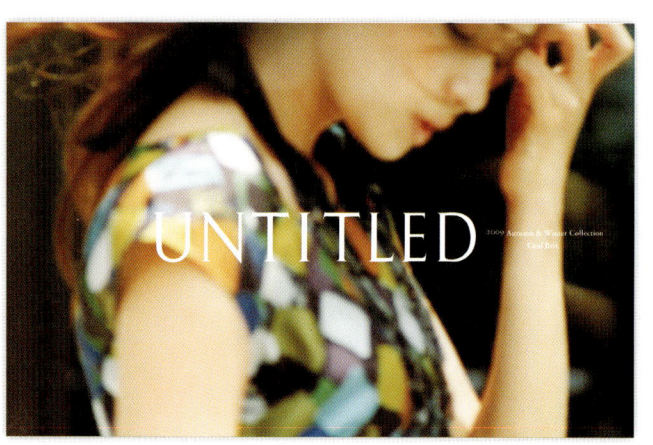

（図1）夏の草花は、彩度の高い彩りであふれます。健康的な日中の夏のイメージです。

やや全体に彩度が低めの色で構成し、大人の夏イメージが感じられるグラフィック。写真のボケ感が美しいです。

＊1　健康的

配色のイメージで「夏」と言うと、主に夏の始めの頃を指します。季節先取りと言いますが、晩夏は消費活動も衰えて夏の疲れも出始める頃。一般的にあまりいい印象がないのでしょう。

＊2　昼夜色

昼間の太陽の光のもとでは、暖色系が彩度が高く、寒色系の彩度が低くなります。これを逆にしたのが昼夜色で、昼のような夜のような不思議なイメージの配色になります。

的には黒や黒に近い明度の低い色と彩度の高い色との組み合わせや（図3）、**昼夜色**[＊2]と呼ばれる妖しさの感じられる配色などです。

昼夜のイメージとも、夏の配色は多色使いが基本になります。組み合わせるとすれば無彩色の白、または黒がよいでしょう。

（図2）暑いときこそ目で涼しさを感じたい、寒色中心の涼やかな色調もまた夏のイメージです。

（図3）昼とは違い、夏の夜のイメージは明度が低く、彩度の高い色の組み合わせになります。

原色を大胆に構成することで、夏のイメージを強く表したデザインです。しぶきやビニールのツヤに夏のシズルが感じられます。

夏のイメージの配色ポイント

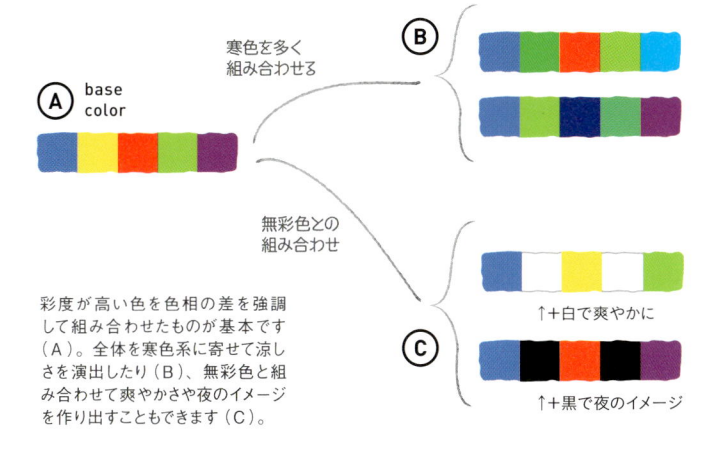

Ⓐ base color

Ⓑ 寒色を多く組み合わせる

Ⓒ 無彩色との組み合わせ

↑+白で爽やかに

↑+黒で夜のイメージ

彩度が高い色を色相の差を強調して組み合わせたものが基本です（A）。全体を寒色系に寄せて涼しさを演出したり（B）、無彩色と組み合わせて爽やかさや夜のイメージを作り出すこともできます（C）。

COLOR CHART

CHAPTER 3 | 配色の実践 | 47

秋のイメージの配色

実りや円熟の季節である秋。
紅葉、農作物、夕焼け、豊かでやさしい彩りに満ちています。

9月の異名に「色どり月」とあるように、秋は木々の緑が赤や黄色に変化したり、稲穂が黄金色になるなど、誰もが「色」を意識し**楽しむ**★1 季節です。またさまざまな木の実や農作物が実り収穫される、自然の豊かさを感じる喜びの季節でもあります（図1）。

そんな秋を表すのが、黄から赤の色相です。紅葉の黄や赤はもちろん、木の実の茶色や夕焼け、みかんや柿などのくだものの色。やはり自然からイメージされる色が中心になります。組み合わせる色もやはりナチュラルなイメージのグリーンやブルー、茶系の色、あるいはグレイッシュなトーンとの組み合わせがよく合います（図2）。寒色系の色と組み合わせるとフレッシュで知的な印象になり、暖色系の色と組み合わせるとクラシカルで豊かなイメージになります。この配色のポイントは、色の面積を大きくして余白をあまり作らないことです。デザイン**全体の明度**★2 が高くなってしまうと、軽い印象になって秋らしさが損なわれてしまいます。同系色を組み合わせたりグラデーションを取り入れるのは、この表現にとても合います（図3）。

グラデーションの表現が美しい作品です。大きなイチョウの形をしたドレスが、幻想的な世界観を表現しています。

（図1）秋の色は紅葉や木の実の、黄から赤にかけた色相のさまざまな色彩です。

（図2）寒色を取り入れて、すっきりと見せる秋の色は新しさや若さを感じさせます。

（図3）同系色の濃淡や、グラデーション表現はこの季節の配色にとてもよく合います。

＊1　楽しむ

9月（September）をテーマにした楽曲はとても多いようです。夏の恋は秋に終ることが多い…のでしょうか。風物詩をモチーフにした秋の歌は、童謡にもよく歌われています。

＊2　全体の明度

白や明度の高い色の面積を増やすことで、デザインの「軽さ」が出ますが、この配色にはあまり向かないテクニックです。

木目をベースに、自然のモチーフをちりばめて季節感とともにナチュラルな優しさが感じられるデザインに仕上げています。

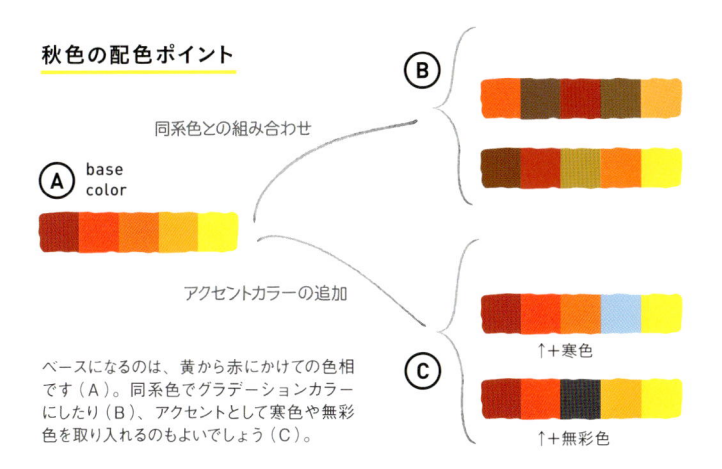

秋色の配色ポイント

Ⓐ base color

Ⓑ 同系色との組み合わせ

Ⓒ アクセントカラーの追加
　↑＋寒色
　↑＋無彩色

ベースになるのは、黄から赤にかけての色相です（A）。同系色でグラデーションカラーにしたり（B）、アクセントとして寒色や無彩色を取り入れるのもよいでしょう（C）。

COLOR CHART

51-74-46 80-60-90-35	149-64-36 45-85-100-10	164-86-47 40-75-90-5	240-131-30 0-60-90-0	246-172-25 0-40-90-0
54-116-147 60-10-0-50	179-163-107 30-30-60-10	254-235-190 0-10-30-0	232-171-57 0-35-80-10	175-38-0 0-90-100-35
163-57-36 40-90-100-5	135-85-35 50-70-100-15	147-143-58 50-40-90-0	30-18-16 10-10-10-100	109-178-127 60-10-60-0
114-96-52 60-60-90-15	231-176-33 10-35-90-0	187-91-30 30-75-100-0	188-110-46 30-65-90-0	86-33-20 60-90-100-45
190-177-170 30-30-30-0	147-120-101 50-55-60-0	77-58-68 70-75-60-35	154-102-64 45-65-80-5	169-142-98 40-45-65-0
81-54-80 75-85-55-20	65-28-46 70-90-65-50	185-45-38 30-95-95-0	133-160-41 55-25-100-0	191-147-48 30-45-90-0
215-166-53 0-30-80-20	116-112-57 10-5-60-65	111-79-33 0-35-65-70	157-131-53 0-20-70-50	149-72-73 0-65-40-50
163-31-36 40-100-100-5	208-18-27 15-100-100-0	236-109-86 0-70-60-0	248-196-153 0-30-40-0	237-242-197 10-0-30-0
238-121-72 0-65-70-0	238-170-61 5-40-80-0	202-168-70 25-35-80-0	202-58-40 20-90-90-0	234-195-66 10-25-80-0
64-41-37 70-80-80-50	149-81-47 45-75-90-10	225-139-97 10-55-60-0	245-218-120 5-15-60-0	106-135-111 65-40-60-0
144-70-33 45-80-100-15	42-71-67 85-65-70-30	144-108-53 50-60-90-5	93-24-26 55-95-90-45	212-172-90 20-35-70-0
203-93-106 20-75-45-0	63-184-236 65-5-0-0	133-109-175 55-60-0-0	247-190-89 5-30-70-0	216-126-39 15-60-90-0
159-130-72 45-50-80-0	163-56-56 40-90-80-5	81-62-41 65-70-85-40	97-151-166 65-30-30-0	191-185-156 30-25-40-0
143-41-34 45-95-100-15	179-99-32 35-70-100-0	45-41-62 85-85-60-40	215-126-77 15-60-70-0	164-76-35 40-80-100-5
104-88-47 60-60-90-25	228-224-71 15-5-80-0	135-146-42 55-35-100-0	114-89-63 60-65-80-15	124-46-30 50-90-100-25

冬のイメージの配色

木は葉を落とし、花や動物は次の春に備えて活動を止めるのが冬。
自然界では色を失いますが、人にとってはイベントの多い季節でもあります。

冬の色の特徴は、澄んだ空気とやや鋭さを持った太陽の光によって作られます。この季節、自然界には「色」があまりありませんが、透明感のある空の青や無彩色に近いグレイッシュなトーン使いが、見る人に冬らしさを感じさせてくれます（図1）。

また、クリスマスや正月などのイベントが多くパーティシーズンでもある冬は、象徴的な配色も持っています。**赤・緑・白**[★1]の組み合わせや金・銀などの装飾的な色使いは、冬のイベントを連想させシーズン感を盛り上げてくれるでしょう（図2）。配色を考える際は、白〜黒の無彩色に、部分的に鮮やかな寒色系の色を取り入れたものがベースになります。ウィンタースポーツでよく用いられる**蛍光色**[★2]も、高彩度でクリアな印象がありこの季節の配色によく合います。クリスマスカラー

明暗と色の変化が幻想的で深みのある季節感を感じさせる、美しいデザインです。

ダイナミックなテキストの配置が、背景とのコントラストを華やかに見せているWebサイトデザインの例です。

（図1）冬の日差しは低いですが、空気が澄んでいるくっきりとした印象があります。

※1 赤・緑・白

クリスマスを演出するのに、なくてはならない色たちです。色によるイメージの浸透の例として、これほど強いものはないでしょう。

※2 蛍光色

スキーやスノボの道具やウェアに蛍光色が多いのは、無彩色に近い冬の景色の中でよく映える色だからです。彩度の低い色だけではさみしく、濁って感じられてしまうものです。

の赤は、寒い季節にあたたかさを感じさせてくれる色でアクセントとして、あるいはベースカラーとしても用いることが可能です（図3）。いずれの場合も明度差と彩度差の両方を大きくし、配色のコントラストを高めることがポイントになります。

（図3）赤は白や金などと組み合わせると、冬のイメージカラーになります。

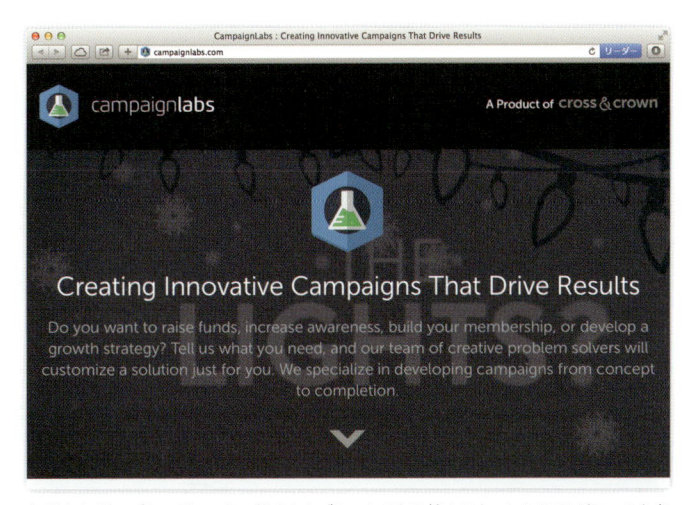

（図2）無彩色と寒色の組み合わせに赤や黄などの彩度の高い色を加えると、華やかな冬のイメージになります。

無彩色に近いブルーグレーと、鮮やかなブルーとのやや控えめなコントラストがシックな冬のイメージです。

冬のイメージの配色ポイント

A base color

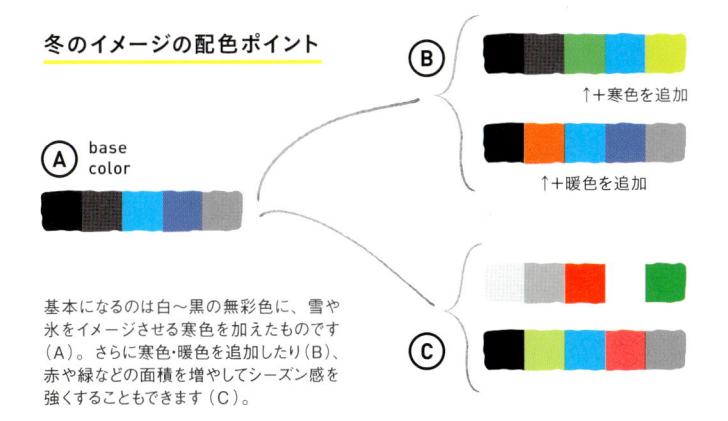

↑+寒色を追加 B

↑+暖色を追加

C

基本になるのは白〜黒の無彩色に、雪や氷をイメージさせる寒色を加えたものです（A）。さらに寒色・暖色を追加したり（B）、赤や緑などの面積を増やしてシーズン感を強くすることもできます（C）。

COLOR CHART

ハイクラス感のある白

白は物理的にも、そして象徴的・デザイン的にも特別な色です。
流行に左右されにくい、白の持つクラス感について見てみましょう。

特定の波長が物質に吸収され、残りの波長領域で「色」が感じられるのに対し、白はすべての波長の可視光線が **乱反射**[*1] している、少し特殊な「色」と言えます。文化的には、西洋では「善」なるものの **象徴**[*2] として、また多くのアジア地域では「死」を象徴する色でもありました。意味合いは異なりますが、いずれも白を特別な色としてとらえている点では共通しています（図1）。

現代のデザインでは、白は「純粋さ」や「開放感」を表現するために用いられます。紙やモニタ上での白は、「余白」としてデザイン要素以外の場所として扱われることも多いでしょう。白を意識したデザインは、高潔で格式の高い印象になります。また、同じ白でもアイボリーがかったレトロな高級感を感じるものから、青みの強いデジタルチックなものまでさまざまです（図2）。微妙な白のニュアンスまでをも織り込んで、設計することが大事になります。

白をメインにした配色では、他の色の存在感をあまり強くしないことがポイントになります。組み合わせるのは無彩色やメタリックカラー、透明感のある鮮やかな色など、ごくわずかな面積にとどめて白を活かすよう考えましょう。

透明感のある美しい写真と、大きな白の面が格式のある洗練された美しさを表現しています。

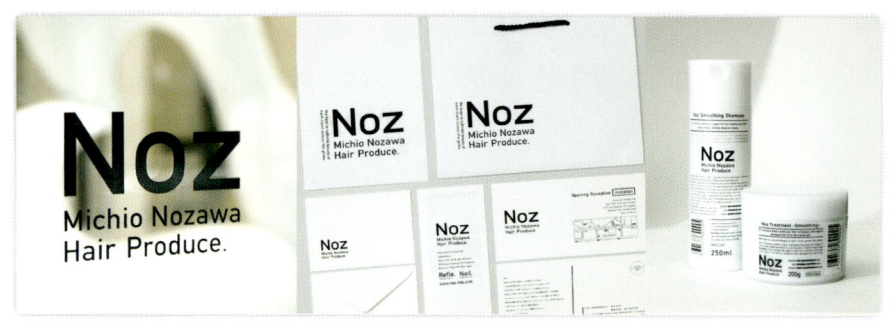

白に無彩色を組み合わせ、ミニマムに仕上げられたブランドイメージのデザインです。

（図1）「白」は、西洋文化でもアジア文化でも、特別な色として扱われてきました。

（図2）白の中にある微妙な色合いや、質感がデザインの印象を大きく左右します。

＊1　乱反射

理論的には乱反射100％で完全な「白」ですが、実際にはそこまでの素材はありません。紙や布の場合は、より白く感じさせるために蛍光色を混ぜて反射を高めることもあります。

＊2　象徴

東洋でも西洋でも、白は限られた人しか身につけることができない色でした。汚れやすく、作るのも難しい特別な色というイメージは、今でも心のどこかにみな持っているような気がします。

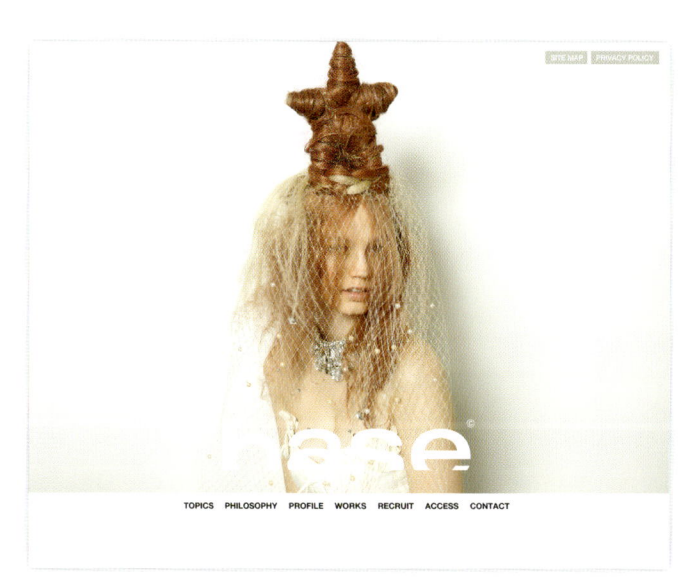

COLOR CHART

白い背景に白いドレス、そして白の文字と何層にも重なった白が引き込まれるような透明感を感じさせます。

透明感と光沢感のある色どりと微妙な白の変化が、まさに「色」で見せるグラフィックの好例です。

クラス感のある白の配色ポイント

Ⓐ base color

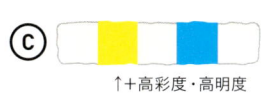

Ⓑ ↑＋無彩色

Ⓒ ↑＋高彩度・高明度

Ⓓ ↑＋アイボリー

メインになる白は、青みがかったものからアイボリーがかったものまであり、どんな白を選ぶかでイメージが変わります（A）。組み合わせるのは無彩色や（B）、彩度と明度の両方が高い澄んだ色（C）、ナチュラルな印象のベージュなどが向いています（D）。

CHAPTER 3 配色の実践 | 50

元気の出るパワフルカラー

色相の差や明度差を活かしてメリハリを大きく付けた配色。
見る人に力強さや情熱を感じさせてくれます。

色や音楽には、人の心に無意識に強く訴えかける力があります。言葉や声で何度「楽しい」と伝えるよりも、色や音楽なら瞬時に人を楽しくすることができるのです。この項目の「パワフル」「元気」といったイメージもまた、色や音楽による表現に向いたテーマと言えるでしょう（図1）。

人にパワフルな印象を与えるのは、色相の違いや明度の違いなどのコントラストが大きな色の組み合わせです。特に赤系の情熱的な色や、活力を感じさせる黄系の色はこの配色の中心となります。<u>色相差を大きく</u>★1するためには青や緑を、明度差を大きくするためには白・黒を組み合わせます。この配色のポイントは、それぞれの<u>色の面積</u>★2を大きめに設定すること。またメリハリを大きく感じさせるために、色相差・明度差がなるべく大きくなるように色同士の位置をぶつけ合うようにすることです（図2）。

インパクトが強く、見る人の気持ちを高揚させるこの配色は、広告や商品のデザイン・イベントの告知など幅広い場面でよく用いられています。

存在感の強いアート作品にかぶせるように配置された文字が、相乗的な力強さや生命力を感じさせてくれます。

色と色の関係性を抽象的に表現したグラフィック作品。美しいだけでなく哲学的な力をイメージさせます。

パワフルな配色のポイント

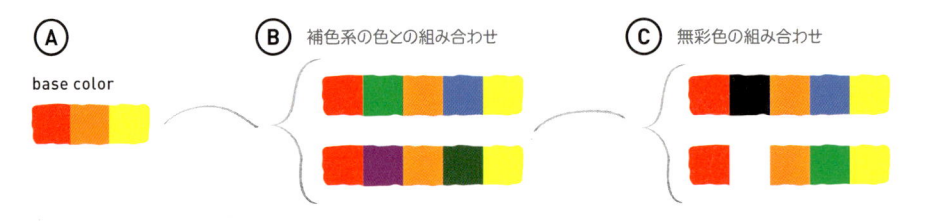

A base color

B 補色系の色との組み合わせ

C 無彩色の組み合わせ

ベースカラーは、エネルギーを強く感じられる純色に近い赤・オレンジ・黄です（A）。それぞれに補色関係の色を追加して色相差を出したり（B）、無彩色を取り入れて明度差を強くします（C）。

＊1　色相差を大きく

色の印象を高める方法として、補色や補色に近い関係の色を組み合わせる「色相対比」と呼ばれるものがあります。補色同士の刺激感を和らげるためには、無彩色を取り入れるようにするとよいでしょう。

＊2　色の面積

同じ色を使っていても、面積が小さいと色の印象は薄まります。特に文字に色を使いたい場合は、線の太い書体を選ぶなどの面積への気配りが不可欠でしょう。

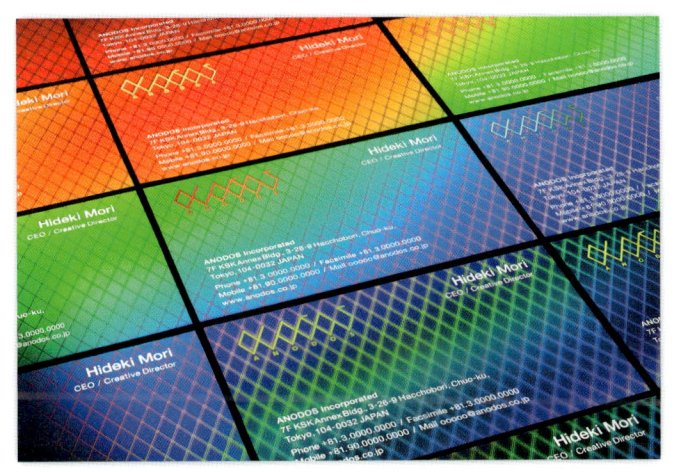

グラデーションカラーが鮮烈で美しいグラフィックの例です。直線的なパターンに加えてよりシャープな力強さが感じられます。

黄色と青の補色に近い配色ですが、白や明度の高い空の青、芝の緑によって爽やかな印象に仕上がっています。

（図1）色相や明度のコントラストを大きくしたこの配色では、インパクトのあるパワフルな印象が与えられます。

（図2）色相差・明度差を強調するようにぶつけ合ったり、色面を大きく組み合わせるのがポイントです。

COLOR CHART

CHAPTER 3 | 配色の実践 | 51

ミニマルな配色イメージ

色を究極に削ぎ落とすことで、伝えたい内容をよりシンプルにわかりやすく。
そして本質を表現するという考え方が「ミニマル」です。

デザインにおいては、要素のひとつひとつが本当に必要なものなのか？を常に考えなければなりません。不要な情報が増えるほど、本当に大事なことが伝わりにくくなってしまうからです。これを突き詰め、情報を限界まで削ぎ落とすのがミニマル・デザインの考え方になります。

色も情報のひとつです。デザインは**色がなくても**[★1]成立するもの。ミニマルな配色を目指すなら、まずはデザイン自体もミニマルにまとめること、そのためにいったん無彩色でデザインを完成させてみるとよいでしょう。その上で、最低限必要な色の情報はどこにあるかを考えます（図1）。基本は無彩色をベースに、アクセントカラーを1色追加するという考え方でよいかと思います。もうひとつの考え方は、ベースカラー自体をデザイン表現の方向性に合わせて1色決め、さらにもう1色をアクセントカラーに選ぶというもの。いずれの場合も有彩色が2色以上にならないようにします。この配色は、ともすると**さみしい印象**[★2]になりがちです。寒色に偏るとよりその傾向は強くなりますので注意してください。

スッキリとした白に、幾何学的な意匠のデザインが印象的なボトルデザイン。潔さと質の高さを感じさせます。

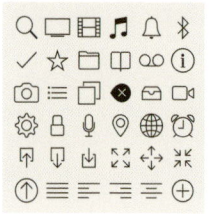

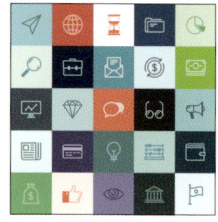

（図1）色が多いほど目には楽しく華やかになりますが、情報が多くなるほど伝えるべきテーマの強さは薄れてしまいます。

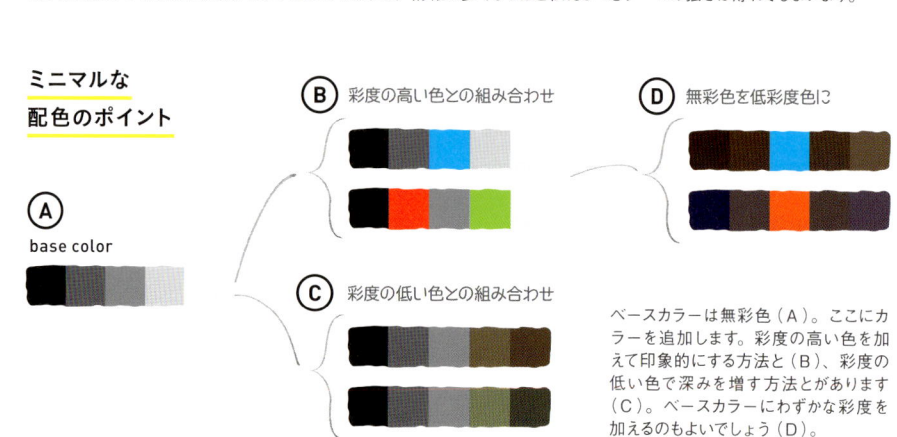

ミニマルな配色のポイント

Ⓐ base color

Ⓑ 彩度の高い色との組み合わせ

Ⓒ 彩度の低い色との組み合わせ

Ⓓ 無彩色を低彩度色に

ベースカラーは無彩色（A）。ここにカラーを追加します。彩度の高い色を加えて印象的にする方法と（B）、彩度の低い色で深みを増す方法とがあります（C）。ベースカラーにわずかな彩度を加えるのもよいでしょう（D）。

＊1　色がなくても

デザインは形と色で成り立っています。切り離すことはできませんが、優れたデザインは形だけでも優れていることがわかるもの。モノクロに変換してデザインを確認するのも、よい方法です。

＊2　さみしい印象

情報は少ない方が力強くなるものですが、瞬間的に目を奪うような華やかさや感情に直接働きかけるような効果は「色」でしか表現できないのもまた事実です。

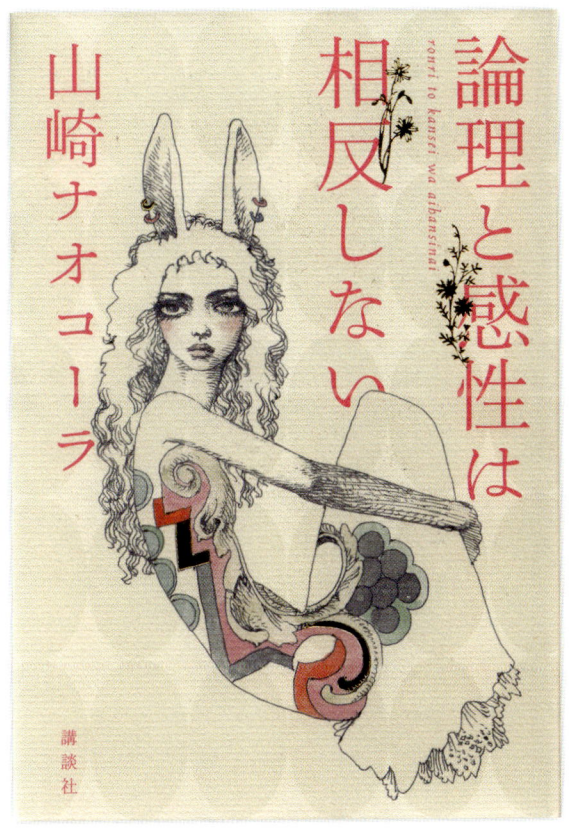

鮮やかなピンクと藍色との組み合わせが女性的な深みと、力強さを感じさせるブックカバーデザインの例です。

モノトーンの中に感じる微妙な色の変化が、ミニマルな中にも深い味わいを醸し出すWebデザインです。

COLOR CHART

CHAPTER 3 | 配色の実践 | 52

キーカラーを使った配色

キーカラーとは、その名の通りキー（key）になる色です。
商品のイメージや何かを象徴的する色が、キーカラーになります。

例えば物語が何かのキーワードに沿って展開するように、色も特定のイメージを想起させるためくり返し使われることがあります。企業や商品の**イメージカラー**[★1]や、特定の国やイメージを象徴する色などキーカラーを使用する目的はさまざまですが、見た人の**潜在的な記憶**[★2]にイメージを強く刻み込む効果があります。

キーカラーには、商品や企業のイメージをストレートに表すはっきりとした色相の色を選びます。例えば自然素材のみを使った食品であれば明るいグリーンやナチュラルな茶系の色、活発な印象を与えたい場合は黄色やオレンジ、といった具合。

また、キーカラーを効果的に使うには、他の色の印象を極力目立たないようにすることも大切です。無彩色、または無彩色に近い低彩度の色を選ぶようにしてください。

もうひとつ重要なことは、キーカラーをくり返し使用することです。さまざまな媒体をまたいで、あるいは1つのデザインの中でも大きさや形を変えても全く同じ色が何度も出て来ることで、その色の「キー」としての役割はより強調されます（図1）。

（図1）モチーフがひとつのときは単なる色のついたマークであっても、くり返されることで色の印象が強く残るようになります。

CDパッケージという立体的なグラフィックで、キーカラーのオレンジが繰り返し展開されていく流れのあるデザインです。

無彩色のグラフィックの中に、赤のキーカラーが鮮烈な印象を与えるデザインです。

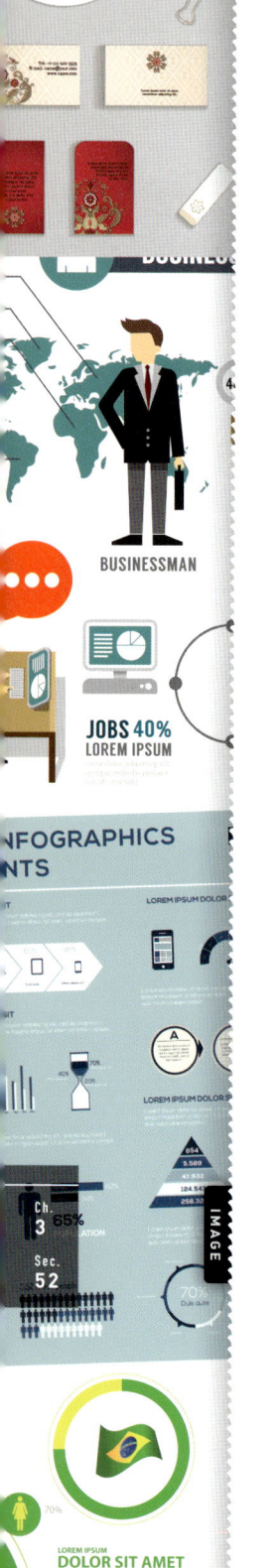

152

＊1　イメージカラー

会社やブランドの場合には、厳密に定められた色を規定に沿って使用します。これは見た人のイメージを統一するのに役立ちます。イメージの統一は、訴求の強さにつながります。

＊2　潜在的な記憶

色の記憶は比較的曖昧なものだと言われています。よく見ている色でも見本なしに正確に再現することは難しいのですが、色から商品やブランドを想起させることは簡単です。

COLOR CHART

さまざまなツールで共通したキーカラーを使用。統一感のあるイメージ展開をしている例です。

何の説明がなくても、色だけで一瞬にしてサッカー日本代表の応援が理解できる、色をフルに活用したグラフィックの例です。

キーカラー用いた配色のポイント

A base color

B 無彩色・有彩色との組み合わせ

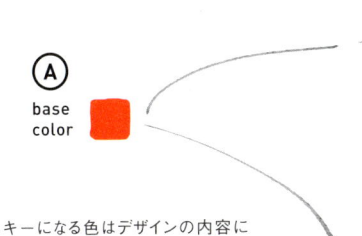

C 同一色相の組み合わせ

キーになる色はデザインの内容によって変わりますが、色相のはっきりした色が向いています（A）。組み合わせるのは無彩色が基本です（B）。キーカラーと同色相の色を加えるのもよいでしょう（C）。

153

CHAPTER 3 | 配色の実践 | 53

インテリジェントな寒色の配色

寒色には知的な、クールなといったイメージがあります。
ここではそんな寒色のスタイリッシュな組み合わせ方を見てみましょう。

空や海といった広大な自然の色でもある青は、冷静でインテリジェントなイメージの色としても知られています。特に科学・テクノロジーの分野では好んで使われる色でもあり、世界的にも好む人が圧倒的に多い色とも言われています。
いわゆるサイバーなイメージの中でも、青を始めとする寒色系の色はよく使われてきました。**現代的インテリジェント**[*1]なイメージを作るには、アクセントに暖色を取り入れたり、柔らかいグラデーションを用いるなど、どこかに**温かみ**[*2]が感じられる方がよいようです（図1）。

インテリジェントな配色には、科学的・論理的なイメージがありますが、それ以外にも信頼感や誠実さを表現する目的でも使われます。また寒色をメインにした配色は、幅広い年齢層に好感度が高いという特徴もあります。この配色は無彩色と相性がよく白を組み合わせると爽やかさが、黒を組み合わせると重厚感が出ます。明暗差や彩度差などのコントラストが強過ぎると、古くさいイメージになりがちなので注意が必要です。文字は線の細いものを選ぶなど、コントラストを抑える工夫をしましょう（図2）。

（図2）コントラストを強くせず、柔らかさや繊細なイメージに仕上げることで、古くさいイメージになりません。

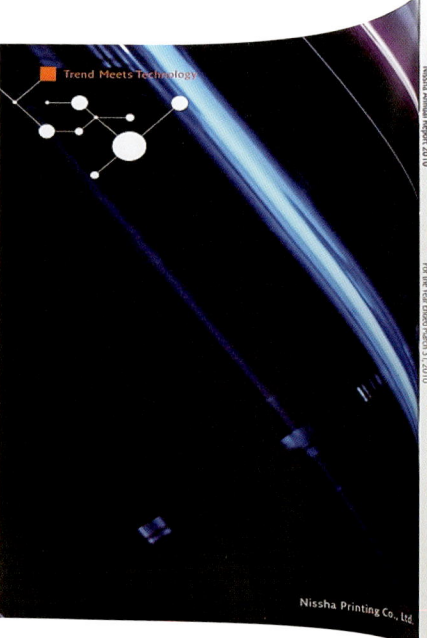

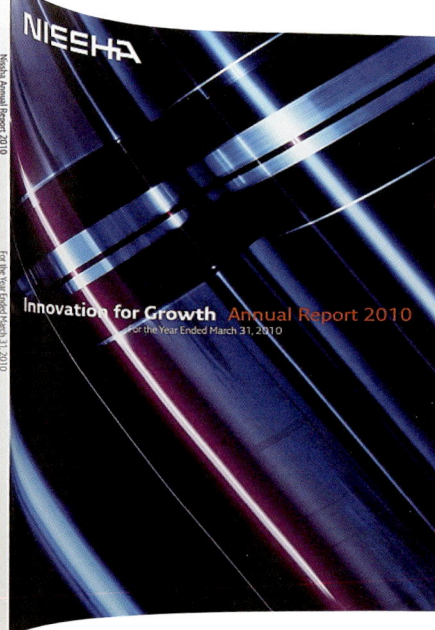

（図1）インテリジェンスを表すのは寒色ですが、アクセント的に暖色を加えることで新しさが感じられます。

幻想的でどこか艶かしいような光沢感が印象的なカバーデザイン。知的な中にも繊細さが感じられます。

154

＊1　現代的インテリジェント

インテリジェントは知的な、利口な、賢いといった意味の言葉です。ただ知能が高いというだけでなく、情報を正しく集積・処理する能力や、社会への貢献なども現代においては重要なポイントのようです。

＊2　温かみ

1990年代には寒色を多用したデジタルイメージが盛んに用いられていました。今は寒色のみの配色はあまり好まれず、やさしさや温かみの感じられる暖色やナチュラルカラーが加えられる傾向があります。

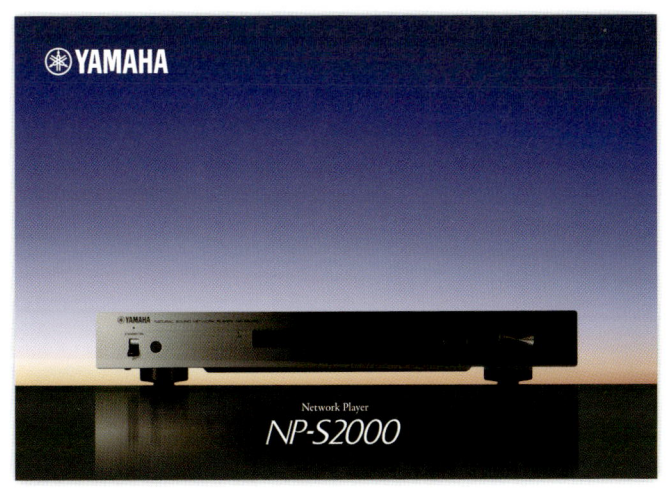

シンプルな構成の中に、美しいグラデーションが質の高さを感じるグラフィックのデザイン例です。

有機的なグレーと、深みのあるグリーンの組み合わせが成熟したインテリジェンスを醸し出すWebサイトのデザインです。

©2005-2007 Japan Science and Technology Agency.

インテリジェントな配色のポイント

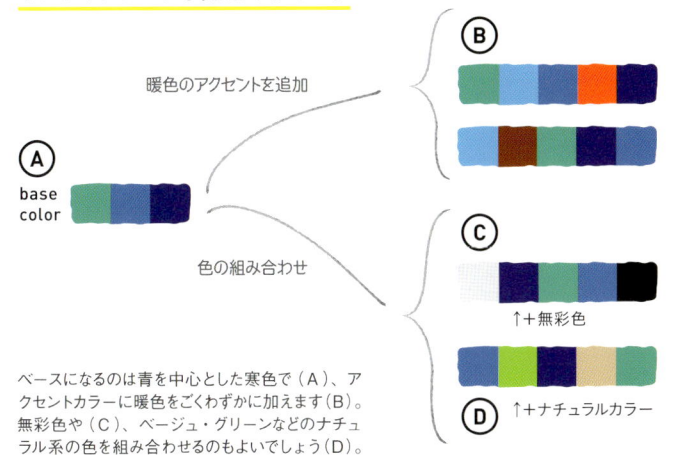

(A) base color

暖色のアクセントを追加 → (B)

色の組み合わせ

↑＋無彩色 (C)

↑＋ナチュラルカラー (D)

ベースになるのは青を中心とした寒色で（A）、アクセントカラーに暖色をごくわずかに加えます（B）。無彩色や（C）、ベージュ・グリーンなどのナチュラル系の色を組み合わせるのもよいでしょう（D）。

COLOR CHART

| 234-193-0 | 93-120-50 | 14-62-60 | 32-32-64 | 30-18-16 |
| 10-25-100-0 | 70-45-100-5 | 90-65-70-40 | 90-90-50-45 | 10-10-10-100 |

| 187-220-237 | 254-235-190 | 53-81-162 | 226-208-70 | 212-236-243 |
| 30-5-5-0 | 0-10-30-0 | 85-70-0-0 | 15-15-80-0 | 20-0-5-0 |

| 97-37-99 | 96-29-127 | 90-67-152 | 79-100-174 | 59-130-197 |
| 75-100-40-0 | 75-100-10-0 | 75-80-0-0 | 75-60-0-0 | 75-40-0-0 |

| 233-72-22 | 39-60-44 | 137-170-201 | 255-255-255 | 110-58-29 |
| 0-85-95-0 | 80-60-80-50 | 50-20-15-0 | 0-0-0-0 | 55-80-100-30 |

| 0-179-205 | 113-97-64 | 23-42-136 | 23-28-97 | 237-109-70 |
| 75-0-20-0 | 60-60-80-15 | 100-95-5-0 | 100-100-25-25 | 0-79-70-0 |

| 0-64-152 | 46-40-111 | 0-140-191 | 0-174-187 | 53-181-151 |
| 100-80-0-0 | 95-100-30-0 | 90-25-15-0 | 80-0-30-0 | 70-0-50-0 |

| 77-112-103 | 29-46-72 | 211-184-162 | 27-103-178 | 109-200-235 |
| 75-50-60-5 | 90-80-50-40 | 20-30-35-0 | 85-55-0-0 | 55-0-5-0 |

| 0-46-60 | 91-137-68 | 216-204-72 | 245-241-223 | 158-139-90 |
| 100-80-65-40 | 70-35-90-0 | 20-15-80-0 | 5-5-15-0 | 45-45-70-0 |

| 35-35-68 | 74-49-44 | 201-190-184 | 87-86-137 | 55-54-117 |
| 90-90-50-40 | 70-80-80-40 | 25-25-25-0 | 75-70-25-0 | 90-90-30-0 |

| 0-61-61 | 0-111-111 | 101-176-212 | 220-165-87 | 0-67-129 |
| 100-65-70-40 | 100-45-60-0 | 60-15-10-0 | 15-40-70-0 | 100-80-25-0 |

| 51-88-114 | 176-199-217 | 187-179-118 | 117-107-56 | 63-52-22 |
| 85-65-45-5 | 35-15-10-0 | 35-25-60-0 | 60-55-90-10 | 70-70-100-50 |

| 71-180-198 | 0-127-138 | 143-41-34 | 16-75-51 | 24-173-94 |
| 65-0-25-0 | 90-35-45-0 | 45-95-100-15 | 90-60-90-30 | 75-0-80-0 |

| 61-70-79 | 255-255-255 | 97-104-146 | 30-18-16 | 152-159-207 |
| 80-70-60-25 | 0-0-0-0 | 70-60-20-0 | 10-10-10-100 | 45-35-0-0 |

| 223-242-252 | 58-137-176 | 165-205-241 | 179-173-161 | 255-246-233 |
| 15-0-0-0 | 75-35-20-0 | 45-5-0-0 | 35-30-35-0 | 0-5-10-0 |

| 72-61-56 | 92-181-49 | 190-159-135 | 34-172-56 | 87-175-155 |
| 70-70-70-40 | 65-0-100-0 | 30-40-45-0 | 75-0-100-0 | 65-10-45-0 |

CHAPTER 3 | 配色の実践 | 54

サブカルチャーイメージの配色

マジョリティの文化や価値観から外れたところに生まれたサブカルチャー。
その配色にはどんな特徴があるのでしょうか。

伝統的で教養とされる「文化(ハイカルチャー、メインカルチャー)」に対し、人種的・性的・嗜好的にマイノリティな存在の人たちが作り出した文化が「サブカルチャー」と呼ばれるものです。日本では80年代以降徐々に注目を集めるようになり、オタクやSF、オカルト、ストリート、アングラなどのさまざまなサブカルチャーが生まれました(図1)。

ひとくちに「サブカルチャー」と言ってもその表現の幅は広く、また現在進行形で生まれては消えて行くものも多くとらえどころは難しいものです。

配色デザインにおけるサブカルチャーのイメージとしては、上記の80年代に生まれたムーブメントを懐古すると同時に、ハイカルチャーに対する**アンチテーゼ**[★1]としての存在が大きいようです。トーンや調和を嫌い、色相差・明度差を大きくしたコントラストの強い組み合わせがよく見られます(図2)。

色飽和[★2]したような鮮やかな色彩、蛍光色、色褪せた写真、アナログな表現など、従来の配色の作法を打ち破るところにこそ、この配色の魅力があると言えるでしょう。

フラッシュの生々しさと、雑多なテイストがミックスされた色鮮やかなファッション。「外した」感が魅力的な写真表現です。

(図1)日本では特に「オタク」文化が脚光を浴びましたが、サブカルチャーのイメージは多種多様なものがあります。

(図2)明度差・彩度差・色相差などを大きくした組み合わせが、この配色の大きな特徴のひとつです。

モノクロの古い映画のチラシをリメイクした作品。白と黒、赤と黒といったコントラストが効いています。

※1 アンチテーゼ
主張や立場の概念に対立する存在や、そのための行為。

※2 色飽和
カメラ用語で、色の彩度が高すぎることで諧調が失われるあるいは諧調飛びをおこしてしまうこと。一般的には諧調が保たれた状態が正解とされています。

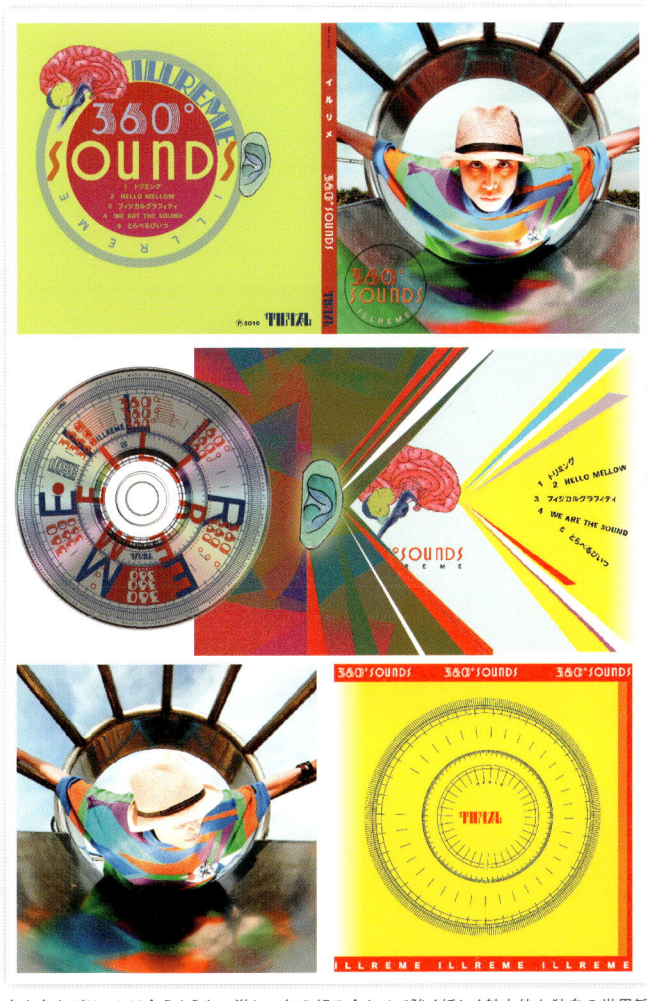

色と色とがぶつかり合うような、激しい色の組み合わせで強く妖しく魅力的な独自の世界観が表現されています。

サブカルチャーイメージの配色ポイント

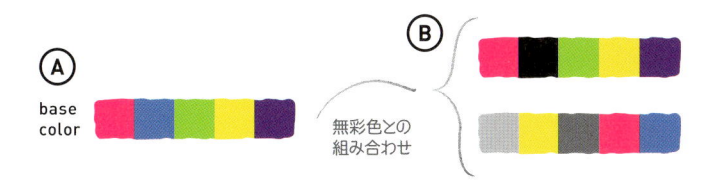

Ⓐ base color

Ⓑ 無彩色との組み合わせ

彩度の高い色を、色相差が大きくなるように組み合わせます（A）。彩度差や明暗のコントラストをつけるために、黒・白を追加するのもこのイメージによく合います（B）。

COLOR CHART

231-52-104 / 0-90-35-0	30-18-16 / 10-10-10-100	255-255-255 / 0-0-0-0	145-138-139 / 50-45-40-0	0-94-140 / 95-60-30-0
232-56-47 / 0-90-80-0	231-66-145 / 0-85-0-0	107-22-133 / 70-100-0-0	30-18-16 / 10-10-10-100	192-164-71 / 30-35-80-0
94-36-92 / 75-100-45-5	137-33-136 / 55-95-0-0	232-68-120 / 0-85-25-0	255-218-42 / 0-15-85-0	32-172-66 / 75-0-95-0
232-144-186 / 5-55-0-0	64-41-75 / 80-90-50-30	138-195-149 / 50-5-50-0	178-157-168 / 35-40-25-0	241-144-114 / 0-55-50-0
34-172-56 / 75-0-100-0	42-33-31 / 10-10-10-95	23-42-136 / 100-95-5-0	230-46-139 / 0-90-0-0	30-18-16 / 10-10-10-100
184-53-59 / 0-85-60-30	109-50-66 / 55-85-60-30	53-64-59 / 55-35-45-70	119-179-48 / 55-0-95-10	98-66-43 / 15-45-55-70
42-33-31 / 10-10-10-95	230-46-139 / 0-90-0-0	30-18-16 / 10-10-10-100	71-116-185 / 75-50-0-0	0-179-205 / 75-0-20-0
217-80-151 / 10-80-0-0	202-91-157 / 20-75-0-0	20-42-73 / 100-95-60-20	0-169-169 / 85-0-40-0	238-230-113 / 10-5-65-0
208-10-27 / 15-100-100-0	202-91-157 / 20-75-0-0	231-51-110 / 0-90-30-0	184-210-0 / 35-0-100-0	30-18-16 / 10-10-10-100
231-36-46 / 0-95-80-0	137-39-125 / 55-95-15-0	14-53-127 / 100-90-20-0	0-131-179 / 95-30-20-0	30-18-16 / 10-10-10-100
28-42-78 / 100-100-60-0	0-131-161 / 85-35-30-0	30-18-16 / 10-10-10-100	231-36-24 / 0-95-95-0	157-29-34 / 40-100-00-10
63-17-51 / 75-100-60-45	70-89-41 / 75-55-100-25	54-27-11 / 70-85-100-60	147-50-137 / 50-90-5-0	101-32-62 / 60-95-60-30
42-33-31 / 10-10-10-95	255-255-255 / 0-0-0-0	0-160-64 / 90-0-100-0	30-18-16 / 10-10-10-100	231-52-98 / 0-90-40-0
0-175-204 / 80-0-20-0	182-160-20 / 35-35-100-0	247-224-65 / 5-10-80-0	192-37-97 / 25-95-40-0	146-129-135 / 50-50-40-0
0-160-64 / 90-0-100-0	30-18-16 / 10-10-10-100	223-30-94 / 5-95-40-0	30-18-16 / 10-10-10-100	232-56-47 / 0-90-80-0

CREDIT INDEX

掲載作品出典一覧
※作品名／スタッフ／制作年度／クライアントの順に記載してあります。

Chapter2 配色の基本

01 暖色の配色
▶ [P22／下段／左]「ABAHOUSE 2009-2013 AW」／AD+D、PH.Keiichi Nitta／2009／Abahouse International
▶ [P22／下段／右]「Fit's」／AD+D.土井宏明、D.五十川健一／2009／株式会社ロッテ

02 寒色の配色
▶ [P24／下段／左]「革命ヲ起コセ。」／AD+D・CD.田中秀之、D.二澤平治仁+尾崎琢也、PH.池田直人+西村恵、I.Inocuo the sign／2009／adidas Japan
▶ [P24／右]「つくし文具店」DM／AD+D.DRILL DESIGN／2007／つくし文具店
▶ [P25／下段／右]「Pen」／AW.サダヒロカズノリ／2009／阪急コミュニケーションズ

03 同一色相配色
▶ [P26／下段／左]「ニッポンを面白い方へ連れていけ。」／AD+D.植村倫明、写真提供.アマナイメージズ／2009／Honda
▶ [P26／下段／右]「The World's Edge／DOSE」LPジャケット／AD+D.大箭亮二／2009／Ki/oon Records

04 無彩色配色
▶ [P28／下段／左]「日本アド：プロダクション年鑑」／AD+D.草谷隆之／2009／六曜社
▶ [P29／下段／右]「ロート製薬 スキンケアブランド エピステーム」ポスター+ブックレット+ショーウィンドウ+etc.／AD.八木義博／2008／ロート製薬

05 グラデーション配色
▶ [P30／下段／左]「デザイン業界はこれからどうなるのか」ブックカバー／AD+D.甲谷一／2009／ビー・エヌ・エヌ新社
▶ [P30／下段／右]「インシデンタル・アフェアーズ」ポスター／AD+D.Glanz／2009／サントリーミュージアム［天保山］

06 色相配色
▶ [P32／下段／左]「デジタル印刷ビジネス最前線」ブックデザイン／2011／ワークスコーポレーション
▶ [P32／下段／右]「Bio_100%」MUSIC CD BOX／CD+AD+DI+D.ラナデザインアソシエイツ／2009／Bio_100%
▶ [P33／下段／右]「逆引きデザイン事典シリーズ」／AD+D.宮崎章文／2009／翔泳社

07 トーン配色
▶ [P34／下段／左]「びーんず」ランチョンマット／AD+D.松本幸二／2009／びーんず
▶ [P34／下段／中]「littlePlanet」／AD+D+FL.LOWORKS／2009／WWF JAPAN
▶ [P34／下段／右]「NIKE FUKUOKA」ポスター／AD+D.松原康徳、I.Jon Saunders(Psyop)／2009／Nike Japan

08 明度対比
▶ [P36／下段／左]「ANA CROWNE PLAZA"Good Dreaming"」web／AD+D.ANSWR／2010／A.McCann Erickson Japan Inc.+ENJIN Inc.、CROWNE PLAZA
▶ [P36／下段／右]「カルピス」製品パッケージ／カルピス株式会社

09 彩度対比
▶ [P38／下段／左]「WOWWOW WOWFES!」ポスターB0判／CD.吉川裕也+澤本嘉光、AD+D.小野恵央、C.岩田純平、D.木村高典+今藤清史+岩黒高美+若林恵梨子／企画制作.電通+たき工房／2010／WOWWOW
▶ [P38／下段／中]「Atomic Sunshine Okinawa」／AD+D.相澤事務所／2009／アトミックサンシャイン実行委員会
▶ [P38／下段／右]「TOKYO CITY BALLET LIVE 2011」／AD+D.石黒潤／2010／東京シティバレエ団

10 アクセントカラー
▶ [P40／下段／左]「きれいな欧文書体とデザイン」ブックデザイン／AD+D+WR.甲谷一／2010／ビー・エヌ・エヌ新社
▶ [P40／下段／右]「演劇ブック」／AD+D.釣巻敏康、PH.竹中圭樹／2010／えんぶ

11 補色配色
▶ [P42／下段／左]「Salon Support Program」パンフレット／AD+D.gift unfolding casually／2010／Lebel.
▶ [P42／下段／中]「OMOTESANDO HILLS 2010 Autumn & Winter」／D.瀧加奈子／2010.9／森ビル株式会社
▶ [P42／下段／右]「PATTERN ARTWORK」／AD+D.内山尚志／2010／Private

12 ナチュラルハーモニー
▶ [P44／下段／左]「PACKAGE DESIGN for POCKET JUICE STAND」／AD+D.細島雄一、D.益子佳奈／2008／DyDo DRINCO
▶ [P44／下段／中]「illustration book、ICHIO Otsuka's MAGIC!」／AD+I+ED.大塚いちお、D.河村吉奈+河原美友利／2010／誠文堂新光社
▶ [P45／下段／右]「父の日のポスター」／AD+D.安田由美子、CD+D.武藤謙二、D.岡崎智弘、PH.横浜修、ST.山本マナ、HM.桜山敦／2010／Tabio

13 コンプレックスハーモニー
▶ [P46／下段／左]「Sex on the Beach」CDジャケット／AD+D.大箭亮二／2010／Victor Entertainment
▶ [P46／下段／右]「GET CA」携帯サイトコンテンツ／I+MO+CH.Lipogram／2007-2010／A.スタジオ四葉、カシオ計算機
▶ [P47／下段]「トレインイロ」キャンペーンサイト／PL+PR+AD+D.小杉幸一／2009／朝日新聞社

Chapter3 配色の実践

01 レトロな昭和モダン配色
▶ [P50／中段／右]「ESSE2010年1月号『家計簿』雑誌付録」／I+コラージュ.すぎやましょこ、D.若井夏澄（細山田デザイン事務所）／2010／扶桑社
▶ [P51／下段／右]「フリモの楽しみ」／AD+D.ME&MIRACO、I.ワタナベケンイチ／2007／ピエ・ブックス

02 ヨーロッパのファブリックカラー
▶ [P52／上段／右]「Risa's Choice／ポケットドルツ編」インフォマーシャル／AW+MO.稲葉まり／パナソニック
▶ [P52／中段]「poetic animals／personal work 展示作品」／AD+D+I.長澤昌彦／2009／Japan Graphic Designers Association
▶ [P53／上段]「立川 modi Opening Campaign」／AD+D.White Out Graphics／2007／AIM Create

03 手のぬくもりを感じる紙と本
▶ [P54／上段]「たいせつなものを撮ろう、残そう」saorin／書籍／AD+D.紀田みどり／2010／エムディエヌコーポレーション
▶ [P55／上段]「ボローニャの夕暮れ」／AD+D.ウルトラグラフィック／2010／アルシテラン

04 スイーツのような甘い配色
▶ [P56／中段／左]「アルバム／Happy♡」／AD+D.林瑞穂／2010／Sony Music Direct (Japan) inc.
▶ [P56／下段／右]「Samantha Thavasa Sweets」ロゴ+ショッパー／AD+D.PAIK DESIGN OFFICE INC.、PH.荻島稔（荻島稔写真事務所）／2010／株式会社サマンサタバサジャパンリミテッド

05 キッチュなプラスチックカラー
▶ [P58／中段／右]「QUISS」Visual book／AD+D.ワヴデザイン、PH.Shuhei Nomachi、ST.Junko Haseo、HM.Ryo／2010／WEED
▶ [P58／下段／左]「Home／rie fu」CDジャケット／AD+AW.金谷裕子、D.稲葉まり／2008／ソニー・ミュージックエンタテインメント
▶ [P59／上段]「galaxxxy」ショップバッグ／I.菱沼彩子／2008／galaxxxy

06 グラマラスなコントラスト配色
▶ [P60／中段／左]「The single Sony Music Years 1993〜2002／古内東子」CDジャケット／AD+D.林瑞穂、I.佐瀬麻友／2010／ソニー・ミュージックダイレクト
▶ [P61／上段]「NSSI 2009 autumn-winter」カタログ／AD.大島慶一郎、PH.CUBE／2009／NSSI

07 奔放で優美な大正ロマン風配色
▶ [P62／中段／左]「大正ロマン着物画像」提供.森泰子きもの学院 講師 坪倉澄子
▶ [P63／上段]「東京カランコロン e.t.」／AD+D+I+PH.古賀鈴鳴／2010／karankoron records

08 かさね色目の季節感ある配色
▶ [P64／上段／右]「A+」／AD+D+AW.山本ヒロキ／2010／アトリエ・アープリュス
▶ [P64／下段／右]「savor」／AD+D.青木康子、PH.阿部伸治+根岸雅行／2010／株式会社エムアンドエムサービス

09 陶器のような深みのある配色
▶ [P66／中段／右]「日本のデザイン2010」／AD.松下計、D.木村明子／2010／東京ミッドタウン・デザインハブ
▶ [P66／中段／右]「色いろいろ」／AD+D.atomosphere ltd.／2010／丸亀市猪熊弦一郎現代美術館
▶ [P66／下段／左]「SOQS」／AD.柿木原政広／2010／株式会社SOQS
▶ [P67／中段]「一保堂茶舗」パッケージリニューアル／AD+D.北本浩一郎／2009-／一保堂茶舗

10 アジアンモダンな配色
▶ [P68／中段／左]「ASOBITE」Sales promotion／AD+D+I.ANONIWA／2010／（有）向山工業所
▶ [P68／下段／右]「BONSAI CAFE SABON」ポスター／AD+D+I.杉山陽平／2010／BONSAI CAFE SABON
▶ [P69／上段／左]「無印良品キャンプ場」ポスター／AD.新町則人、D.庭野広祐、C.中嶋裕之／2010／良品計画
▶ [P69／上段／右]「墨田区観光協会ロゴ、ロゴ展開から法被等の様々なツール」／AD+D.高橋正実／2009／一般社団法人墨田区観光協会

11 スパイシー&ガーリーな配色
▶ [P70-71／上段]「ヘッドアクセ by Laforet」春の販促キャンペーン／CD+AD.えぐちりか、D.阿部聡絵+湊村敏郎、P.瀧本幹也／2009／ラフォーレ原宿
▶ [P70／上段]「RNA／Autumn-Winter 2006」／AD+D+I.深澤恵衣、P.Pierre Toussaint、ST.曽山絵里、HM.Kaori Kasso／2006／アールエヌエー

12 花色のほっこり配色
▶ [P72／下段／左]「minnk no.01」／I.東ちなつ／フェリシモ出版
▶ [P72-73／下段]「東京さんぽ／OZ magazine」／I.よしいちひろ／2010／スターツ出版
▶ [P73／上段]「eruca／ショップカード」／AD+D.海老原麗子／2007／リクルート

13 メタリックな光を感じる配色
▶ [P74／下段／左]「BREATHE／SEEDA」／AD+D.ワビサビ／2010／株式会社KSR
▶ [P74／中段／右]「BOB／2009年12月号」／P.佐野方美、ST.東 美穂、HM.八戸亜季子、MD.Voleria（BRAVO）、AW.hamadakara／2009／髪書房
▶ [P75／上段]「FORM::PROCESS」Website／AD+D+FL.FORM::PROCESS／2010／Original Work

14 フルーツのような元気が出る配色
▶ [P76／下段／左]「豊四季台団地」／AD+D.氏デザイン／2010／UR都市機構
▶ [P76-77／下段]「Google Office」／D.black★bath／2010／Google

15 パールのような光沢の配色
▶ [P78／下段／左]「KUROKI MEISA 2010 calendar」／黒木メイサ／カレンダー／AD+D.吉永祐介／2009／Sweet Power
▶ [P79／下段／右]「平子理沙［2010］カレンダー Living in the Dream／蜷川実花」／AD+D.ミルキィ・イソベ／2009／講談社
▶ [P79／下段]「HAIRGRANCE／パッケージ」／AD.加藤建吾／2010／ヘアグランスジャパン株式会社

16 ノスタルジックな絵本の世界
▶ [P80／中段／左]「DOZO」ブランドサイト／AD+D+PR+DI.山縣文平／2010／DOZO
▶ [P80／中段／右]「MARK CITY」年間ヴィジュアル／AD+D.Mag、AW.青木むすび、PH.青野千絋／2010／渋谷マークシティ
▶ [P81／上段]「ココロノウタ／チュール」CDジャケット／AD+D+I.Giottographica／2010／Ki/oon Records

17 ポップで軽やかな配色
▶ [P82／下段／左]「OXY」／AD+D.土井宏明、D.五十川健一／2009-2010／ロート製薬株式会社
▶ [P83／下段／左]「ラジカル・ヒストリー・ツアー001 速度びより」／AD+D+ED+WR.杉本聖士+日向麻梨子+山田知子、書体作成.山田和寛／2010／牛若丸
▶ [P83／下段]「夢の中ならキミはドット。／D（di:）」／AD+D+I.MHz／2010／角川書店

18 羊毛フェルトのやわらか配色
▶ [P84／下段／左]「AKB48『ヘビーローテーション』©AKS/KING RECORDS」CDジャケットデザイン／AD+D.秋山具義／2010／キングレコード株式会社
▶ [P85／下段／右]「Love Bird」結婚式招待状／AD+D.Invito Designs／2010／Plan・Do・See inc.
▶ [P85／下段]「ミラクルチョコレート／SONOMI」CDジャケット／AD+D.中野淳仁／2010／PONY CANYON

19 エコロジーを感じさせる配色
▶ [P86／中段／左]「LACROSSE WORLD CUP」Poster／AD+D.荒井康豪、PH.細野晋司／2010／Japan Lacrosse Association
▶ [P86／中段／右]「折り札」／AD+D.大野好之／2009／裏具
▶ [P87／中段]「住友林業広告／新聞広告」／AD.清水正己／2008-2009／住友林業
▶ [P87／下段]「Lacue Co.,Ltd VI」／AD+D.木住野彰悟、D.榊美帆、PH.伊藤彰浩、C.南部隆一／2010／株式会社ラクエ

20 工作機械を思わせるアナログ感
▶ [P88／上段]「TROPOPAUSE」／AD+D.MITSUHIRO IKEDA、PH.MINORU KABURAGI、HM.TETSUYA YAMAKATA／2010／KAFKA co.,ltd
▶ [P88／下段／左]「SWINGING LONDON 50'S-60'S - DESIGN AND CULTURE REVOLUTION」／AD+D.遠藤一成／2010／BRAIN TRUST INC.
▶ [P88／下段／右]「デザインのひきだし」／AD+D.ASYL／2010／グラフィック社
▶ [P89／中上段／左]「FOR STOCKISTS EXHIBITION」／AD+D.ALL RIGHT GRAPHICS／2010／FOR STOCKISTS EXHIBITION実行委員会
▶ [P89／中段／右]「桑沢デザイン研究所2011学校案内」／AD+D.ALL RIGHT GRAPHICS、PH.服部貴康／2010／学校法人桑沢学園 桑沢デザイン研究所
▶ [P89／中上段／中]「劇団BOOGIE★WOOGIE 24th公演 将門」／AD+D.ALL RIGHT GRAPHICS／2010／劇団BOOGIE★WOOGIE
▶ [P89／中下段／左]「能楽現在形」／AD+D+I.ALL RIGHT GRAPHICS／2010／世田谷パブリックシアター
▶ [P89／中下段／中]「油田一幸展」／AD+D.ALL RIGHT GRAPHICS、PH.加藤健／2010／東京藝術大学
▶ [P89／中下段／右]「印刷のいろは展」／AD+D.ALL RIGHT GRAPHICS／2010／金羊社+ALL RIGHT PRINTING

21 アジアのパワーあふれる配色
▶[P90-91／下段]　「渋谷PARCO」ムービー／AD＋D＋MO＋MU.ワウデザイン／2008／渋谷PARCO

22 テクノポップ・フューチャーポップ
▶[P92／上段]　「Google Android G1×gelaskins」／AD＋D＋FL.LOWORKS／2008／Google+GelaSkins
▶[P92／中段／右]　「Right ver. & Left ver./メウ」CD／AD＋D.佐藤正幸／2010／キングレコード
▶[P93／下段]　「2010 LIQUID」／AD＋D.浜田武士／2009／LIQUIDROOM

23 影を感じる黒の使い方
▶[P94／上段]　「Beatlesongs」／AD＋D.マミアナグラフィックス／2009／ソニー・マガジンズ
▶[P94／下段]　VOGUE JAPAN April issue, 2006／AD＋D.STIRRED オリビエ・ビガリーニ／© 2006 Conde Nast Publications Japan All Rights Reserved.
▶[P95／上段]　「The Land of Freedom／quasimode」／AD＋D.多田道彦／2007／GENEON ENTERTAINMENT INC.

24 華やかな光の色のイメージ
▶[P96／上段]　「CIRCUS＋MARCOMONDE」／AD＋D.池田充宏、PH.土井文維、ST.飯嶋久美子、HM.奥平正芳／2009／株式会社ソシアル
▶[P96／中段]　「AIR TO GROUND A-SEVEN」ポスター＋雑誌広告＋カタログ＋店頭販促物＋WEB＋etc.／AD＋D.池越範尋、MD.平岡勝史＋Crispin Lipscomb、CD.近藤敏雄、PH.HIP／2008／AIR TO GROUND A-SEVEN
▶[P97／下段]　「AI×TOWER RECORDS×addidas×ABC MART コラボレーション」ポスター＋野外広告／AD＋D.川村将、PR.大日方結城（UNITED RIGHTS Co.,Ltd）、PH.GENKI（bnf）、I.株式会社bamboo／2009／アディダス ジャパン株式会社

25 優等生なトラディショナル配色
▶[P98／中段／左]　「トイレット」ポスター／AD＋D.大島佐提亜、PH.ケイトリン・クローネンパーグ／2010／スールキートス　©2010"トイレット"フィルムパートナーズ
▶[P98／中段／右]　「ブランドムック Harrods」／AD＋D.Mag／2010／宝島社
▶[P99／上段]　「Lotta Jansdotter's Handmade Living」／AD＋D.TUESDAY／2010／Chronicle Books（USA）
▶[P99／中段]　「組曲 2010 AW」／CD＋AD.手島領／2010／ONWARD

26 ピュアなふんわりイメージ
▶[P100／上段]　「GOOD REFORM」／AD＋D.玉置太一／2010／ぐっとリフォーム
▶[P100／中段]　「なくしたものたちの国／角田光代＋松尾たいこ」／AD＋D.ミルキィ・イソベ／2010／発行.ホーム社、発売.講談社
▶[P101／下段]　「ECO STYLE GRAPHICS」／AD＋D.永田昌史／2009／ピエ・ブックス

27 アメコミタッチの明朗な配色
▶[P103／上段]　「5-FIVE-／黒木メイサ」CDジャケット／AD＋D.関口修作／2010／ソニーミュージック
▶[P103／下段]　「ZIPPER」／D.川村将、PH.阿部ちづる（Lovable）、MD.AMO＋YAMO／2010／株式会社祥伝社

28 神秘的な光の色
▶[P104／下段／左]　「Miss Little Voice／Manami」ポスター／AD＋D.平野哲央／2010／TOY'S FACTORY
▶[P105／上段]　「100＋1 ERIKAS」Book／CD＋AD＋D.タナカノリユキ／2010／ASAHI PRESS

29 サイバーイメージの配色
▶[P106／中段]　「DESCENTE」プロダクト＋ポスター＋雑誌広告＋カタログ＋WEBなど販促物／AD＋D.池越範尋、D.内田謙、PH.矢田部裕、CD.近藤敏雄／2010／株式会社デサント
▶[P107／上段]　「MdNデザイナーズファイル2011」／AD＋D.中野豪雄／2011／エムディエヌコーポレーション

30 北欧イメージの配色
▶[P108／上段]　「マスキングテープの本」ブックデザイン／D.葉田いづみ、コラージュ制作.オギハラナミ／2008／主婦の友社
▶[P109／上段]　「KNIT CAP CUP 2007」ポスター＋DM＋ロゴ／AD＋D＋I.紀太みどり、P.平賀 朗、PR.春蒔プロジェクト／2007／白畳ニット

31 大きな色面のインパクト配色
▶[P111／上段]　「Zoff Marine Stripes」／AD＋D.小杉幸一／Zoff

32 サイケデリックな配色
▶[P112／上段]　「Folie a Deux／レベッカ・ブラウン」／AD.伊藤桂司／光城社
▶[P112／下段]　「OH LOVE YOU／Violent is Savanna」CDジャケット／AD＋D.富岡聡一／2010／cutting edge
▶[P113／上段]　「音霊 OTODAMA SEA STUDIO」ポスター／AD＋D.柴岡隼次／2010／音霊©水木プロ

33 上品で濃密な配色
▶[P114／中段／左]　「SOFT ON DEMAND supplement」広告／AD＋D.TGB design.／2010／SOFT ON DEMAND

▶[P115／上中段]　「SISLEY Taiwan Window Art」／AW.坂卷善徳／2010／STARFiSH CONCEPT

34 懐かしさを感じる褪せ感
▶[P116／中段／左]　「いづみ語録・コンパクト／著：鈴木いづみ　編：鈴木あづさ」／AD＋D.佐々木暁、PH.荒木経惟／2010／文芸社
▶[P116／中段／右]　「凍花／斉木香津」／AD＋D.坂野公一／2010／双葉社
▶[P117／下段]　「Stussy women spring-summer 2011」／AD＋D.Enlightment、CD＋ST.一ツ山佳子／2010／STUSSY JAPAN

35 コクのあるローキー配色
▶[P118-9／上段]　「運命のしずく～Destiny's star ～／GIRL NEXT DOOR」／AD＋D.岡田京介、PH.磯田直之／2010／avex trax
▶[P119／下段]　「夜行観覧車／湊かなえ」／AD＋D.大路浩実／2010／双葉社

36 無彩色の魅せる配色
▶[P120／中段]　「時がくれたコーヒー」パッケージ／AD＋D.上田亮（COMMUNE）、D.馬渕みなみ（COMMUNE）、CD.明嵐謙一、PH.芝辻和明、C.池端宏介、Acount Director.工藤裕紀子、PD.大坪澄尚／2009／infini coffee
▶[P120／下段]　「RYUJI 125 PIECES OF BEAUTY」／D.CrossChrome、HM.RYUJI、PH.渡邊豊十他／2010／RYUJI
▶[P121／下段]　「pers.vol.9」／AD＋D.中野豪雄／2010／*spect

37 アニメーション的彩色
▶[P122／上段]　「柚子ペパーミント 4」／AD＋D.草野剛／2010／株式会社スクウェア・エニックス
▶[P122／中段]　「フルメタル・パニック？ふもっふ MISSION:COMPLETE」／D.高木信義、I.堀内修／2004／エムディエヌコーポレーション
▶[P123／上段]　「ライオン／May'n／中島 愛」／D.山崎剛／Victor Entertainment ©2007 ビックウエスト／マクロスF製作委員会・MBS

38 フォーマル感のある配色
▶[P124／上段]　「SONY PSP 4U」B1ポスター／CD＋AD.青木克憲／2009／株式会社ソニーコンピュータエンタテインメント
▶[P124／下段]　「フロリレージュ」ロゴ＋壁面装飾／AD.斎藤浩／2009／フロリレージュ
▶[P125／上段]　「NHK大河ドラマ 龍馬伝」ポスター／AD＋D.居山浩二、PH.内田将二／2009／日本放送協会

39 透明感のある配色
▶[P126／下段]　「touta.」ポスター／AD＋D.山口アツシ／2009／touta.
▶[P127／下段]　「JSTバーチャル科学館　マインド・ラボ　英語版」Webサイト／AD＋D.羽津悟、DI.入道隆介／2009／独立行政法人科学技術振興財団、協賛.社団法人日本自動車工業会

40 土や木のたくましい色
▶[P128／下段／右]　「芸術新潮」2009年4月号／AD＋D.日下潤一、PH.筒口重弘、ロゴタイプ制作.小宮山博史／2009／新潮社
▶[P128／下段／左]　「曖昧なコミュニケーション」／AD＋D.高橋善丸／ハンブルグ美術工芸博物館
▶[P129／上段]　「art factory」／AD＋D.中嶋貴久、AW.池田学／2004／株式会社アートファクトリー
▶[P129／下段]　「LEIPZIG DUB／KILLER BONG」／AD＋D.MHz／2009／RUDIMENTS

41 清潔感のある配色
▶[P130／中段]　「牛乳に相談だ」Webサイト＋イベント／AD＋D＋PR＋DI.山藤文平／2009／社団法人中央酪農会議
▶[P131／下段]　「レーベンウェーブ」アイデンティティ＋ボトルパッケージ＋プロモーションツール／AD＋D.田中美帆／2009／株式会社ファームビット

42 不透明感のある配色
▶[P132／上段／左]　「je t'aime moi non plus」／AD＋D.加藤秀幸／2010／MEDALLION MEDIA Co,
▶[P132／中段／左]　「FM群馬25周年なんだもん」／AD＋D.根岸明寛、CD＋C.都築徹／2010／FM群馬
▶[P133／上段]　「Jewelry Tefu Tefu」ポスター／AD＋D＋I.平野光太郎／2007／奎目金属

43 統一感のある多色使い
▶[P134／上段／左]　「Beeカラ」／AD＋D.大日本タイポ組合／2009／BeeTV+Drill
▶[P134／下段]　「BUZZ SPUNKY」Webサイト／D＋FL＋PG.タロヲ、AD.アシケンタ／2009／東京ワールドコンテスト
▶[P135／上段]　「auガンガントーク」／DI＋FL.高木久之／2009-2010／KDDI

44 スポーティな配色
▶[P136／上段／右]　「GIANTS」エンブレムマーク／CD＋AD.青木克憲／2009／株式会社読売巨人軍
▶[P136／中段／右]　「iida」poster／AD＋D.野尻大作／2010／KDDI
▶[P137／下段]　「ビアンキ」雑誌広告／AD＋D.merkmal／2010／サイクルヨーロッパ

45 春のイメージの配色
▶[P138／中段／左]　「Of girl」雑誌／AD＋D.merkmal／2010／学研パブリッシング

▶[P138／中段／右]　「写真の露出ハンドブック」／AD＋D. SOUVENIR DESIGN／2010／誠文堂新光社
▶[P139／上段]　「DURAS ambient」／AD＋D＋PR＋PL. SIMONE INC.／2010／DURAS
▶[P139／下段]　「DUNLOP Enasave Car」／AD＋D＋I. Studio Kanna, PR.ADK＋TOW／2010／DUNLOP（Sumitomo Ruvver industries, Ltd.）

46 夏のイメージの配色
▶[P140／上段／右]　「100％ORANGE：ILLUSTRATION WORK "GOOD SMYLE"」ムック／AD＋D. brown:design／2010／玄光社
▶[P140／中段／右]　「楽ちんキッズパラダイス」ポスター／AD＋D. balance／2010／ヤマハ発動機
▶[P140／下段／右]　「UNTITLED」／AD＋D. Dynamite Brothers Syndicate／2009／ワールド
▶[P141／下段]　「ハル、パルコ＆ナツ、パルコ」／AD＋D. 松山智一、CD＋PH. ブルース オズボーン／2003／パルコ

47 秋のイメージの配色
▶[P142／下段／右]　「いちょうドレス」／AD. 高島新平／2010／三越伊勢丹 ラシック
▶[P143／中段]　「Re-Style Baby & Kids '09 Fall&Winter Collection」カタログ／AD＋D.Mag、PH.ワタナベカズヒロ／2009／三越伊勢丹

48 冬のイメージの配色
▶[P144／上段]　「aquagirl 2009-10 AW Collection」広告／AD＋D. 近藤典之、P.Tisch（Switch）、ST.竹淵智子、HM.石川ひろ子（mod's hair）、PR. 浦野たか子／2009／ワールド

49 ハイクラス感のある白
▶[P146／上段]　「MY FIRST AOMORI」ポスター／AD. 八木義博／2010／東日本旅客鉄道株式会社
▶[P146／中段／右]　「Noz」／AD＋D. 柳川敬介／2010／Noz　Copyright©2010 K&N, All Rights Reserved.
▶[P147／上段]　「base Xmas 2010」／AD＋D. 塩田仁猛、PH.川口大蔵、ST.色部葉子、HM.山本純平／2010／base Co., Ltd.
▶[P147／下段]　「ITO ORIZA IMABARI」ストールブランド／CD＋AD＋D.SPREAD、PH.佐藤博文／2010／株式会社工房織遊

50 元気の出るパワフルなカラー
▶[P148／上段／右]　「あいちトリエンナーレ 2010」／AD＋D.山本誠／2010／あいちトリエンナーレ実行委員会
▶[P148／中段／右]　Graphics for Thinking "Value"／AD＋D.SPREAD／コメ兵（雑誌「ブレーン」クリエイティブリレー企画）
▶[P149／上段]　「ANODOS」3Dホログラム名刺／CD＋AD＋DI＋D.ラナデザイン アソシエイツ／2010／株式会社アドス
▶[P149／上段]　「Spike Sound Garage」ポスター／AD＋D.山本智恵子、P.池田晶紀（ゆかい）、ST.中川みどり／2006／MUSIC ON! TV

51 ミニマルな配色イメージ
▶[P150／上段／右]　「竜馬の水」ブランディング／CD＋AD＋D. 松本幸二／2010／ぞっこん四国
▶[P151／下段]　「論理と感性は相反しない」／D.名久井直子、WR.山崎ナオコーラ、I.宇野亜喜良／2008／講談社

52 キーカラーを使った配色
▶[P152／中段]　「FANTASMA／CORNELIUS」LIMITED EDITION＋通常盤／AD＋D. 北山雅和／2010／株式会社ワーナーミュージック・ジャパン
▶[P152／下段]　「Energy 25th anniversary」DM／AD＋D.Glanz／2010／Atomic & Primitive Energy
▶[P153／下段]　「cafe day」販促物一式／AD＋D.SOUP DESIGN inc.／2010／cafe day
▶[P152／上段]　「勝「日本」優勝「日本」」／AD＋D. 大日本タイポ組合／2010／TEE PARTY

53 インテリジェントな寒色の配色
▶[P154／下段]　「NISSHA」アニュアルレポート／CD＋AD. 杉崎真之助、D.王怡琴／2010／日本写真印刷
▶[P155／上段]　「NP-S2000」カタログ（海外版）／AD. 齋藤浩＋川上英典、D. 増井洋一郎、C.日高延吉、PH.石川文彦／2010／ヤマハ株式会社
▶[P155／下段]　「JSTバーチャル科学館 惑星の旅」Webサイト／AD＋D.羽津悟、DI. 入道隆介／2005-2007／科学技術振興機構　Copyrights 2005-2007 Japan Science and Technology Agency.

54 サブカルチャーイメージの配色
▶[P156／中段]　「ぶさいく（作品）」／P.キシマリ／トロン
▶[P156／下段]　「死刑台のエレベーター」／AD＋D.ウルトラグラフィックス／2010／ザジフィルムズ
▶[P157／下段]　「イルリメ「360° SOUND」CDジャケット／AD＋D. 河野未彩／2010／カクバリズム

Shutterstock.com
▶P16下段右／rj lerich　▶P18下段／Songquan Deng　▶P23下段／Salim October　▶P37下段／Chiharu　▶P64下段／Chiharu　▶P90中段右／501room　▶P91上段／Bplanet　▶P93上段／Tofudevil　▶P97上段左／Stuart Monk　▶P118中段中央／Jaroslaw Grudzinski　▶P124下段／Havoc　▶P136下段／Natursports　▶P136下段右／OlegDoroshin　▶P148帯中央／John Bill　▶P156下段左／beibaoke　▶P156下段中央／dimitris_k

159

制作スタッフ

本文執筆	伊達千代
装丁・本文デザイン	関口 裕（Concent, Inc.）
DTP	貫名泰彦（TART DESIGN）
表紙オブジェ制作	関根研一
表紙写真撮影	永禮 賢
編集協力	有限会社テクスト
担当編集	泉岡由紀

配色デザイン見本帳
配色の基礎と考え方が学べるガイドブック

2014年10月1日　初版第1刷発行
2017年 4月1日　初版第7刷発行

著者	伊達千代
発行人	藤岡 功
発行	株式会社 エムディエヌコーポレーション
	〒101-0051 東京都千代田区神田神保町一丁目105番地
	http://www.MdN.co.jp/
発売	株式会社 インプレス
	〒101-0051 東京都千代田区神田神保町一丁目105番地
印刷・製本	株式会社リーブルテック

Printed in Japan　©2014 Chiyo Date. All rights reserved.

本書は著作権法上の保護を受けています。著作権者および株式会社エムディエヌコーポレーションとの書面による事前の同意なしに本書の一部あるいは全部を無断で複写・複製、転載することは禁止されています。定価はカバーに表示してあります。造本には万全を期しておりますが、万一、落丁、乱丁がございましたら、送料小社負担にてお取り替えいたします。お手数ですが、エムディエヌカスタマーセンターまでご返送ください。

[落丁・乱丁本などのご返送先]
株式会社エムディエヌコーポレーション カスタマーセンター
〒101-0051 東京都千代田区神田神保町一丁目105番地
TEL：03-4334-2915

[書店・販売店の注文受付]
株式会社インプレス 受注センター
TEL：048-449-8040／FAX：048-449-8041

[本書の内容についてのお問い合わせ先]
株式会社エムディエヌコーポレーション カスタマーセンター メール窓口

info@MdN.co.jp

本書の内容に関するご質問は、Eメールのみの受付となります。メールの件名は「配色デザイン見本帳 質問係」とご明記ください。電話やFAX、郵便でのご質問にはお答えできません。ご質問の内容によりましては、しばらくお時間をいただく場合がございます。また、本書の範囲を超えるご質問に関しましてはお答えいたしかねますので、あらかじめご了承ください。

ISBN978-4-8443-6452-8 C2070